トウキョウ建築コレクション 2021
Official Book

JN073484

トウキョウ建築コレクション2021実行委員会編

建築資料研究社／日建学院

トウキョウ建築コレクション 2021 Official Book

144 全国修士論文展

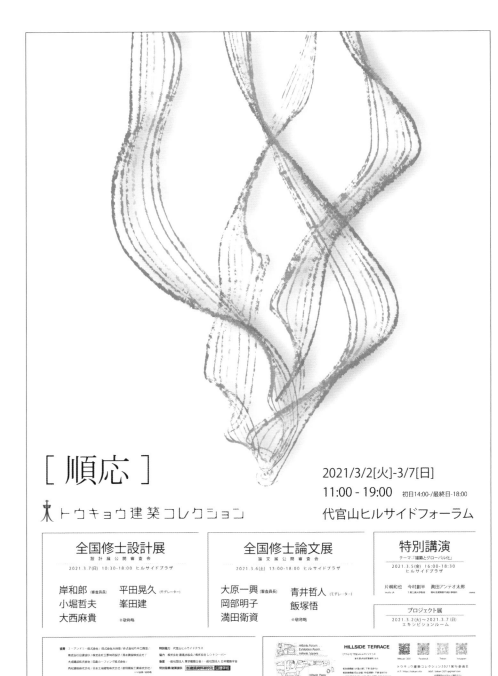

［ 順応 ］

トウキョウ建築コレクション

2021/3/2[火]-3/7[日]
11:00 - 19:00　初日14:00-/最終日-18:00

代官山ヒルサイドフォーラム

全国修士設計展	全国修士論文展	特別講演
設計展公開審査会	論文展公開審査会	テーマ：「建築とグローバル化」
2021.3.7(日) 10:30-18:00 ヒルサイドプラザ	2021.3.6(土) 13:00-18:00 ヒルサイドプラザ	2021.3.5(金) 16:00-18:30 ヒルサイドプラザ

岸和郎 (審査委員長)	平田晃久 (モデレーター)	大原一興 (審査委員長)	青井哲人 (モデレーター)	片桐和也 今村創平 籾田アンテオ太郎	
小堀哲夫	峯田建	岡部明子	飯塚悟		
大西麻貴	※敬称略	満田衛資	※敬称略		

プロジェクト展
2021.3.2(火)～2021.3.7(日)
エキシビションルーム

主催　エー・アンド・ユー株式会社/株式会社大林組/株式会社竹中工務店/
株式会社日建設計/株式会社三菱地所設計/清水建設株式会社/
大成建設株式会社/田島ルーフィング株式会社/
戸田建設株式会社/日本土地建物株式会社/前田建設工業株式会社/
（五十音順/順不同）

特別協力　代官山ヒルサイドテラス
協力　株式会社 新産出版会/株式会社 レントシーパー
後援　一般社団法人 東京建築士会/一般社団法人 日本建築学会
特別協賛　新建築資料研究社　日建学院

HILLSIDE TERRACE

トウキョウ建築コレクション2021実行委員会

トウキョウ建築コレクション2021企画概要

全国の修士学生による修士設計・修士論文を集め、日本初の全国規模の修士設計・論文展を行った2007年以降、展覧会を存続・発展させてきた「トウキョウ建築コレクション」は、今年で15年目を迎えます。

当展覧会は毎年多くの来場者に恵まれると同時に、その成果が書籍化されたことにより、広く社会に開かれた展覧会にできたと感じております。また、出展してくださる学生も年々増え、その規模は国外にも波及する兆候を見せており、本展覧会は建築業界にとってますます大きな役割を担うと自負しております。

トウキョウ建築コレクションは初年度から一貫して「修士学生の研究をもとに、建築学における分野を超えた議論の場をつくり出し、建築業界のみならず社会一般に向けて成果を発信していくこと」を目標として活動してきました。

15年目となる今年は、毎年我々実行委員が設定している会全体のテーマとして「順応」を掲げました。新型コロナウイルスの発生から約1年経ち、その後の状況に"順応"することで、私たちの生活は変化してきました。これと同じような"順応"が建築にもみられます。建てられた地域、時代によって建築の姿は異なり、個々の建築が敷地条件や社会情勢を汲み取り、色とりどりに順応してきました。

環境の変化や時間の経過が早く感じられる現代社会において、「現状」発生している、「今後」起こる課題に対して、建築がどのように"順応"していくべきなのかを考える場を目指します。

展覧会の成果は例年と同様、書籍化することを前提に活動しております。本展覧会が今後も長期にわたり持続し、時代性をもった「コレクション」が集積され、「アーカイブ」としての価値をもつことで、建築の発展に寄与できる展覧会へと成長することを目指します。

トウキョウ建築コレクション2021実行委員一同

トウキョウ建築コレクション2021公式サイトでは、設計展と論文展の審査員・受賞者へのインタビュー、プロジェクト展応募作品の紹介動画などのコンテンツを公開しております。

全国修士設計展

「全国修士設計展」開催概要

全国から一同に大学院修士学生の修士設計作品を集め、審査員による一次審査（非公開）で選ばれた10点前後の作品の展示と公開審査会、総括セッションを行います。

　選ばれた作品は3月2日（火）-3月7日（日）の期間、ヒルサイドフォーラム内で模型とパネルを展示、3月7日（日）には、建築分野の第一線で活躍されている方々を審査員としてお招きし、公開審査会（二次審査）を開催しました。公開審査会では、ヒルサイドプラザでの出展者によるプレゼンテーション、ヒルサイドフォーラムでの審査員による質疑応答（巡回審査）を行います。その後、ヒルサイドプラザでの総括セッションを経て、各審査員賞とグランプリを選出します。

　トウキョウ建築コレクションでは、社会へ出る前の、学生時代最後の設計である修士設計を、より広い分野・観点から討議・批評することを通して、現在の建築像を浮き彫りにします。社会的背景、国際的視点、分野の拡張など、修士学生が考えている設計思想をぶつけ合いながら、今後の建築像のあり方について議論します。

　なお、本年の公開審査会は、昨年に引き続き新型コロナウィルス感染拡大防止のため無観客で開催、会の模様をウェブで生配信しました。また、プレゼンテーション時の映像は各作品冒頭に掲載しているQRコードからご覧いただけます。

トウキョウ建築コレクション2021実行委員会

全国修士設計展審査員

岸 和郎　Kishi Waro

建築家／K.ASSOCIATES/Architects主宰。1950年神奈川県生まれ。1973年京都大学工学部電気工学科卒業。1975年京都大学工学部建築学科卒業後、1978年同大学大学院修士課程建築学専攻修了。1981年岸和郎建築設計事務所(現、K.ASSOCIATES/Architects)を設立。1993-2010年京都工芸繊維大学、2010-2016年京都大学、2016から京都造形芸術大学(現、京都芸術大学)にて教鞭をとる。その間、カリフォルニア大学バークレー校、マサチューセッツ工科大学で客員教授を歴任。京都芸術大学大学院教授、京都大学名誉教授、京都工芸繊維大学名誉教授。1993年日本建築家協会新人賞、1996年日本建築学会賞、2006年デダロ・ミノス国際賞審査員特別賞など、国内外での受賞多数。

大西麻貴　Onishi Maki

建築家／一級建築事務所大西麻貴＋百田有希/o+h共同主宰。1983年愛知県生まれ。2006年京都大学工学部建築学科卒業。2008年東京大学大学院工学系研究科建築学専攻修士課程修了。同年、百田有希と一級建築事務所大西麻貴＋百田有希/o+hを設立。2011-13年横浜国立大学大学院Y-GSA設計助手。2016年より京都大学非常勤講師、2017年より横浜国立大学大学院Y-GSA客員准教授。公共建築から住宅、店舗やまちづくりまで、さまざまなプロジェクトに取り組む。主な作品に「二重螺旋の家」「Good Job! Center KASHIBA」「多賀町中央公民館・多賀結いの森」がある。主な著書に『大西麻貴＋百田有希/o+h｜8stories(現代建築家コンセプト・シリーズ)』(LIXIL出版、2014)がある。

小堀哲夫　Kobori Tetsuo

建築家／小堀哲夫建築設計事務所主宰。1971年岐阜県生まれ。1997年法政大学大学院工学研究科建築工学専攻修士課程(陣内秀信研究室)修了後、久米設計に入社。2008年小堀哲夫建築設計事務所設立。2020年より法政大学デザイン工学部建築学科教授、梅光学院大学客員教授。2017年に「ROKI Global Innovation Center-ROGIC-」で日本建築学会賞、JIA日本建築大賞をダブル受賞。2019年に「NICCA INNOVATION CENTER」で2度目のJIA日本建築大賞を受賞。近作に「梅光学院大学The Learning Station CROSSLIGHT」「CIC Tokyo」がある。

平田晃久　Hirata Akihisa

建築家／平田晃久建築設計事務所主宰。1971年大阪府生まれ。1997年京都大学大学院工学研究科修了。伊東豊雄建築設計事務所勤務の後、2005年平田晃久建築設計事務所を設立。現在、京都大学教授。主な作品に「桝屋本店」(2006)、「sarugaku」(2008)、「Bloomberg Pavilion」(2011)、「kotoriku」(2014)、「太田市美術館・図書館」(2017)、「Tree-ness House」(2017)、「Overlap House」(2018)がある。第19回JIA新人賞(2008)、第13回ベネチアビエンナーレ国際建築展金獅子賞(2012、共同受賞)、LANXESSカラーコンクリートアワード(2015)、村野藤吾賞(2018)、BCS賞(2018)など受賞多数。主な著書に『Discovering New』(TOTO出版、2018)、『JA108 Akihisa HIRATA 平田晃久2017→2003』(新建築社、2017)がある。

写真：Luca Gabino

峯田 建　Mineta Ken

建築家／スタジオ・アーキファーム主宰。1965年山形県生まれ。1991年東京藝術大学美術学部建築科卒業。1993年東京藝術大学大学院修士課程修了。同大学将来計画準備室助手などを経て、1996年スタジオ・アーキファーム設立。2003年より自然農法を学び、2008年には米と大豆を自給。千葉大学、東京藝術大学、東京理科大学等で非常勤講師。主な作品に「ギャラリー・ヌデ」「Ora」「SPROUT」「石神井の家」がある。主な著書に『かたちと空間』(共著、東京家政大学出版、1997)、『イラストによる家づくり成功読本』(共著、彰国社、2010)がある。第3回サステナブル住宅賞国土交通大臣賞(1996)、第9回JIA環境建築賞優秀賞(2008)、住まいの環境デザイン・アワード2010住空間デザイン最優秀賞、住宅建築賞(2011)、住まいの環境デザイン・アワード2011グランプリなど受賞多数。

設計展 　グランプリ

美杉木倉

Misugi Repository

—— The Old give place to the New

池田友葉
Ikeda Tomoha

東京藝術大学大学院
美術研究科　建築専攻
ヨコミゾマコト研究室

Presentation

木材の乾燥法には人工乾燥と天然乾燥がある。現在、天然乾燥のみで材をつくっているのは全国で3カ所のみであり、その1つが三重県津市美杉町にある。香り豊かで色艶美しい美杉材に惹かれ、その乾燥工程における材を乾燥させる倉庫（木倉）と、それに付随する宿泊機能をもつ建築を提案する。風を受け入れ循環させる屋根の下では、乾燥中の材がこの建築の壁や床、天井となり、それらの形態が毎月変化するにつれ、人が暮らすための空間も移り変わる。過疎化する郊外において、いかにその土地と伝統技術を守っていくか。これは、これまで続けられてきた営みを守りつつも、今に対し新たな価値を纏いながら豊かに生きていくための建築の提案である。

敷地と調査——三重県津市美杉町丹生俣

丹生俣は集落一体が杉で囲まれている盆地である。敷地は集落の最南部にある休耕田で、石積みの美しい棚田の形状が残る場所である。この場所は谷の交差点に位置し、風の抜けがとても良い。

1．葉枯らし乾燥
3カ月

2．山土場乾燥（屋外）
3カ月（実験中）

3．桟積み乾燥・棚差し乾燥
6-12カ月

山で伐採した杉を倒して約3カ月その場で乾燥させ、その後、粗挽きし、山土場にて雨風や直射日光に晒し、さらに3カ月間乾燥させる。期間経過後、半年から1年の年月を経てじっくり乾燥させる。この長期間乾燥させるフェーズで使用する木材乾燥のための倉庫（キノクラ）と、それに付随する短期滞在者のための宿泊機能をもつ建築を提案する。

乾燥させること──風と熱の取り入れ方

取り込む　温度　風

防ぐ　直射日光　雨

木材の乾燥における重要なファクターは風と熱である。自然環境のなかで、いかに温まった風を循環させ、流していくか。湿気をどのように防いでいくか。大きな屋根がたくさんの日差しを受け、内部が温まる。その空気が休耕田である棚田状の敷地に、煙突効果で流れていく。朝方山から降りてくる湿気を帯びた空気を低く下がった屋根で防ぎ、木材を守る。

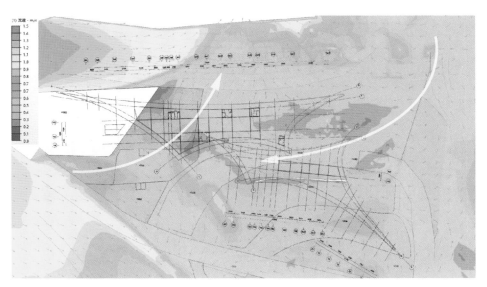

現地での調査や風配図をもとに屋根の形をスタディした。屋根下空間は、周辺の2つの谷の風（風速0.5m/s前後）を積極的に受け入れるような形としている。

木材移動スケジュール

木材を伐採するのは梅雨明け8月から翌年1月まで。その後3カ月間ずつの葉枯らし乾燥と山土場での乾燥を経て、翌年3月には8月に伐採された木が搬入される。木倉に木材が一番多くある時期は毎年8月であり、2月が倉に一番空きがある状態である。

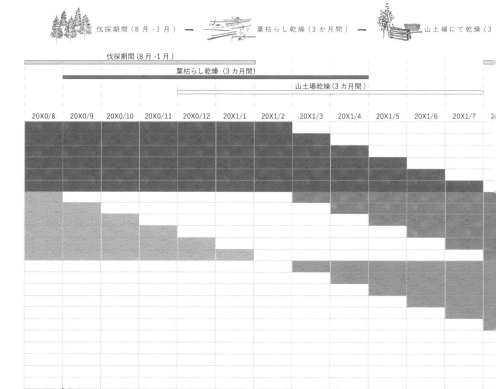

木材移動

2年間のタームで配置計画を行った。乾燥が完了してもその後1年間はその場に新たな材が搬入されないような計画としている。木倉に材を疎らに置くことで風の通りを良くし、乾燥を進ませる。

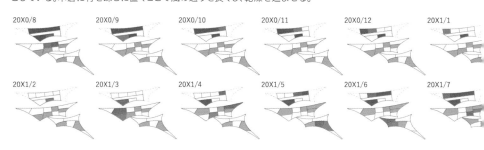

棚差し乾燥 - 床材（6カ月間）　 桟積み乾燥 - 梁桁材（12カ月間）

伐採期間（8月-1月）

葉枯らし乾燥（3カ月間）

山土場乾燥（3カ月間）

| 20X1/10 | 20X1/11 | 20X1/12 | 20X2/1 | 20X2/2 | 20X2/3 | 20X2/4 | 20X2/5 | 20X2/6 | 20X2/7 |

m i m

梁桁材（12カ月間乾燥）
床材（6カ月間乾燥）

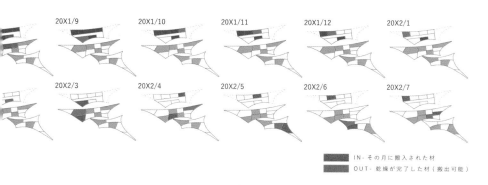

| 20X1/9 | 20X1/10 | 20X1/11 | 20X1/12 | 20X2/1 |
| 20X2/3 | 20X2/4 | 20X2/5 | 20X2/6 | 20X2/7 |

IN- その月に搬入された材
OUT- 乾燥が完了した材（搬出可能）

空間変化

壁や天井がどこに配置されるかで空間が変化する茶室や、特定の場所に木材が配置されないと上まで登れない物見台など、木材の動きによって特性が変化するピースを用意する。居住スペースは最小限のコアのみで、リビングやダイニングなど、人が過ごす場は木材の動きで姿を変える。

風呂

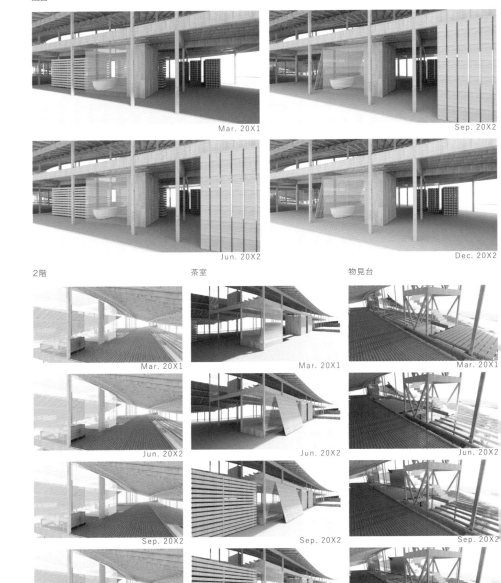

2階　　　　　　　　　茶室　　　　　　　　　物見台

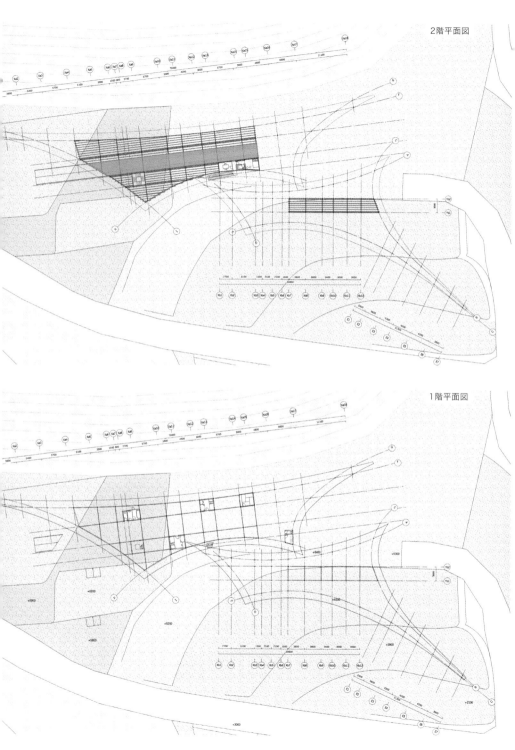

2階平面図

1階平面図

美杉木倉

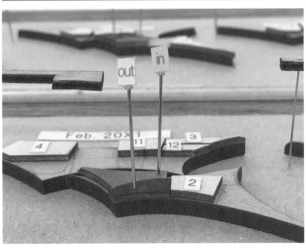

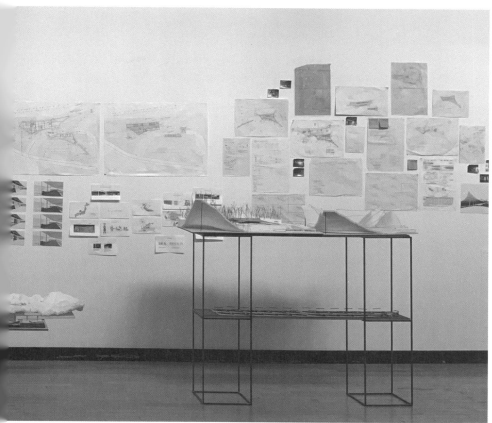

丹生俣でつくられている材は基本的に住宅用建材であり、決して集成材になるような材料ではない。そこで、この建築は三次曲面の屋根をもちつつも基本的に直線の小径材を組み合わせて計画している。屋根については梁の上に垂木を細かいピッチで流し、その上に板状の材を流してから杉皮を葺いている。壁がなく内部のコアが室内の役割を果たすため、屋根には断熱をせず、雨を防げれば十分であるという考え方で設計した。

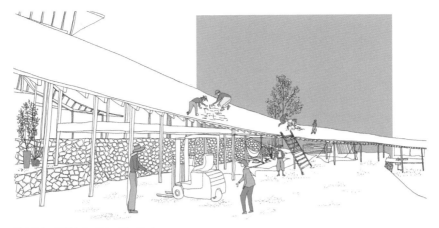

杉皮葺きの屋根をメンテナンスしていく。

木倉北側より。住民が集える場をつくる。

木材WSで県外から子供たちが集まる。

物見台頂上より。集落全体を一望できる。

出展者コメント —— トウキョウ建築コレクションを終えて

Q このテーマを選んだ理由

日本には、素敵なものをもちながらも発信する手立てがわからず困っている方が多くいると感じています。私はそれを建築の力で手助けしたい。三重県津市の美杉町丹生俣にある美しい杉材に一目惚れし、この場所を全国へと発信していけるような建築を提案しようと取り組みました。

Q 修士設計を通して得たこと

綿密なリサーチの大切さを学びました。地域に入って地元の方々と話すことがなければ、その場所で本当に求められているものを発見するのはとても難しいことだと思います。今回はとくに、土地の風土や気候の調査も形のつくり方に大きく関わる要因となりました。

Q 設計を通じて社会に向けて発信したいメッセージ

建築はあくまでもその場所での活動を手助けする、最高の脇役であってほしいと考えています。なのでこの提案を通して、ここにこんな活動をしている素敵な場所があったのだと感じていただけたなら、とても嬉しく思います。

Q 修士修了後の進路と10年後の展望

現在は日建設計の設計部で働いています。学部時代は女子大にてインテリアから建築を学んでおり、住宅設計や店舗デザインにも興味があります。将来は小さくても自分で設計事務所を立ち上げて、これからもずっと、建築の仕事に携わっていきたいと思っています。

涵養域をつくる

地中水脈をつなぐ共生のまなざし

山地南帆
Yamaji Namiho

東京理科大学大学院
理工学研究科　建築学専攻
垣野義典研究室

Presentation

私たちは土の上で暮らしている。土の恵みから栄養を得て、土に拠点を置き、土へ還っていく。かつての暮らしでは、土中環境と共存しながら建築をつくり、生活してきた。

はじめに

私たちは土の上で暮らしている。
土の恵みから栄養を得て、土に拠点を置き、土へ還っていく。

しかし、インフラの整備など、人々の暮らしに与えられた地上という環境が便利になるにつれ、土と私たちの暮らしが切り離されてしまい、地中水脈が分断されてしまっている。

そこで、東京・神田のありきたりな低層ビルが密集する一角を敷地とし、雨樋の建築化（＝雨の通り道を可視化し、周囲を巻き込みながら雨水を流す）を行うことで、まち全体で共生のまなざしを生み出す建築を提案する。

共生のまなざしが、隣地境界のフェンス・雨樋の自然的置き換えなどの個人の敷地スケール、駐車場・公園・中央分離帯などの都市スケール、擁壁・水路などの土木スケールへと広がっていくことで、地中水脈のつながるまちとなることを願う。

背景

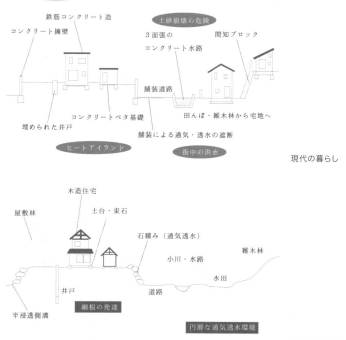

現代の暮らし

かつての暮らし

設計の手がかり

【手がかり1】
- 水脈環境を造成する要素 -

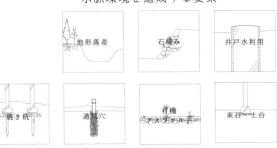

地形落差　　石積み　　井戸水利用

焼き杭　　通気穴　　有機アスファルト　　束石・土台

【手がかり2】
- 雨水を涵養する要素 -

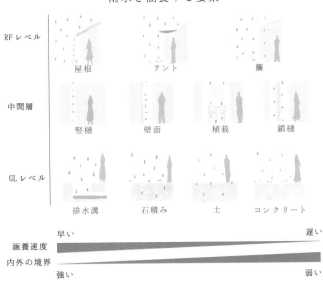

RFレベル　　屋根　　テント　　簾

中間層　　竪樋　　壁面　　植栽　　鎖樋

GLレベル　　排水溝　　石積み　　土　　コンクリート

涵養速度　早い　　　　　　　　　　　　　遅い

内外の境界　強い　　　　　　　　　　　　弱い

【手がかり3】
- 外部に溢れ出るはずの行為 -

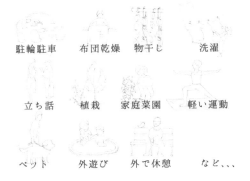

駐輪駐車　　布団乾燥　　物干し　　洗濯

立ち話　　植栽　　家庭菜園　　軽い運動

ペット　　外遊び　　外で休憩　　など、、、

各建築の全体構成

涵養ビルの構成

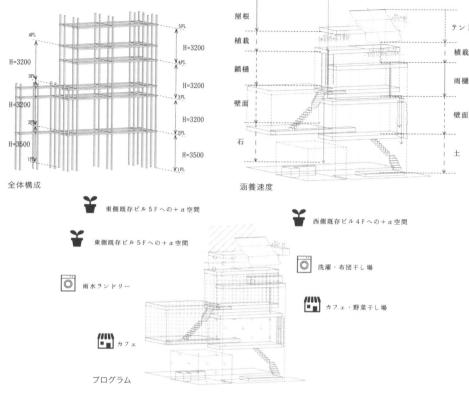

全体構成

涵養速度

東側既存ビル5Fへの＋α空間

西側既存ビル4Fへの＋α空間

東側既存ビル5Fへの＋α空間

洗濯・布団干し場

雨水ランドリー

カフェ・野菜干し場

カフェ

プログラム

住宅断面図

保育園配置イメージ

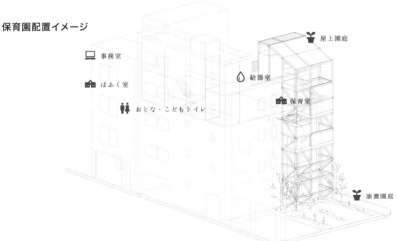

💻 事務室

🛏 ほふく室

🚻 おとな・こどもトイレ

💧 給湯室

🪴 屋上園庭

🛏 保育室

🪴 涵養園庭

涵養域をつくる

提案 1　街に涵養域をつくる

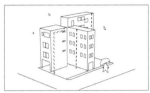

今の街は、地上が綺麗で歩きやすいよう、地面を舗装している。今の建築は、隣地に雨を落とさないよう，各建物で素早く雨樋から地面へ直接流している。

必要のない舗装を剥がし、地中水脈環境をつくる処置をする。あえて様々な建物を経由しながら雨を落としていく。

様々な建物を介して落ちて涵養していった土と雨は、周辺住民の共通財産となる。涵養域をつくること＝街との共生のまなざしをつくることとなる。

提案 2　既存のレベル差を利用した涵養建築

密集するこれらのビルは、建築の高さも階高もそれぞれ異なる。

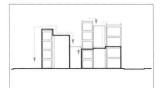

既存ビルのレベルの違いを、街の中に自然に生まれた地形落差として捉え、エレメントでつなぎ、雨水の通り道に利用する。

密集するビル群のスキマを縫って流れ落ちる雨水は、エレメントの違いによって時差を生みながら、ゆっくりと都市を冷やしていく。

提案 3　EV のないビルの上層部への付加価値

この区画の古いビルには EV がなく階段でしかアクセスできないため、上層の 4-5 階の空室率が高い。

雨水を涵養するために作られた建築は、隣接するビルに密集市街地では得ることの難しい外部空間を与える。

上層部の外部空間は、植物にとっては、陽が良く当たり、雨水も良く流れ込む絶好の環境であり、人にとっては、密集市街地では諦められていた外部行為を行えるという付加価値になる。街にとっては、植栽や人々の生活が溢れ出てくることで新たな風景をつくることができる。

各階平面図

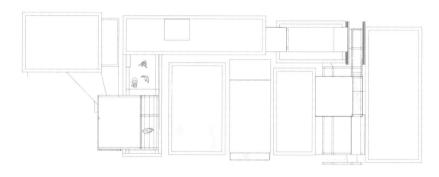

RF平面図　GL+19400mm

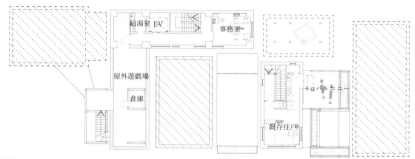

5F平面図　GL+15600mm

給湯室　EV
事務室
屋外遊戯場
倉庫
既存住戸
+αバルコニー

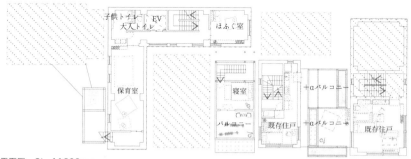

4F平面図　GL+11800mm

子供トイレ　EV
大人トイレ　ほふく室
保育室
寝室
バルコニー
既存住戸
+αバルコニー
+αバルコニー
既存住戸

3F平面図　GL+8000mm

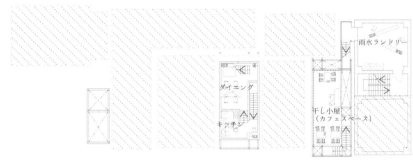

2F平面図　GL+4200mm

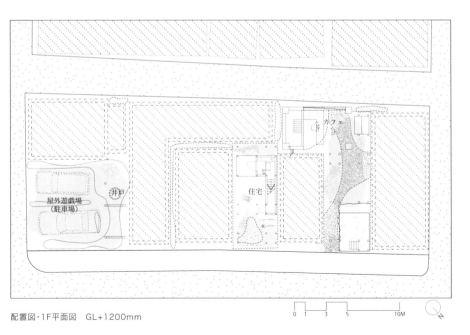

配置図・1F平面図　GL+1200mm

0 1　3　5　　10M

建築スケールへの展望

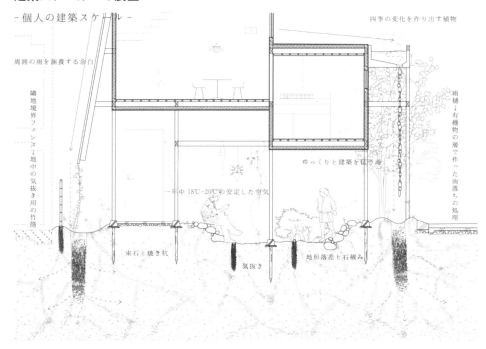

- 個人の建築スケール -

四季の変化を作り出す植物

周囲の雨を涵養する余白

隣地境界フェンス↓地中の気抜き用の竹筒

雨樋↓有機物の層で作った雨落ちの処理

ゆっくりと建築を伝う雨

一年中 18℃ -20℃で安定した空気

束石と焼き杭

気抜き

地形落差と石積み

都市スケールへの展望

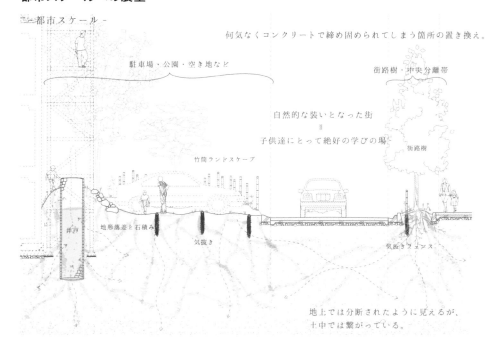

- 都市スケール -

何気なくコンクリートで締め固められてしまう箇所の置き換え。

駐車場・公園・空き地など

街路樹・中央分離帯

自然的な装いとなった街
=
子供達にとって絶好の学びの場

街路樹

竹筒ランドスケープ

井戸

地形落差と石積み

気抜き

気抜きフェンス

地上では分断されたように見えるが、
土中では繋がっている。

土木スケールへの展望

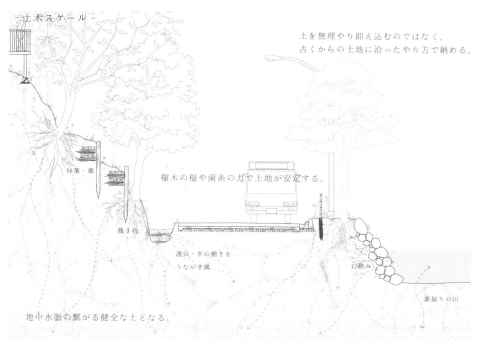

- 土木スケール -

土を無理やり抑え込むのではなく、
古くからの土地に沿ったやり方で納める。

枝葉・藁

樹木の根や菌糸の力で土地が安定する。

焼き杭

通気・水の動きを
うながす溝

石積み

素掘りの川

地中水脈の繋がる健全な土となる。

出展者コメント —— トウキョウ建築コレクションを終えて

Q このテーマを選んだ理由

高田宏臣の『土中環境——忘れられた共生のまな
ざし、蘇る古の技』を読み、昔の人々の土と共生す
る暮らしを知り、現代でも見習えることがあると感じ
ました。社会に出て実際にまちをつくる一人となる
前に、現在のまちと土との共生を真剣に考えてみ
たいと思いました。

Q 修士設計を通して得たこと

土中環境を整えることに対しての「雨樋」のあり方
を考えましたが、当たり前のものを問い直すことに
よって、新たな建築のカタチにつながることが認め
られ自信になりました。今後さまざまなものにも応
用できる可能性を感じ、設計の視野が広がったよう
に思います。

Q 設計を通じて社会に向けて発信したいメッセージ

「普段何気なく与えられているもの、何気なく暮らし
ているまち」がどんなバランスで成り立っているのか、
人々がそこに気づくきっかけをつくりたいと思って
います。それにより、日常の景色が少し変わって
見えたり、問題解決への一歩につながることを願っ
ています。

Q 修士修了後の進路と10年後の展望

設計事務所に勤務し、数年間はリアルな建築の基
礎を学びます。同時に高田宏臣さんのもとで土中
環境改善の現場を学び、自分が建築設計で何がで
きるかを考えていきたいと思います。10年後は子
どもをもち、未来のためにより良い環境を考える建
築家になりたいです。

重力と暮らす

豪雪地域における張力構造の住宅の提案

工藤滉大
Kudo Kodai

早稲田大学理工学術院
創造理工学研究科　建築学専攻
古谷誠章・藤井由理研究室

Presentation

建築と重力の関係に着目し、重力をいなしながら人々を守る、そんな建築を目指す。敷地は青森県弘前市、私の故郷である。冬の降雪量が多く、積雪の少ない地域と比較すると、積雪を考慮した建築の様相は大きく異なり、その特徴は屋根、高基礎、小さめの窓に表れている。それが建設費用や空間に大きく弊害を及ぼしている。そこで張力構造の建築を提案する。この構造により、地上面からの解放、屋根面の積雪に柔軟に対応、時期によって気密性を変えるなどさまざまな利点が得られ、生活はより良くなるのではないかと考えた。

この提案が、まちの住民にとっての"積雪"を厄介事ではなく、生活を豊かにする前向きなものとして捉え直す端緒になることを期待して設計した。

この修士設計は、住民と気候風土、そして重力に対する建築の姿勢を問い直すものであり、環境に抗うのではなく、環境に順応する、そんな建築を模索した。

習作：吊り構造を建築スケールで試してみる

吊り構造では吊っている物体、およびそれを支えるケーブル、ケーブルを吊る柱の重力関係が非常に重要だ。その関係の習作としてRC造の建築の構造躯体部分だけを取り除き、吊り構造によってこの建築を自立させることを試みた。今回は、RCの丸柱でボリュームを浮遊させたかのような造形をもつサヴォア邸の構造躯体を吊り構造に置換した。

既存のサヴォア邸

*2.45(t/㎡)

部材名	㎡	h(m)	㎡	m(t)	固定荷重
1階スラブ	150.5	0.3	45.15	110.6175	1084.0515
壁100mm	148.31	0.1	14.831	36.33595	
壁200mm	91.26	0.2	18.252	44.7174	
柱	0.72	3.4	2.448	5.9976	58.77648
梁	44.45	0.3	13.335	32.67075	320.17335
1-2階段	3.98	0.15	0.597	1.46265	
1-2slope	23.83	0.2	4.766	11.6767	
2階スラブ	379.28	0.1	37.928	92.9236	910.65128
壁100mm	312.98	0.1	31.298	76.6801	
壁200mm	188.1	0.2	37.62	92.169	
柱	0.62	3.35	2.077	5.08865	49.86877
梁	24.63	0.3	7.389	18.10305	177.40989
2-屋上階段	3.98	0.15	0.597	1.46265	
2-屋上slope	23.83	0.2	4.766	11.6767	
屋上スラブ	300.99	0.1	30.099	73.74255	722.67699
壁	5.05	2.4	12.12	29.694	
パラペット	8.06	0.4	3.224	7.8988	
合計				652.9176	3323.60826
居室面積 278.89㎡　固定荷重,内壁,他の和(kN)					6398.5929
積載荷重 (kN) 502.002　全荷重 (kN)					6900.59497

吊られたサヴォア邸

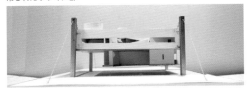

部材名	㎡	h(m)	㎡	m(t)	固定荷重(kN)
1階スラブ	150.5	0.3	45.15	110.6175	1084.0515
壁100mm	148.31	0.1	14.831	36.33595	
壁200mm	91.26	0.2	18.252	44.7174	
柱	0	0	0	0	0
梁	0	0	0	0	0
1-2階段	3.98	0.15	0.597	1.46265	
1-2slope	23.83	0.2	4.766	11.6767	
2階スラブ	379.28	0.1	37.928	92.9236	910.65128
壁100mm	312.98	0.1	31.298	76.6801	
壁200mm	188.1	0.2	37.62	92.169	
柱	0	0	0	0	0
梁	0	0	0	0	0
2-屋上階段	3.98	0.15	0.597	1.46265	
2-屋上slope	23.83	0.2	4.766	11.6767	
屋上スラブ	300.99	0.1	30.099	73.74255	722.67699
壁	5.05	2.4	12.12	29.694	
パラペット	8.06	0.4	3.224	7.8988	
構造用柱	0.0075	10	0.075	0.58875	*7.85t/㎥
Maincable	0.071	58.3		1.3541	*0.0232t/m
Hangercable	0.016	142.1		0.171965	*0.00121t/m
合計				591.8363	2717.37977
居室面積 278.89㎡　固定荷重,内壁,他の和(kN)					5799.99670
積載荷重 (kN) 502.002　全荷重 (kN)					6301.99870

建築の自重が重ければ、ケーブルの本数は多く、土木的な太い柱が必要となるとわかった。そこで、次に支える荷重の軽量化・支える部材の細分化を行い、建築スケールへと落とし込む。

吊り構造を建築スケールに落とし込む

吊り構造のみで構成された要素での空間化を試みる。
一般的な吊り構造の中で、床のように地上と平行に材を吊る構造を模型化する。

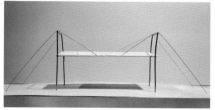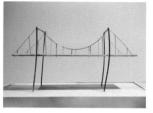

吊床式　　　　　　　　斜張式　　　　　　　　　　　　吊橋式

建築にするためには、最低でも床と壁と屋根が必要だ。床は現在の引張構造で生成可能なので、次は壁を考える。
床の構造体からの延長上にあることで、建築にする時に一体の構造体とすることができるため、最初の3つの構造モデルをベースに考える。

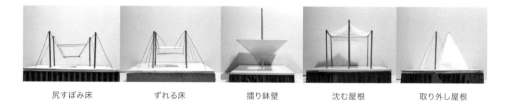

尻すぼみ床　　　　　　ずれる床　　　　　　擂り鉢壁　　　　　　沈む屋根　　　　　取り外し屋根

雪国での適用された姿

これらの形態モデルは雪国における住民の苦労を少しでも和らげることを目指してつくられているため、積雪に応じて形態を変化させることができる。そうすることで、このまちに住む人々にとって積雪が日常の厄介ごとではなく、四季の変化を認識できる、生活を楽しくさせる前向きなものとして捉え直すことができると考える。

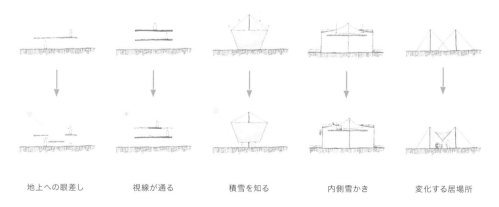

地上への眼差し　　　　視線が通る　　　　　積雪を知る　　　　　内側雪かき　　　　変化する居場所

積雪に形態が対応することで、住人の生活を少しでも豊かにするような生活シーンを考えた。
これらの5つの形態モデルを元に住宅の設計を行う。

アイソメ図

材料は軽量な材を用い、壁は主にLGSで構成されている。外壁はFRPとポリエステル製メッシュでつくられる。屋根面はフッ素樹脂コート膜とポリエステル断熱材を用いることで、軽量でありながら自然光を柔らかく室内に取り込む。

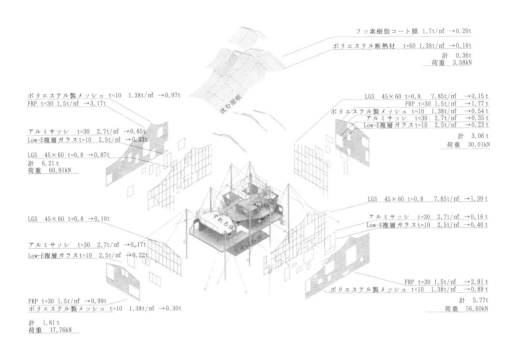

フッ素樹脂コート膜 1.7t/㎡ →0.20t
ポリエステル断熱材　t=60 1.38t/㎡ →0.16t
計 0.36t
荷重 3.58kN

ポリエステル製メッシュ t=10 1.38t/㎡ →0.97t
FRP t=30 1.5t/㎡ →3.17t
アルミサッシ　t=30 2.7t/㎡ →0.85t
Low-E複層ガラス t=10 2.5t/㎡ →0.33t
LGS 45×60 t=0.8 →0.87t
計 6.21t
荷重 60.91kN

LGS 45×60 t=0.8 7.85t/㎡ →0.15t
FRP t=30 1.5t/㎡ →1.77t
ポリエステル製メッシュ t=10 1.38t/㎡ →0.54t
Low-E複層ガラス t=10 2.5t/㎡ →0.23t
計 3.06t
荷重 30.01kN

LGS 45×60 t=0.8 →0.10t
アルミサッシ　t=30 2.7t/㎡ →0.17t
Low-E複層ガラス t=10 2.5t/㎡ →0.22t
FRP t=30 1.5t/㎡ →0.99t
ポリエステル製メッシュ t=10 1.38t/㎡ →0.30t
計 1.81t
荷重 17.76kN

LGS 45×60 t=0.8 7.85t/㎡ →1.39t
アルミサッシ　t=30 2.7t/㎡ →0.16t
Low-E複層ガラス t=10 2.5t/㎡ →0.40t
FRP t=30 1.5t/㎡ →2.91t
ポリエステル製メッシュ t=10 1.38t/㎡ →0.89t
計 5.77t
荷重 56.60kN

荷重表

展開図を元に、各部材面積と比重の積を出し、荷重表を作成した。それを元に構造部を支持可能な吊り構造へ変換する。

部材名	㎡	h(m)	㎥	t 比重(t/㎡)	固定荷重(kN)	部材名	㎡	h(m)	㎥	t 比重(t/㎡)	固定荷重(kN)
南側外壁LGS	45.5884	0.0039	0.177795	1.395688866	13.67775089	1FL-1m床 OAFLsystem	70			0.357	3.4986
南側外壁FRP	64.7783	0.03	1.943349	2.9150235	28.5672303	1FL-1m床 OAFLpanel	70			0.322	3.1556
南側外壁PEメッシュ	64.7783	0.01	0.647783	0.89394054	8.760617292	1FL-1m床 Flooling(桐)	37.196	0.05	1.8598	0.539342	5.2855516
南側外壁アルミサッシ	2.0731	0.03	0.062193	0.1679211	1.64562678	1FL-1m床 デッキプレート	74.1806			1.00885616	9.886790368
南側Low-E複層ガラス	20.1592	0.008	0.161274	0.403184	3.9512032	1FL床 根太(杉)	23.1165	0.06	1.38699	0.5270562	5.16515076
北側外壁LGS	28.5284	0.0039	0.111261	0.873396966	8.559290267	1FL床 OAFLsystem	130			0.663	6.4974
北側外壁FRP	70.6157	0.03	2.118471	3.1777065	31.1415237	1FL床 OAFLpanel	130			0.598	5.8604
北側外壁PEメッシュ	70.6157	0.01	0.706157	0.97449666	9.550067268	1FL床Flooling(桐)	0	0.05	0	0	0
北側外壁アルミサッシ	3.1659	0.1	0.31659	0.854793	8.3769714	2FL床 デッキプレート	76.9219			1.04613784	10.25215083
北側Low-E複層ガラス	16.7965	0.008	0.134372	0.33593	3.292114	2FL床 根太(杉)	14.7758	0.06	0.886548	0.33688824	3.301504752
東側外壁LGS	5.0008	0.0039	0.019503	0.153099492	1.500375022	2FL床 OAFLsystem	244			1.2444	12.19512
東側外壁FRP	39.4021	0.03	1.182063	1.7730945	17.3763261	2FL床 OAFLpanel	244			1.1224	10.99952
東側外壁PEメッシュ	39.4021	0.01	0.394021	0.54374898	5.328740004	2FL床Flooling(桐)	35.0247	0.05	1.751235	0.50785815	4.97700987
東側外壁アルミサッシ	1.3158	0.1	0.13158	0.355266	3.4816068	2FL床 デッキプレート	14.2282			0.19350352	1.896334496
東側Low-E複層ガラス	11.8592	0.008	0.094874	0.237184	2.3244032	屋根裏 合板(桐)	14.2282	0.05	0.71141	0.2063089	2.02182722
西側外壁LGS	3.5727	0.0039	0.013934	0.109378211	1.071906463	小壁LGS	7.8897	0.0039	0.03077	0.241543166	2.367123022
西側外壁FRP	22.0781	0.03	0.662343	0.9935145	9.7364421	内部斜壁LGS	8.7113	0.0039	0.033974	0.26669645	2.613625205
西側外壁PEメッシュ	22.0781	0.01	0.220781	0.30467778	2.985842244	内壁PEメッシュ	26.4021	0.03	0.792063	1.09304694	10.71186001
西側外壁アルミサッシ	0.6601	0.1	0.06601	0.178227	1.7466246	斜壁PEメッシュ	31.6529	0.03	0.949587	1.31043006	12.84221459
西側Low-E複層ガラス	11.3529	0.008	0.090823	0.227058	2.2251684					重さ(t)	固定荷重(kN)
屋根 PTFE コート膜	118.6994			0.20178898	1.977532004	合計	2077.688	1.0454		29.48157789	288.9194633
屋根 PE 断熱材	118.6994	0.06	7.121964	0.163805172	1.605290686	H鋼	0.00692	42.35	0.293062	2.3005367	22.54525966
1FL-1m床 デッブレート	37.196			0.5058656	4.95748388	ケーブル	0.028	340.2		1.0206	10.00188
1FL-1m床 根太(杉)	6.9439	0.06	0.416634	0.15832092	1.551545016	積載荷重129.9972　積雪荷重498.5374　被支持荷重917.45　全荷重(kN) 950.001123

各階平面図

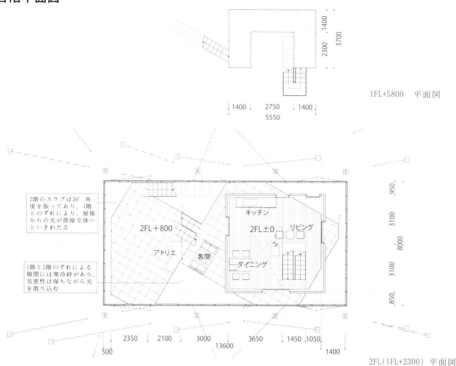

1400
2300
3700

1FL+5800　平面図

1400　2750　1400
5550

2階のスラブは30°角度を振っており、1階とのずれにより、屋根からの光が部屋全体へといきわたる

キッチン

2FL+800

2FL±0　リビング

アトリエ

客間

ダイニング

1階と2階のずれによる隙間には寒冷紗があり、気密性は保ちながら光を取り込む

950
3100
8000
3100
850

2350　2100　3000　3650　1450 1050
500　　　　　　13600　　　　　　1400

2FL(1FL+2300)　平面図

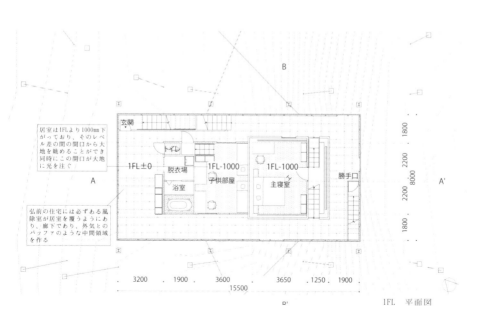

B

玄関

1800

居室は1FLより1000mm下がっており、そのレベル差の間の開口から大地を眺めることができ同時にこの開口が大地に光を注ぐ

トイレ

1FL±0

脱衣場

1FL-1000

1FL-1000

A

浴室

子供部屋

主寝室

勝手口

A'

弘前の住宅には必ずある風除室が居室を覆うようにあり、廊下であり、外気とのバッファのような中間領域を作る

1800
2200
8000
2200
1800

3200　1900　3600　3650 1250 1900
15500

B'

1FL　平面図

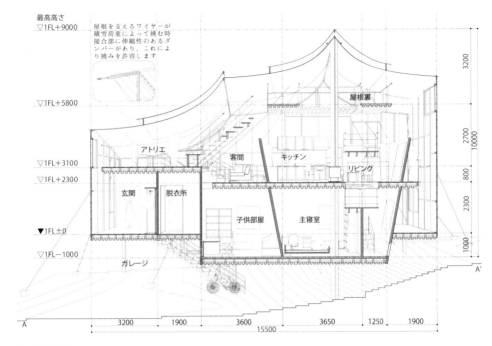

最高高さ
▽1FL＋9000

屋根を支えるワイヤーが積雪荷重によって撓む時接合部に伸縮性のあるダンパーがあり、これにより撓みを許容します

3200

▽1FL＋5800

屋根裏

2700

10000

アトリエ

客間　キッチン

▽1FL＋3100
▽1FL＋2300

リビング

800

玄関　脱衣所

2300

▼1FL±0

子供部屋　主寝室

1000

▽1FL－1000

ガレージ

A'

A

3200　1900　3600　3650　1250　1900

15500

A-A'断面パース

床材はデッキプレートの上に根太を敷いて、その上にOAフロアを用いている。OAフロアのシステム部分には設備動線を収めるだけでなく、外気との間に中間領域を生み出し、外気と直に接触しないようにした。

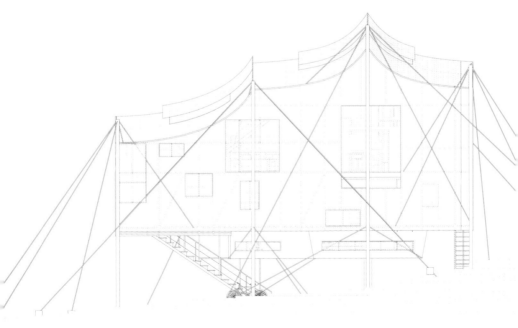

南側立面図

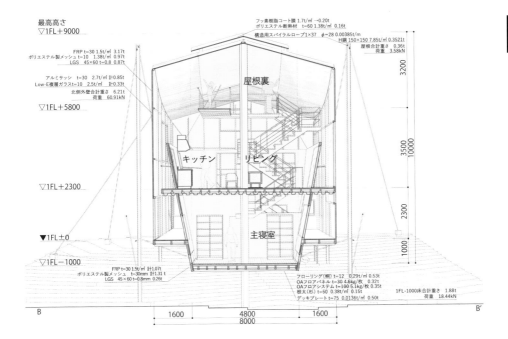

最高高さ
▽1FL＋9000

フッ素樹脂コート膜 1.7t/㎡ →0.20t
ポリエステル断熱材 t=60 1.38t/㎡ 0.16t
構造用スパイラルロープ1×37　φ=28 0.00385t/m
H鋼 150×150 7.85t/㎡ 0.3521t
屋根合計重さ　0.36t
荷重　3.58kN

3200

FRP t=30 1.5t/㎡ 3.17t
ポリエステル製メッシュ t=10　1.38t/㎡ 0.97t
LGS 45×60 t=0.8 0.87t

屋根裏

アルミサッシ　t=30　2.7t/㎡ 計0.85t
Low-E複層ガラスt=10　2.5t/㎡ t-0.33t
北側外壁合計重さ　6.21t
荷重　60.91kN

▽1FL＋5800

10000

3500

キッチン　　リビング

▽1FL＋2300

2300

▼1FL±0

主寝室

1000

▽1FL－1000

FRP t=30 1.5t/㎡ 計1.07t
ポリエステル製メッシュ t=30mm 計1.31 t
LGS　45×60 t=0.8mm 0.26t

フローリング(桐) t=12　0.29t/㎡ 0.53t
OAフロアパネル t=30 4.6kg/枚 0.32t
OAフロアシステム t=100 5.1kg/枚 0.35t
根太(杉) t=60 0.38t/㎡ 0.15t
デッキプレート t=75　0.0136t/㎡ 0.50t

1FL-1000床合計重さ　1.88t
荷重　18.44kN

B　　　　　　　　　　1600　　　　　4800　　　　　1600　　　　　　　　　　B'
8000

B-B'断面パース

リビング、主寝室など生活の中心となる部屋は、寒冷紗で覆われており、床暖房から出た熱を逃がさないようにしている。

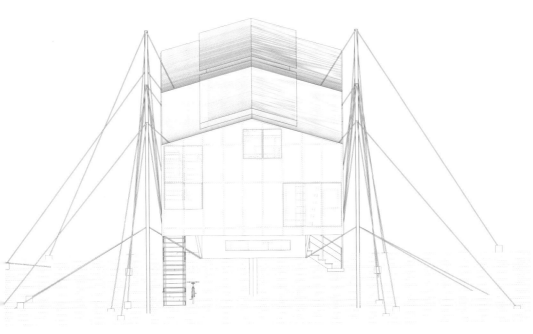

西側立面図

道から見る。ケーブルを活用することで、テントのような仮設の屋根をかけることができ、住む人の好みで場所を拡張できる（上）／
冬季は地上へ向けて寒冷紗のカーテンを掛け、地上と固定することで、雪を貯蔵するためだけでなく、子供たちの居場所となったり、
多様な使い方が可能となる（下）

模型写真

大きな吹き抜けが気持ち良い2階リビング（左上）／冬の降雪時は排雪を行うことで、再び自然光を取り戻し、排雪の達成感を感じる（右上）／2階のアトリエを見る。屋根から柔らかい自然光が落ちる（左下）／冬は内から雪下ろしが可能。隙間からスコップで突き、氷を落とし、下から叩いて雪を落とす（右下）

出展者コメント —— トウキョウ建築コレクションを終えて

Q このテーマを選んだ理由

昨年度、1年間バルセロナに留学していました。そこで自分の空間への興味の解像度を高めていました。その時、私自身が空間を"ずっしり""軽やか"と表現していることに気づき、そこで"重さ"に着目しました。ガウディの模型が無意識に影響しているのかもしれません。

Q 修士設計を通して得たこと

自分の周りには多くの仲間がいて、彼らとなら自分の想像を越えるものがつくれるということ。私は今回多くの仲間に感謝を述べなければなりませんが、この文字数内では多分言い切れないと思います。関根、正岡、丹下、よしき、秀太郎、齋藤、嵐、江利川、堀井、糟…

Q 設計を通じて社会に向けて発信したいメッセージ

マスクをしなくてよかった日常。真夜中まで開いていた居酒屋。日本語が通じること。雨が降ること。雪が積もること。そして、重力がそこにあること。すべてが尊いことだと思います。日常も非日常で、非日常も日常で、毎日に美しさと豊かさはあるのだと思います。

Q 修士修了後の進路と10年後の展望

無職です。ですが、建築への関心は今も、10年後も変わらないと思います。10年後は、8年後の公共建築のプロポで勝ち取った設計の実務に追われ、毎日が忙しいはずです。その時にこの本を見直せる余裕をもてるよう今から精進します。まずは就活から。

設計展　小堀哲夫賞

壁のない「修道院」

圏外からの思考・創作編

市原将吾
Ichihara Shogo

Presentation

早稲田大学理工学術院
創造理工学研究科　建築学専攻
小岩正樹研究室

ピレネー山脈の集落ゴソルは戦争や災害から逃れてきた移民が形成してきた。修士論文では、密輸というこの村のかつての生業の場だった「密輸の森」に着目し、ゴソルに根付く螺旋的な社会空間の存在を明らかにした。

本計画では移民がこの村の継承者になる状況を想定した。村の外れにある「密輸の森」を「修道院」に見立てることで、そこを彼らの居場所となる空間へと転化させようと考えた。螺旋という集落の隠れた空間構造、その背後にある修道院の空間理念から、螺旋回廊を地として、そして村を見守る塔、心身を癒すケア・センター、大食堂、木を祀る空間の4つを図として森に挿入した。それによってさまざまな精神的中心を襞のように内包する複合体「壁のない『修道院』」を計画した。

本論文・計画では世界システムの圏外にこそ結実し得る、超越的な空間理念としての「修道院」を探求した。この試行が先進国における移民問題の解決の一助になることを願う。

全体計画

ゴソルは森を含めて初めて成り立つ。

東西断面図

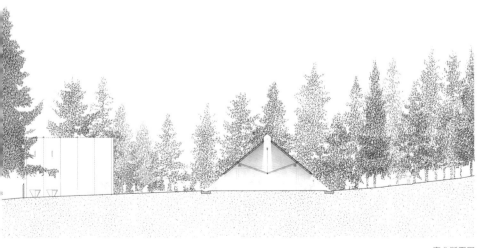

南北断面図

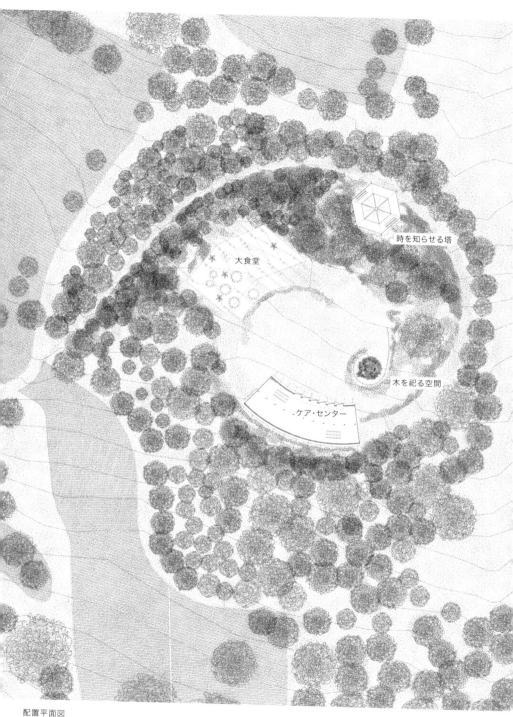

時を知らせる塔

大食堂

木を祀る空間

ケア・センター

配置平面図

全体模型

左が大食堂、右がケア・センター、中央が木を祀る空間。

大食堂

観想の空間と祝祭の空間を分かつ光

螺旋回廊展開断面図

ケア・センター

移民たちを包み込む光

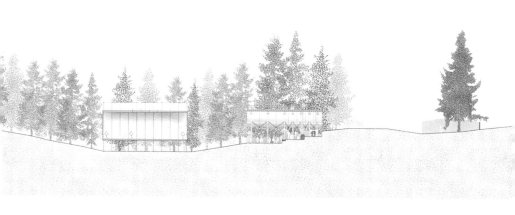

木を祀る空間

「密輸の森」を象徴する糸杉の成長をゴソルでの年月と重ねる。

時を知らせる塔

ゴソルが新たな故郷になったと実感する。

出展者コメント —— トウキョウ建築コレクションを終えて

Q このテーマを選んだ理由

バルセロナ留学中に行った60集落の実測調査を通して、移民が集落の継承者であるにもかかわらず、集落の社会空間から疎外されている現状を目の当たりにしました。その中で人種や出自の壁を超越し得るような平等な空間のあり方を探求したいと考えました。

Q 修士設計を通して得たこと

歴史学的視点と意匠論的視点の双方から建築的問題を構築する力を得ることができたと思います。また修士論文と修士計画を同時並行させるなかで、両者の不可避の矛盾を感じながらも、理論と創作を飛躍させるための「言葉にならないもの」を意識できるようになりました。

Q 設計を通じて社会に向けて発信したいメッセージ

私たちの住む都市から外れた場所、その中のさらに局所的な一空間、という社会の「圏外」にこそ、社会の普遍的なあり方、あるいはあるべき姿を見い出すことが可能です。同時にそこに超越的な理念としての建築の端緒が現れているのではないでしょうか。

Q 修士修了後の進路と10年後の展望

当面は都内アトリエで建築設計に携わります。一方で研究活動も再開し、博士号を取得する予定です。そして修士論文・修士計画で得られた分野横断的な視点を活かして、設計活動と研究活動を同時並行させるための地均しをしたいと思います。

設計展　峯田建賞

流動する大地

700mのハケの道における新たな公共の提案

山本圭太
Yamamoto Keita

早稲田大学理工学術院
創造理工学研究科 建築学専攻
古谷誠章・藤井由理研究室

Presentation

人口の減少やCovid-19による影響で都市構造が大きく変化するなかで、これからの都市像のあり方について考えたい。そこで、人口や資本が一極集中化する都市部ではなく、そこから一定の距離を取った郊外に目を向け、そこでの暮らしのロールモデルを提案したいと考えた。郊外での暮らしが直面している問題の一つに生産緑地の2022年問題がある。現存する生産緑地の約80%は1992年の改正生産緑地法により指定されたもので、30年間の営農義務が過ぎる2022年には、その多くが宅地化されていくのではないかと懸念されている。そこで本来、都市に点在するように分布する生産緑地を水路と崖線にへばりついたひとつの線として捉え直してみることで、地元住民や外からやってくる人々を巻き込み、自らの手でつくっていくこれからの郊外における社会基盤のあり方を模索した。

背景　点在する生産緑地

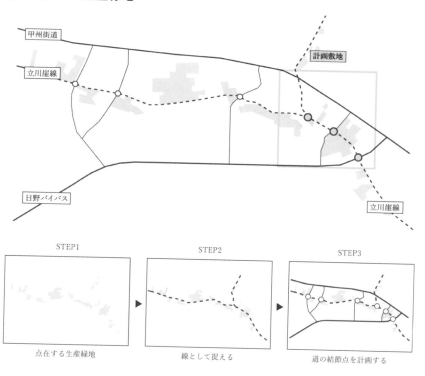

STEP1　点在する生産緑地
STEP2　線として捉える
STEP3　道の結節点を計画する

生産緑地が多く集まっているのは東京の郊外であり、そのうち約40%は武蔵野台地のヘリ沿いであることがわかった。これはこのヘリ沿いに湧き水が多く出ることに起因し、その台地とそこでの暮らしの総称はハケと呼ばれている。本来、点在する生産緑地を崖にへばりついた線として捉えてみることで、短期的な法改正によってつくりだされる場のつくられ方ではなく、地元住民や外からやってくる人々を巻き込んで自らの手でつくっていく新たな社会基盤を構築する。近い距離で2本の幹線道路が並行してはしる場所では、交通量緩和のためのバイパスによってハケの道は細切れに分断されている。今後、崖線にへばりつくように点在する生産緑地や生態系への影響が懸念される。

観察　建築単体で完結しないハケのネットワーク

すでにある周辺の生産緑地でのNPOの活動に参加し、畑の収穫体験やヒアリングをもとにハケ沿いの水を介したつながりを図化した。本計画では地元住民とヨソモノで地域の活動を共有するプログラムとして700mのハケの駅を提案する。既存の地域の活動と接続することで建築単体で完結しないハケ沿いのネットワークがかたちづくられていく。

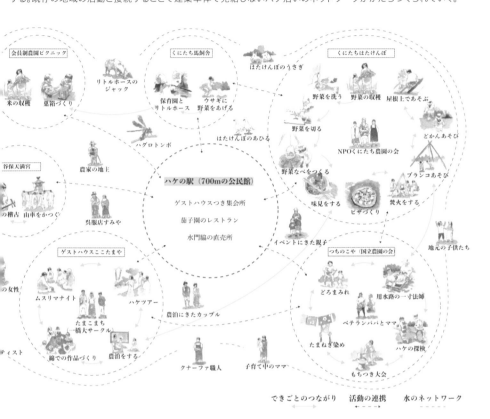

調査　敷地周辺のリサーチドローイング

常盤の泉の湧き水　　　　　ハケの道の給水管　　　　　螺旋階段下の水門

設計　700mのハケの駅

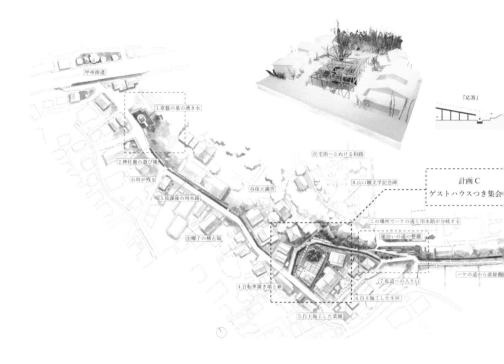

計画A　水門脇の直売所

水門のかたちを「示唆」するアーチが、道を通る人に気づきを与える。

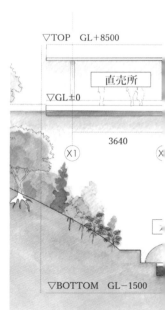

これからの公共空間のあり方として、一つの目的のために集まり、またいなくなってしまうような場のつくり方ではなく、人や物が流動し、絶えず入れ替わることで生まれる公共空間のあり方を模索したいと考えた。

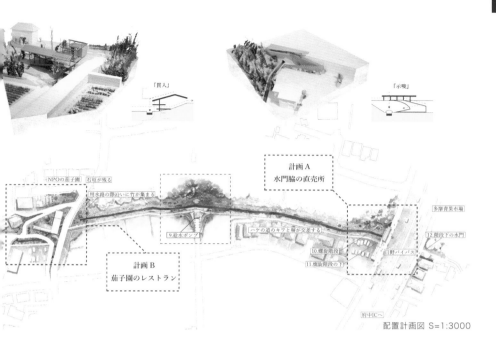

配置計画図 S=1:3000

上下動線は既存の水門のアーチを強調するように立ち上げ、ハケの道を通る人が立面的にも水の流れを感じられるような形態とし、上屋は自由に使い方を変化できるような仮設的な架構とした。

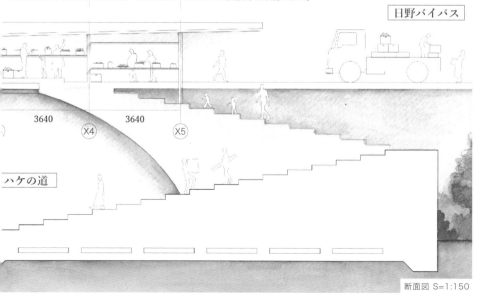

断面図 S=1:150

計画B　茄子園のレストラン

大地に"貫入"した建築が、道と地続きでつながる。

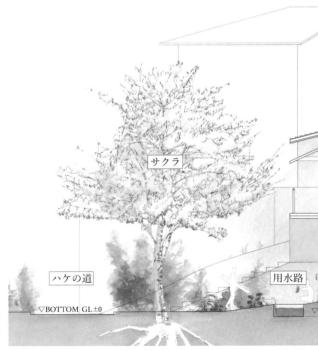

ここでは茄子園にある農家小屋をモデルとして、ナスを収穫、洗浄、加工、調理、保管する流れを建築化した。

2階の食堂では、野菜を加工し調理したものを、畑を見ながら
食べることができる。

建物の1階では用水路脇で採れたナスを洗浄、保管する。

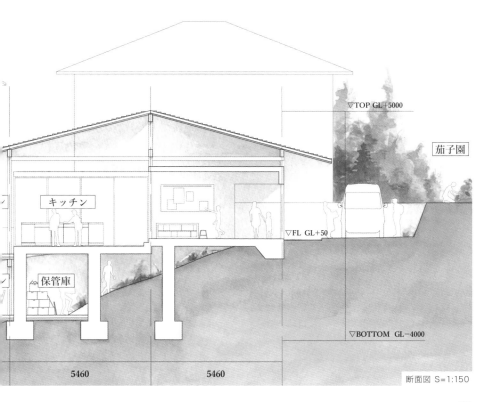

▽TOP GL+5000

茄子園

キッチン

▽FL GL+50

保管庫

▽BOTTOM GL−4000

5460　　　　5460

断面図 S=1:150

計画C　ゲストハウスつき集会所

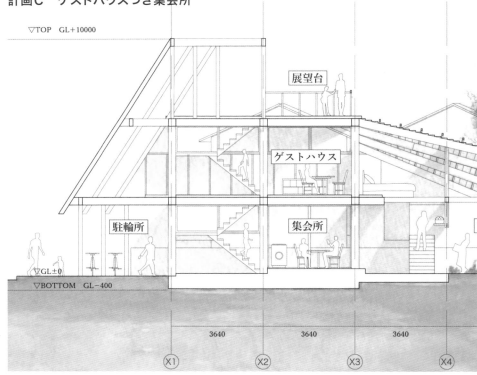

▽TOP　GL＋10000

展望台

ゲストハウス

駐輪所

集会所

▽GL±0

▽BOTTOM　GL−400

3640　　　3640　　　3640

X1　　　X2　　　X3　　　X4

地形と「応答」し、大きく余白を設ける。

7月、今日は9月に開かれる裏の天満宮の例大祭に合わせて出囃子の稽古をしている。

1階集会所。隣接する6軒の家庭菜園で採れた野菜の市場が開かれる。

既存の集会所の躯体に雨水を効率的に用水路に流すことができる形状の屋根を付加し、地元住民が自由に出入りできる場所をつくると同時に、用水路と並行して歩くことができるハケの道の入り口を計画した。

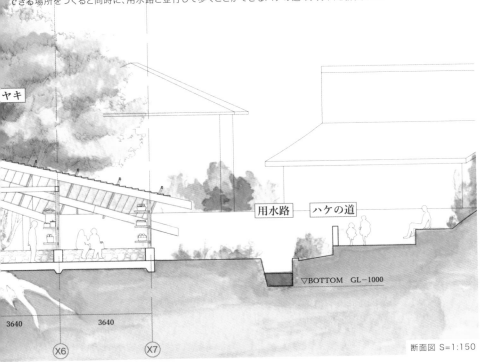

ヤキ

用水路　ハケの道

▽BOTTOM　GL-1000

3640　　　3640

X6　　X7

断面図 S=1:150

出展者コメント —— トウキョウ建築コレクションを終えて

Q このテーマを選んだ理由

20年以上住んでいる私の地元で今起こっていることに、地域の活動のお手伝いをさせていただくなかで気付かされたことがきっかけでした。地元のNPOの方々や郷土資料館の方々には大変お世話になりました。

Q 設計を通じて社会に向けて発信したいメッセージ

発信したいメッセージかはわかりませんが、修士計画で考えたことを地元で共有させていただく機会をつくりたいです。地域の方々が身近な場所で起こっていることに少しでも目を向けるきっかけになればと思います。

Q 修士設計を通して得たこと

ローカルで身近な出来事をつぶさに見つめていくと必ず普遍的でグローバルな問題へとつながっていくことをあらためて実感させられました。また、トウコレの展示期間に建築外の方々にも自分の考えを届けられる機会をいただけたことは今後の設計活動の糧となりました。

Q 修士修了後の進路と10年後の展望

卒業後は組織設計事務所で働きます。
「都市の中に建築を、建築の中に都市を見ること」の豊かさを私に教えて下さった山村さんのような人にいつかなりたいです。

設計展

住みこなされる建築を目指して

上田春彦
Ueda Haruhiko

信州大学大学院
総合理工学研究科　工学専攻
羽藤広輔研究室

Presentation

使用者の連想や解釈の余地を多様に備えた建築を構想することにより、「住みこなされる建築」のあり方を探求する。近年、社会が高度に複雑化し、各人の主体性や個々の多様性に目が向けられている。一方、日常的に存在するものは、使用者ごとのさまざまな解釈を経て利用される。たとえば、一辺50cmの物体がベンチとして利用されたり、ローテーブルとして利用されたりする。ここでは、これを使い「こなし」と捉える。本設計は、「こなす」

という視点から、家具プロジェクト、観察プロジェクト、場所プロジェクト、住宅プロジェクトを実施した。身体的スケールから住みこなされる建築を思考し制作するアプローチと、建築が受け入れる多様な具体的状況を読み取り考察するアプローチの両方を行うことで、多様な主体が対象を自由に解釈して利用することのできる建築と、結果として、人間の多様な営みとしての「住みこなし」の実現を目指している。

家具プロジェクト

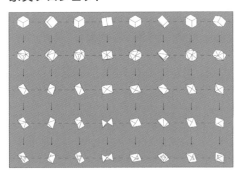

抽象化していく方向のオブジェクト

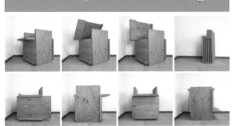

要素を増やしていく方向のオブジェクト

オブジェクトの利用

観察プロジェクト

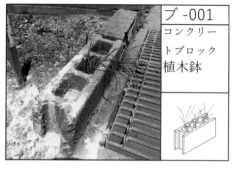

観察カード（一例）

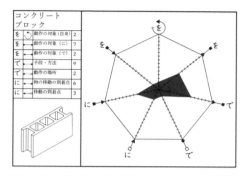

使われ方レーダーチャート（一例）

No.	もの	を	を(に)	を(で)	で(手段)	で(場所)	に(物)	に(人)	用途	形状	大きさ(縦*横*高)	重さ	素材
ブ-001			置く		育てる		植える		植木鉢				
ブ-002			置く		固定する		挿す		土台				
ブ-003			並べる		押さえる				おもり				
ブ-004		積む		覆う	支える		掛ける		植栽				
ブ-005		積む		彩る	囲う			描く	壁				
ブ-006	コンクリート ブロック		並べる		囲う				砂場		300*150*100	10kg	コンクリート
ブ-007			置く		支える		挿す		傘立て				
ブ-008			置く		押さえる		通す		おもり				
ブ-009			置く		保管する		入れる		収納				
ブ-010						休む		座る	ベンチ				
ブ-011						休む		座る	ベンチ				

観察表（一部抜粋）

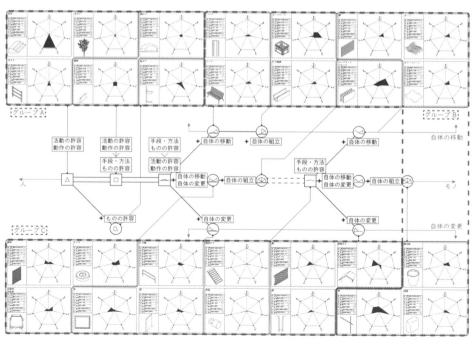

性格別樹形図

場所プロジェクト

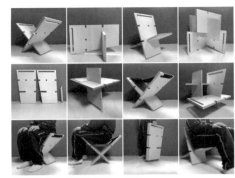

「西陣 路地の家具デザインコンペ2019」で発表したもの

住みこなされる家具

西陣における住みこなし

住宅プロジェクト

アイソメトリック

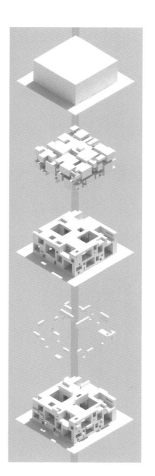

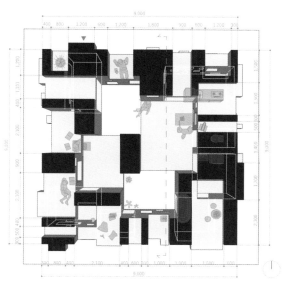

平面パース

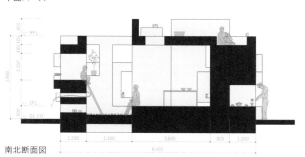

南北断面図

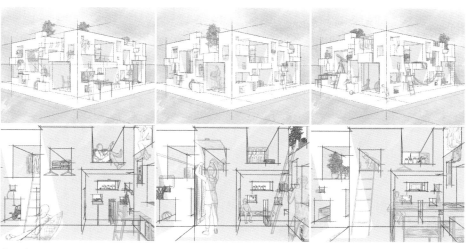

住みこなしパース

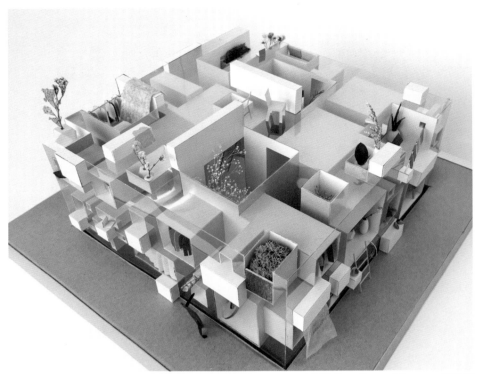

住みこなし模型写真

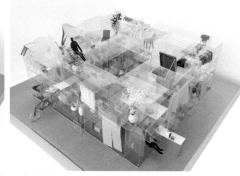

住みこなし模型写真

出展者コメント —— トウキョウ建築コレクションを終えて

Q このテーマを選んだ理由

現代における建築のあり方を考えるためです。私が思う現代とは、多様な個人が自ら情報を取捨選択し、また発信するというような、個人が主体の時代です。個人にとって自由な建築を目指すため、「住みこなし」に注目し、ものと人との関係から建築を模索しました。

Q 修士設計を通して得たこと

小さなオブジェクトがもつ可能性を探ることができました。たとえば、小さなオブジェクトだからこそ、住みこなされやすく、それが多くの人に利用されることで、一つの建築物以上にまちに影響を与える可能性があるということがわかりました。

Q 設計を通じて社会に向けて発信したいメッセージ

日常にあるものは、特定の利用者の行動を想定して設計され、その通りに利用されることがほとんどです。しかし、多様な個人によってさまざまな使われ方をすることを想定し、利用者に解釈の余地を残すことで、生活の幅を広げることができるのではないかと考えます。

Q 修士修了後の進路と10年後の展望

私が修士設計で行ったことは、設計者だけでは成り立たず、利用者や周囲の環境があって初めて成り立つことです。これからも、利用者と設計者の関係やものと人との関係に注目しながら、自分自身が建築とどのように関わっていくのかを考えていきたいです。

設計展

建築の生命性

これからの建築設計手法と建築の存在について

越智 悠
Ochi Haruka

大阪大学大学院
工学研究科　地球総合工学専攻
横田隆司研究室

Presentation

近代の超克を目指す21世紀は環境の時代といわれる。本設計ではとりわけそれを"生命"の時代と呼びたい。"生命"とは「生きていく」ことより「生きている」ことであり、「Life」より「Existance」である。つまり相対化されない、自己完結した、存在それ自体の価値である。

21世紀の不明瞭な未来を思考する建築は、社会善や与条件に依拠した弁証法的プロセスによって生成される他律的建築ではなく、生物・無生物の境界を超越した"生命"と"自由"を謳い、生を祝祭し、世界と交感する自律的な建築であろう。

建築における"生命性"は、建築を建築から考え、最適化のための相対化を回避し、遠心的な多様性を生成し続ける非淘汰の設計態度によって獲得される。それは矛盾を生み出し矛盾を理解していく建築創成プロセスそのものである。

建築の生命性は人間のメタファである。"生きている人間"には、"生きている建築"が必要である。建築を考えること、建築をつくることの近代を超克する。

Abductional Modeling：閃きによる設計手法

全体像をもたない断続的な建築エレメントの集合体、超個体としての建築を構想する。

*Abductional：人間の知能は帰納（induction）、演繹（deduction）、閃き（abduction）で構成される。閃きは因果を超越する人間たる知能であろう。

**近代思想に基づく
線形的な淘汰の思考モデル**

**建築の生命性を目指す
多様な非淘汰の思考モデル**

近代化とは合理化であり、計算可能化である。近代を「生きていく」ために、人間は相対化され、競争社会に晒され、ついには「生きている」ということの意味が忘れ去られてしまった。相対性をもつ社会によってあらゆるものが最適化され、いきおい、相対的競争の中でしかあらゆる価値を決定できなくなってしまった。21世紀の今も我々は近代科学的に物事を思考し、判断する。建築設計も漏れなく相対的な淘汰のプロセスに従っているだろう。

建築の閃きは遠心的に広がり、多様性は淘汰されずに自由に振る舞う。Abductional Modelingは徐々にスケールを上げ、設計者の身体と交感する。スケールが上がれば、より多くの多様な閃きが集合し、より具体的に創成される。建築が具体化すると、閃きの束は重なり混ざり合い、一本の建築へと漸近していく。生き生きとした色彩は失われることなく、同時に存在することを謳歌する。

01 建築の内延

建築の内延で生成した100の建築に対して個別に独立的に対峙する。ここでも建築は与条件などに依拠した他律的存在としてではなく、建築そのものとして内延的に扱われる。模型として3次元的に出力された非言語的な建築の閃きを、平・立・断の2次元に翻訳し描写することで、その建築に内包される質と邂逅する。

02 閃きとの邂逅

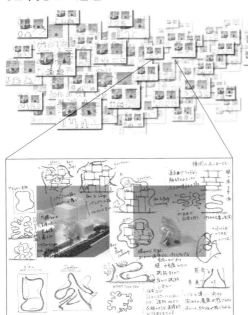

他律的な具体性(外延)を回避し、性質(内包)を遠心的に構想する。建築を建築から考える。生成された建築は相対化されず、ただただ存在する。この設計態度により建築は生命性を得る。

　通常、建築はmulti-processingに生成される。与条件における課題と解決の入出力を、スケール横断的に集積する。建築は生成の果てに創発する。どの入力と出力の延長にもない建築の真価を獲得する。

　建築の生命性は、建築を与条件の文脈や要請から解放する。課題解決の生成プロセスをスキップすることで、建築は建築の真価に内包される。Architecture as Architectureである。解放された建築は多様化し遠心的に広がり続ける。これを建築の内延と呼ぼう。

　かくして、建築は1つの答えに漸近しないのである。いつまでも最適化されない。そして建築は人工知能ではなく閃き(Abdctional Modeling)によって検証される。相対性から絶対性へ。"Life"から"Existance"へ。それはまさに夜空の星のような生命性である。無数の名もなき星の輝きは宇宙の煌めき。建築は止まらない。

1:50におけるAbductional Modelingでは、設計者と建築の間に身体性が宿り、より高密度な交感が行われる。建築は具体化し建築化する。そしてより多様な生命性を獲得していく。最適化を目指さず、遠心的に多様性が生まれていく非淘汰な設計プロセスでは、建築創成の個々の操作が断続的に集合し、生命性を獲得していく。建築を建築として、相対化されない自己完結的な存在として扱いながら、しかし一方で、時間と重力という「絶対的相対性」、即ち普遍的文脈の中で建築を思考する。

閃きの履歴

10：カラーとモノクロの集合体

北面に外面がモノクロで内面がカラーになったボリュームがずれながら集積して配置される。北面のファサードを象徴しつつ、南北を貫通するヴォイドをリスペクトする。

11：線材が貫通し浮遊する室

柱によって支えられた小さなボリュームがストーンカウンターの頭上に浮遊する。入り口は09の階段にある。

12：空間を跨ぎ開放性を締める曲壁

垂直方向に広がる主空間とそれを09の覆う天井ボリュームを土壁の曲壁が跨いでいく。開放性に対して包み込むような言語が効く。

13：建築のふたと屋上の小屋

建築の全体像が見えてきた頃に、大らかな蓋を半分ほどかぶせ、まとめる。蓋の上には屋上小屋がありそれらは互いに明後日の方向を向きながら、しかしバランスされたボリューム群として存在する。

地面から不可逆にビルドアップした履歴を共有する。1つずつ建築的なエレメントが付加されていく。その都度における閃きや思考、そしてその時々にヒントになった「建築の内延」を同時に示す。創成に先だったプログラミングをせず全体像が描かれないままアドリブで進んでいく過程では、終盤にかけて指数関数的に空間や造形に対する葛藤が増してゆく。

04 自己文脈化するエレメント

設計展

全体像をもたない建築には床壁柱の区分がなく、建築操作はニュートラルなエレメントと化す。自己完結する一つひとつの操作はその都度背景と前景の関係となり、過去の操作は最新の建築操作に対する敷地や地形のように見立てられる。即ち各エレメントが自己文脈化していくのである。

エレメントの履歴

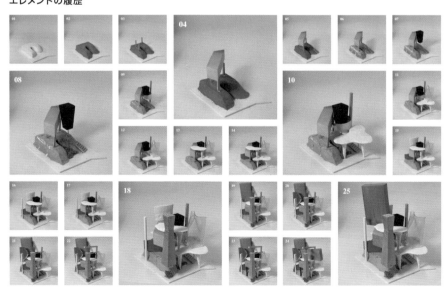

閃きの履歴を時間的な継続性の観点から考察する。いかに各エレメントが自己文脈化していくか、あるいはそのような文脈を最新のエレメントがどのように克服していくのか。とくに各操作が建築の定石から逸脱する瞬間が連続していく様子に、生命性を見出すことできるだろう。

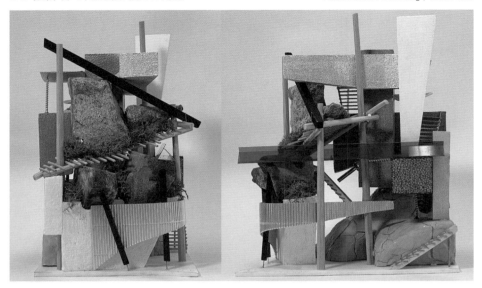

3つ目にして大きな発見があった。1つ目のAbductional Modelingがもっとも生命的で閃きに溢れ、生き生きとしていたということである。これは、生命的建築設計手法が非線形どころか微分的には非最適化であることを意味する。最大の懸念は設計者の中で非相対化を過度に意識してしまうあまり、逆説的に相対化が起こり、自由や閃きを減じてしまったことだ。しかし同時に、生命的建築設計手法の生命性も裏打ちされた。相対性に反比例して生命性は増加していくのだ。

淘汰から葛藤へ

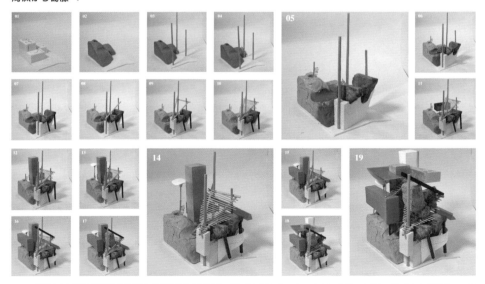

ここでは閃きの履歴を時間的な断続性の観点から考察する。03、04のAbductional Modelingにおいて生まれた建築は一つひとつの建築が断続的に集合した存在として生命性を獲得した。同様に05においても閃きを重ねて建築の生命性を目指したが、その時、常に参照軸として以前のAbductional Modelingが脳裏をかすめた。かくして設計者は相対化という枠組みに参入してしまう。しかしこれは弁証法や淘汰の方向ではなく、他律性の回避、エントロピーの増大、遠心的多様化の方向への運動であることが体感された。

06 建築を目指す具体化

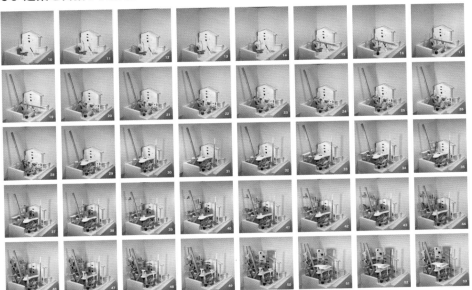

Abductional Modelingにおいて建築は最適化されない。模型のスケールが上がり、設計者と建築の交感がより高い次元で行われることで、建築はより具体的に決定されていく。しかしそれは、たとえば窓枠の寸法を考えることを意味しない。最適化のための相対化を回避し、全体像をもたない建築において、いかにスケールが上がって構築的なプロセスに近づいていても、「建築の内延」のように建築を建築から構想し、断続的なエレメントの集合体として生きている状態たり得るかが重要である。

出展者コメント —— トウキョウ建築コレクションを終えて

Q このテーマを選んだ理由

新型コロナが世界中を襲った2020年度の修士設計をラディカルな転換点と位置づけ、近代に遡及することで問い直した人間の本質を立脚点とする建築設計手法を構想しました。近代が生み出した巨大な相対性と淘汰の原理から逸脱することで獲得される「建築の生命性」を目指しました。

Q 修士設計を通して得たこと

近代の超克を目指した新しい建築設計手法を通して、建築によって新しい時代を始めることを目指しました。しかし、本設計の主題でもあったスケールの問題として、建築が獲得していくべきリアリティに及びませんでした。建築の生命性が実感として具現化するための糧を得られました。

Q 設計を通じて社会に向けて発信したいメッセージ

21世紀はVUCAの時代といわれますが、一方で情報化によって「わかる」という前提も強化されていると感じます。建築設計にも説明可能性がますます突きつけられる予感があります。建築が不安定な社会に幽閉されるのではなく、不確かな質を信じて社会を始めるような勇姿に憧れます。

Q 修士修了後の進路と10年後の展望

アトリエ系の設計事務所に就職予定です。10年後には独立して活動し、このトウキョウ建築コレクションに向けた取り組みや展覧会で得た経験を発展させ実装していたいです。あるいは変化の激しい時代の機微を感じ、よりおもしろい未来のための建築をつくっていたいです。

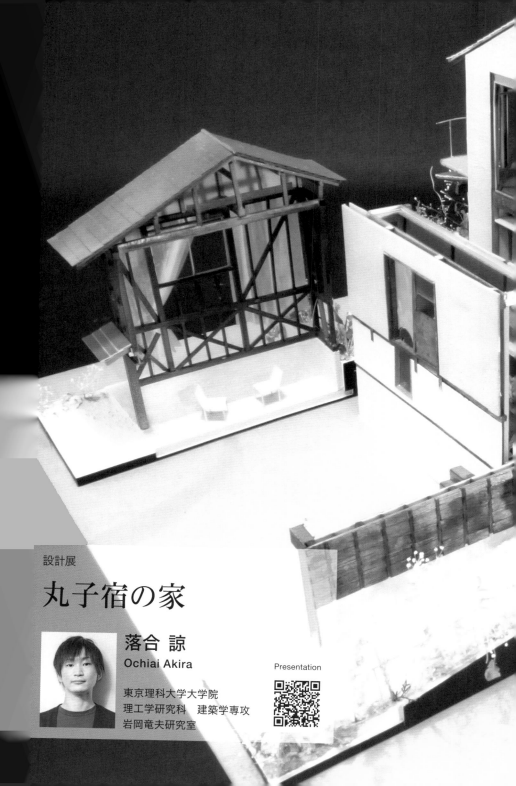

設計展

丸子宿の家

落合 諒
Ochiai Akira

東京理科大学大学院
理工学研究科　建築学専攻
岩岡竜夫研究室

Presentation

これは、定められていない「建築の死」を人により強要し、設定された「ある終わり」に向けて、建築の構築とは逆の操作を主体として進め、その過程で建築がもつ個性を発掘しながら、新たに顕在させて周囲が看取るように解体していくという試論だ。「ある終わり」を前提とした解体という行為は、単なる「解体」以上の意味をもつ。

　建築はその生涯で幾相もの姿を見せる。死を要求され、ある時は光を求め膨らみ、また剥き出しの構成材を見せびらかし、人に合わせ設えを変え、減量し、風雨により腐敗しながら、解体されていく。「体を解く」解体の暴力性は周囲を惹きつけ、囲いで覆い重機で押し潰す行為とは異なった解き方を見せる。触れ合った人々の記憶に土地とともに刻まれていく解体の成形を目指した。そして残ったモチーフは新しく建つかもしれない建築のコンテクストとして受け継がれていく。

　一つの建築の「終わり」は周囲の「生」を創出する。

model「ある終わり」

「Case: Grandparents' house in Mariko」

対象の住宅は私の祖父が設計した設計事務所兼自邸である。築30年ほどの建物であり、私たち家族にとっても愛着のある建物である。今は設計事務所を閉じ、80歳の祖母が一人で暮らしている。将来この住宅が解体されていく試論を本設計では描く。

　対象住宅は静岡市駿河区の山間の「丸子」というまちに位置している。近くに丸子川が流れ、宇津ノ谷峠という東海道の難所を有しているこのまちは1601年からは宿場町として発展してきた。現在もその名残があり、普遍的な街並みの中に町家の趣を残したまちである。近年は団塊世代の高齢化に伴い住宅、土地の空きや商店の閉店が増加した。一方で静岡市内へのアクセスの良さ、小中学校の近さなどから子ども連れの家族の移住者が増え、周囲には新興住宅、アパートが増え世代交代が起きた。

「Network of the context in Mariko」

建築にある個性の存在を発掘し、再びまちの文脈へとつなぎなおしていく。解体という「建築の終わり」を考えることは、結果として丸子という地域、その周辺で生きていく、人、モノ、社会の生き方を考えることにつながる。小学校近郊に建つという立地を生かし、解体の中では建築の住宅性が解体されていき、他者の介入が行われプログラムが公共性を帯びていく。

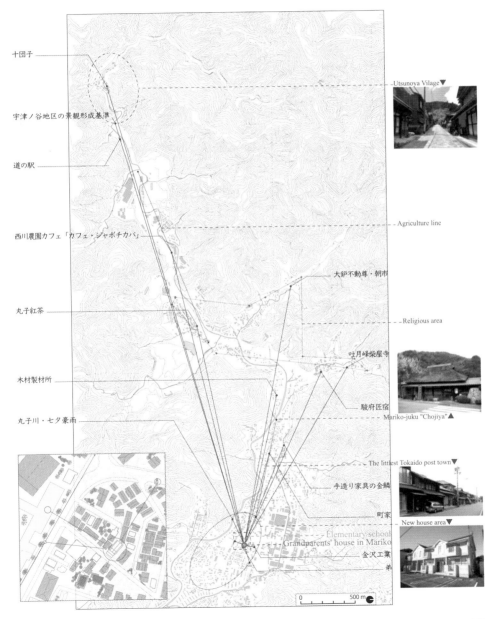

「Narrative: Art of Dissection」

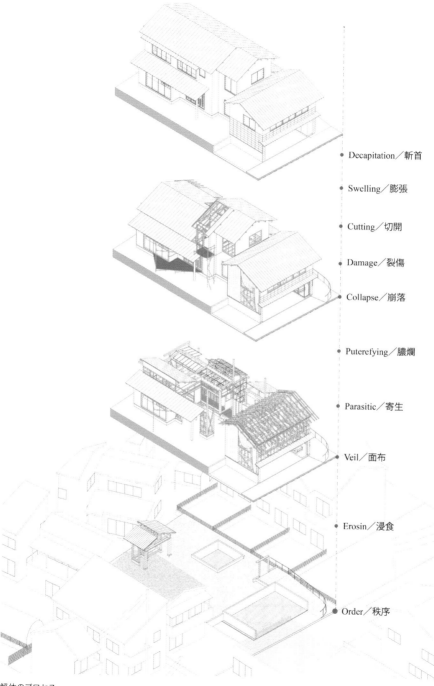

- Decapitation／斬首
- Swelling／膨張
- Cutting／切開
- Damage／裂傷
- Collapse／崩落
- Puterefying／膿爛
- Parasitic／寄生
- Veil／面布
- Erosin／浸食
- Order／秩序

解体のプロセス

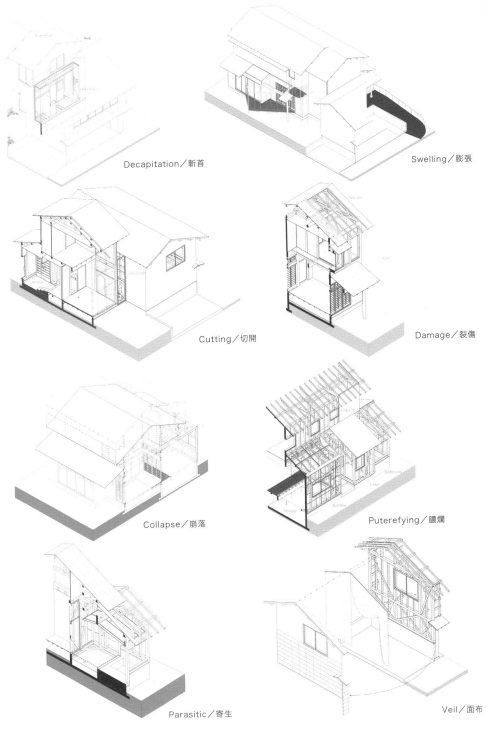

Decapitation／斬首

Swelling／膨張

Cutting／切開

Damage／裂傷

Collapse／崩落

Puterefying／膿爛

Parasitic／寄生

Veil／面布

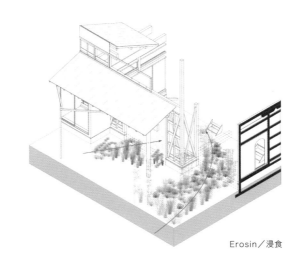

Erosin／浸食

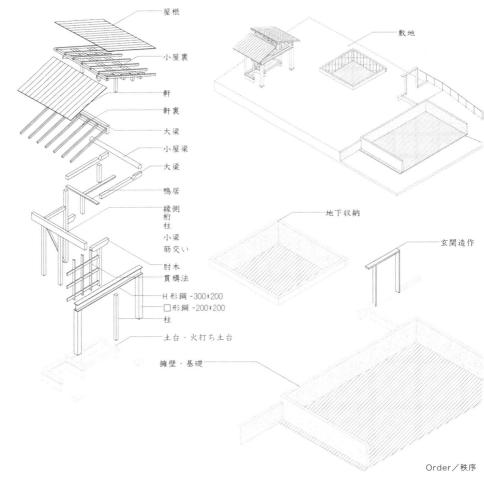

屋根

小屋裏

軒

軒裏

大梁

小屋梁

大梁

鴨居

縁側
桁
柱

小梁
筋交い

肘木
貫構法

H 形鋼 -300*200

□形鋼 -200*200

柱

土台・火打ち土台

擁壁・基礎

敷地

地下収納

玄関造作

Order／秩序

Model

出展者コメント —— トウキョウ建築コレクションを終えて

Q このテーマを選んだ理由
建築の解体に興味があったので、解体のデザインに
挑戦したいと思いました。

Q 設計を通じて社会に向けて発信したいメッセージ
壊すことを考えてみてほしいです。

Q 修士設計を通して得たこと
つくったもの、言語化の難しさ。

Q 修士修了後の進路と10年後の展望
建築関係の仕事をしてると思います。

設計展

幻塩風景

言葉のある風景の研究と実験建築

木村晟洋
Kimura Akihiro

東京都市大学大学院
総合理工研究科　建築・都市専攻
手塚貴晴研究室

Presentation

塩は生命の母である。塩というものはかつて、すべての生き物の源、生命の母といわれており、すべての生き物の生態系維持に携わってきた。私の出身地、和歌山県の和歌浦では万葉の時代に多くの塩に関する和歌が歌われており、歌人達の思想や感情が風景と一体となっている。つまり和歌浦では、歌人達の思想や感情が塩を取り扱った幻想風景をつくってきたのである。これらのことを踏まえると和歌浦の未来型の塩のあり方は、近世の人間独自の塩の製作に加え、幻の風景を具現化し、塩本来の役割「生命の母」となることではないか。万葉的な幻想風景から幻塩風景を構築していく。和歌浦の和歌の用語の意味からそれぞれの言葉の意味を抽出し、そこで得た言葉から原風景の痕跡をリサーチする。この風景を今後どのように未来へつないでいくか、歌作りから塩の実験を行う詩論であり試論である。

「一に権現、二に玉津島、三に下り松、四に塩竈よ」

このフレーズは、和歌祭における奉納ルートのスタート地点である権現（東照宮）と、ゴールの塩竈神社をつなぎ、東照宮に海の幸と塩の干物と塩を奉納する歌である。同時にこの塩竈神社には塩の神が宿っているという伝承があり、塩の神が漁民達の安全を願った風景と和歌ともいわれている。しかし、近現代の人口増加に伴って埋め立て地をつくり、漁場の移転が行われて新和歌浦がつくられた。この漁場移転により、かつて神として崇められた塩の生産文化は失われたが、現在その復活事業が行われている。加えて漁場移転により、塩の奉納ルートが変わったともいわれている。和歌祭では今もなお、かつての奉納ルートに沿って神輿を担いでいる。新しくできたルートの延長線上に、製塩建築とそれに付随する建築を設計すれば、東照宮の新しい奉納ルートを保ちながら、塩＝神が海の人の安全を願った「松間釣艇」の風景を取り戻し、同時に塩の文化の復活に寄与することができる。

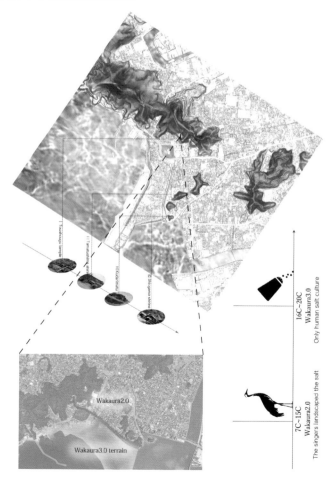

和歌の解体手法

一つひとつの言葉の意味を解読し、言葉のある風景をリサーチした。

和歌の浦に塩満ちくれば片男波 あしべをさして鶴なき渡る　　　　　山部赤人

対象とする和歌

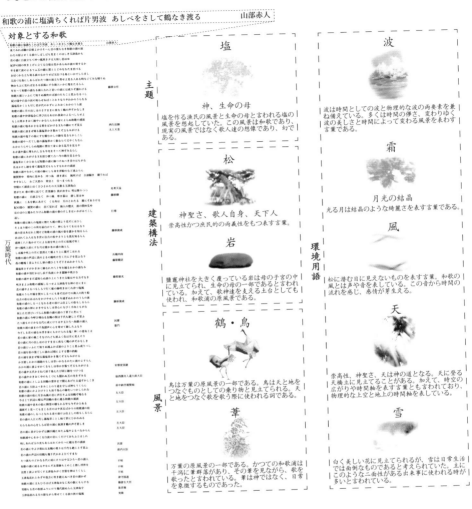

主題

塩

神、生命の母

塩を作る漁民の風景と生命の母と言われる塩の風景を想起していた。この風景は和歌であり、現実の風景ではなく歌人達の想像であり、幻である。

建築構法

松

神聖さ、歌人自身、天下人

神聖性かつ庶民的の両義性をもつ表す言葉。

岩

塩竈神社を大きく覆っている岩は母の子宮の中に見立てられ、生命の母の一部であると言われている。加えて、歌神達を支える土台としても使われ、和歌浦の原風景である。

風景

鶴・鳥

鳥は万葉の原風景の一部である。鳥は天と地をつなぐものとしての乗り物と見立てられる。天と地をつなぐ歌を歌う際に使われる詞である。

葦

万葉の原風景の一部である。かつての和歌浦は干潟であり葦群落があり、その風景を見ながら、歌を歌ったと言われている。葦は神ではなく、日常を象徴するものであった。

環境用語

波

波は時間としての波と物理的な波の両要素を兼ね備えている。多くは時間の儚さ、変わりゆく波の美しさと時間によって変わる風景を表わす言葉である。

霜

月光の結晶

光る月は結晶のような綺麗さを表す言葉である。

風

松に潜む目に見えないものを表す言葉。和歌の風とは声や音を表している。この音から時間の流れを感じ、感情が芽生える。

天

崇高性、神聖さ、天は神の道となる。天に登る天橋立に見立てることがある。加えて、時空の広がりや時間軸を表す言葉とも言われており、物理的な上空と地上の時間軸を表している。

雪

白く美しい花に見立てられるが、雪は日常生活では面倒なものであると考えられていた。主にこのような二面性がある出来事に使われる時が多いと言われている。

一人二十五首（一部）

百人一首にちなんで一人で二十五首の歌をつくり、言葉を失った原風景の痕跡に意味と修辞技法を与えた。

（和歌建築）　＝　（修辞技法）＝　序詞　（言葉の意味）　＋　（原風景の痕跡）

幻塩実験

海水から自然に塩を精製する実験を行い、材料、構造を検討した。

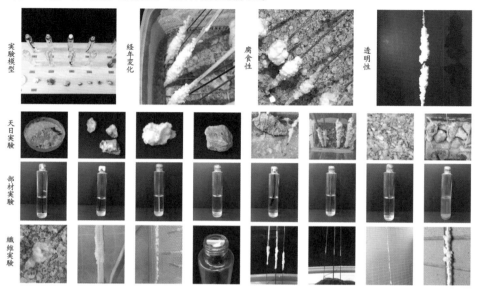

修辞技法「縁語」による幻塩（縁）ネットワーク（一部）

ネットワークの一部である。この幻の塩を中心に和歌がつながり、和歌浦というまちを再構築する。

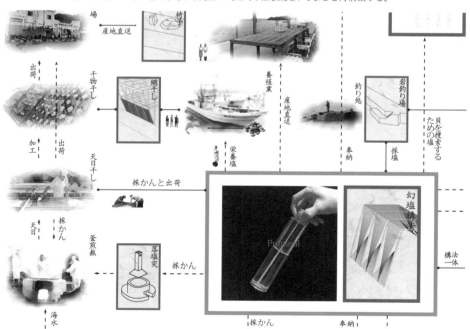

一 漁場＋幻塩

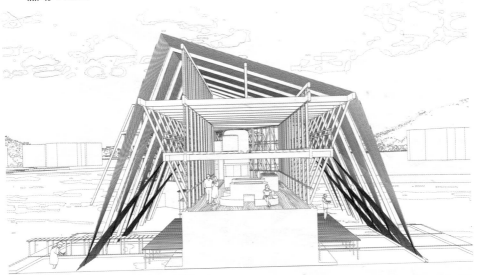

断面パース

一日後 製幻塩

一カ月後 製幻塩

二　葦＋鳥＋幻塩

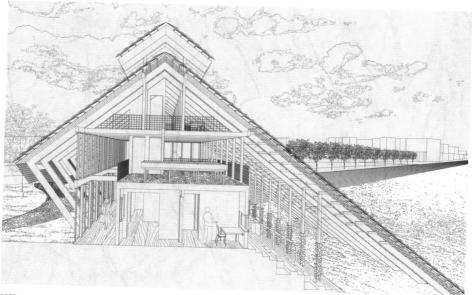

断面パース

満潮時　貯水

干潮時　天日塩

三　葦＋貝＋幻塩

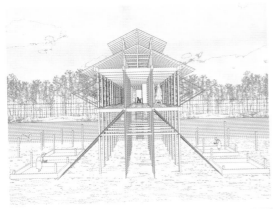

満潮時 製幻塩

干潮時 潮干狩り

収穫時 葦狩り

出展者コメント ── トウキョウ建築コレクションを終えて

Q このテーマを選んだ理由
言語と建築の関係を研究し、日本人独自の文学的な考え方を学びたかったから。

Q 設計を通じて社会に向けて発信したいメッセージ
昨今の持続可能な社会の実現に向けて、日本人の感性が重要だということ。

Q 修士設計を通して得たこと
日本人の感性と信念。

Q 修士修了後の進路と10年後の展望
建築以外のことに挑戦していきたい。

設計展

文学作品にみられる
異界と境界領域

村上春樹の長編小説を対象として

鈴木篤也
Suzuki Atsuya

名古屋工業大学大学院
工学研究科　社会工学専攻
藤岡伸子研究室

Presentation

文学作品にみられる異界と境界領域を手がかりにして建築空間を構想する試みである。村上春樹の作品を対象として、作品内の異界と境界領域を、具体的な記述から抽出・分類し、それらを再統合することで、精神的な活力を呼び戻す12個の空間操作の手法を案出した。また、村上の作品を単独で分析するだけでなく、氏が受け継いだレガシーを、過去や他の文化圏、あるいは哲学や心理学などの関連学問領域から拾い出し、論考に信頼性を与えた。手法を用いた建築空間の一例を、実際の敷地をリサーチしたうえで設計提案し、空間操作の手法の効果を示した。各手法は一つの建築内で相互に干渉することで、異界を呼び込む効果を増幅させ、機能と用途によって分節化された明快な空間から解き放たれた現代人が、精神的な全体性を取り戻し得る空間が生成される。建築空間が来訪者の知的理解に律された日常的感覚を揺さぶり、非日常の体験へと誘う。

村上春樹の作品における異界と境界領域の特徴

分類	小分類	タイトルと記述			
		I. ノルウェイ	II. ダンス	III. 国境の南	IV. ねじまき鳥
1. 境界領域	a.道	曲りくねった道	渋滞した道路	狭い未舗装の道	分れ道
	b.垂直	二階の玄関への階段	エレベーター		井戸
	c.水平	白い石塀	古い木製のドア		ゼリーの壁
	d.水辺	川		橋	区営プール
	e.山中	峠		雑木林	
	f.乗り物	私鉄バス		レンタカー	車
	g.空間		部屋、オフィス	駐車場	縁側、庭、ロビー
	h.意識	眠り	アパートのベッド	ソファー	夢
	i.サイン	看板、停留所	信号、電話機		
2. 時刻	夕暮れ	四時三十五分	夕暮れのダウンタウン		
	夜中	十二時少し前	十二時十五分		十一時半
	夜明け前	[午前]三時四十分	四時少し前	夜明け前	夜明け前
3. 匂い	自然	草原の匂い		雨の匂い	
	女性		ヘア・リンスの匂い	柔らかな髪の匂い	オーデコロンの匂い
	古い		黴臭い、古い紙の匂い		
	花				強い花の匂い
4. 色	白	白いブラウス	白いほこり、白骨	真っ白な雪、白い灰	白いナイフ
	青	ブルーのガウン	ブルージーンズ		青色のしるし
	赤	赤いワンピース	赤いカーペット	赤い血	赤いバラ
	黒	黒い瓦屋根	黒色の虚無	黒々とした鉄骨	黒い影、黒いあざ
5.暗闇		部屋は暗くて、電灯もついていなくて	完璧な暗闇、完全な暗闇、真っ暗	暗黒の空間、暗黒の穴、暗闇	暗い、深い暗闇、闇の中
6.静寂		何の物音もない、静かな午後	静かすぎる、深い沈黙、音もなく	凍てついた沈黙、静かな午後	何の物音もしない、深い沈黙
7.方向		どこかまったく別の方向から響いて聞こえて来た	どの方向から聞こえてくるのか判断できなかった。	どこにいるのか、自分がどちらを向いているのか	方向をすっかり見失ってしまった、ややこしい不思議な道筋
8.時間		時間の感覚がひきのばされて狂ってしまった	どのくらいの時間かはわからない、時間が揺らぐ		待つ時間はそのまま永遠に続くように思えた

精神的な活力を取り戻す12個の空間操作の手法

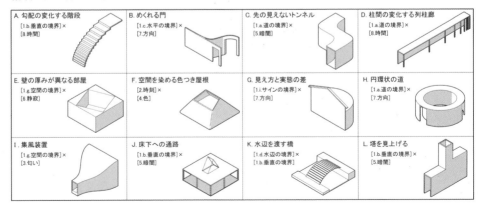

A. 勾配の変化する階段
[1.b.垂直の境界]×
[8.時間]

B. めくれる門
[1.c.水平の境界]×
[7.方向]

C. 先の見えないトンネル
[1.a.道の境界]×
[5.暗闇]

D. 柱間の変化する列柱廊
[1.a.道の境界]×
[8.時間]

E. 壁の厚みが異なる部屋
[1.g.空間の境界]×
[6.静寂]

F. 空間を染める色つき屋根
[2.時刻]×
[4.色]

G. 見え方と実態の差
[1.i.サインの境界]×
[7.方向]

H. 円環状の道
[1.a.道の境界]×
[7.方向]

I. 集風装置
[1.g.空間の境界]×
[3.匂い]

J. 床下への通路
[1.b.垂直の境界]×
[5.暗闇]

K. 水辺を渡す橋
[1.d.水辺の境界]×
[1.b.垂直の境界]

L. 塔を見上げる
[1.b.垂直の境界]×
[5.暗闇]

空間体験を可視化する多方向のアクソメスケッチ

本提案の空間体験を、境界領域を越えるごとにそのときどきの視点から多方向のアクソメで起こしたスケッチ。異界を呼び込む空間操作の手法が数多く組み合わさり散りばめられることで、来訪者は奥へ奥へと誘い込まれていき、異界へ導かれていく。ここでの体験をそれぞれがもち帰り、平坦な日常を生き抜く活力を呼び戻す一助となる。

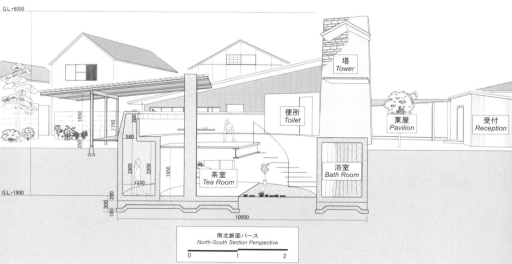

南北断面パース

空間操作の手法を適用した設計提案の分解図

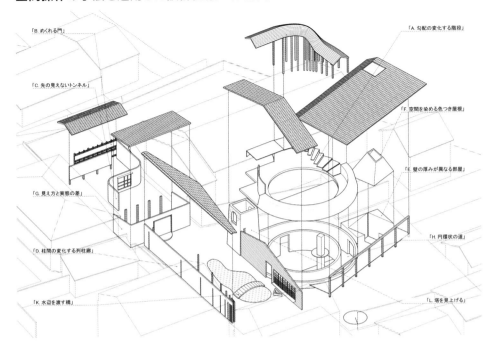

「B. めくれる門」

「C. 先の見えないトンネル」

「G. 見え方と実態の差」

「D. 柱間の変化する列柱廊」

「K. 水辺を渡す橋」

「A. 勾配の変化する階段」

「F. 空間を染める色つき屋根」

「E. 壁の厚みが異なる部屋」

「H. 円環状の道」

「L. 塔を見上げる」

模型によるスタディの過程

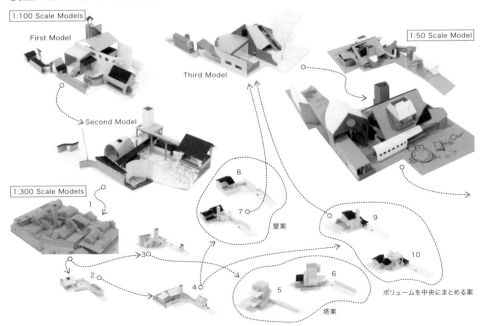

1:100 Scale Models

First Model

Third Model

1:50 Scale Model

Second Model

1:300 Scale Models

1

8

7

壁案

9

10

3

2

4

5

6

ボリュームを中央にまとめる案

塔案

観察スケッチによる敷地のリサーチ

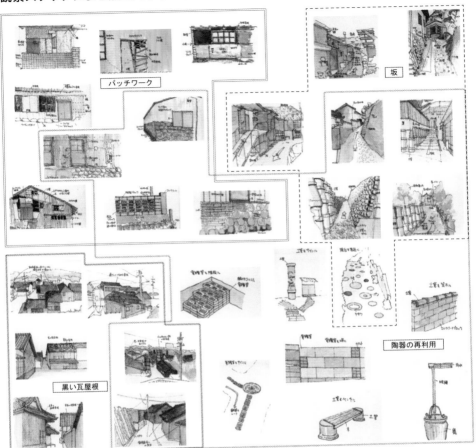

パッチワーク

坂

黒い瓦屋根

陶器の再利用

北立面を見せる模型写真

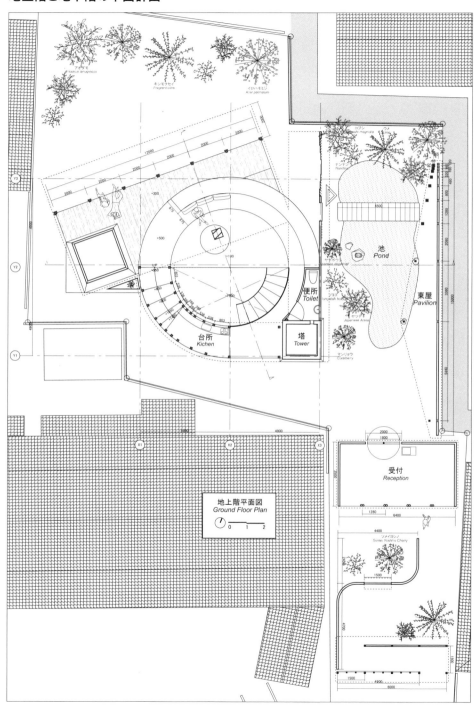

受付
Reception

池
Pond

東屋
Pavilion

便所
Toilet

台所
Kichen

塔
Tower

地上階平面図
Ground Floor Plan

0   1   2

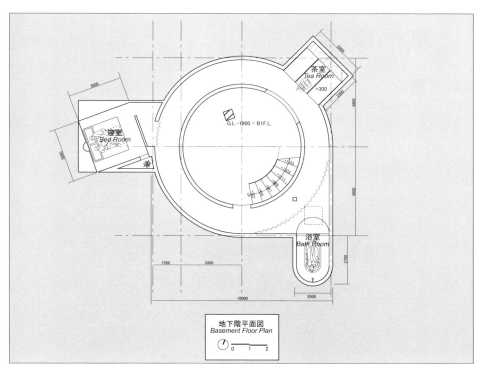

茶室
Tea Room
+300

寝室
Bed Room

GL.-1900 = B1F.L.

浴室
Bath Room

地下階平面図
Basement Floor Plan
0   1   2

出展者コメント —— トウキョウ建築コレクションを終えて

Q このテーマを選んだ理由

文学作品を読んでいる最中や読んだ後に、作品中の情景描写にしたがって空間を想像するのが楽しいと感じたことがきっかけです。それは読者によって異なる様相を呈することから、文学の空間は現実の空間のように固定されたものではないと思い、興味が湧きました。

Q 修士設計を通して得たこと

他分野の知見をつなげていく能力、大量の本の読みこなし方、先人や教授の肩を借りる図太さ、周りに流されない胆力。

Q 設計を通じて社会に向けて発信したいメッセージ

自分たちの捉えている世界の認識が絶対ではないという想像力を身に着ける重要性。科学主義、合理主義で物事を一面的に捉えないこと。

Q 修士修了後の進路と10年後の展望

進路は未定ですが、アトリエ系建築設計事務所で学びたいです。10年後には建築家として独立して事務所を構えます。

建築治癒論

木下喬介　　東京理科大学大学院　工学研究科
Kinoshita Kyosuke　建築学専攻　栢木まどか研究室

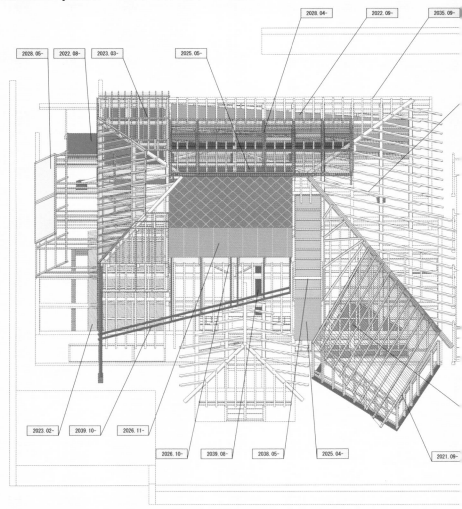

2028. 04~
2022. 09~
2035. 09~
2028. 05~
2022. 08~
2023. 03~
2025. 05~
2023. 02~
2039. 10~
2026. 11~
2026. 10~
2039. 08~
2038. 05~
2025. 04~
2021. 09~

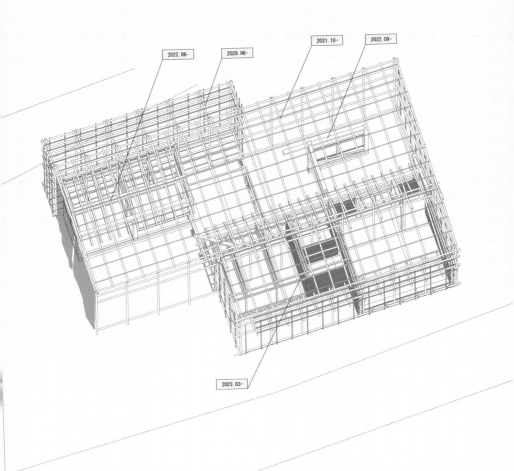

本提案では、台風19号で被災した建築の余生をデザインする。

　従来のような一過性の処置ではなく、建築一つひとつの部位に対して長期的に治癒していく方法を提示する。

　設計対象は解体予定の半壊住宅である。この半壊住宅に対して、応急処置による「コンセキ」をそのまま残しながら、治癒するうえで

の補助線としていくことで、時間性を内包しながらも空間的な強度を高めることを追求する。住みながら、訪問客を招きながらも空間は断続的に遷移し続ける持続可能な建築を目指す。

　近代が置き去りにしてきた建築の時間性という概念、近代の合理的な解釈では見落とされるデザインをヒントに、建築をギリギリの状態でつなぎ、人間が常に介入できる余地をつくる。

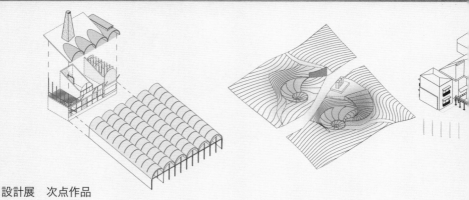

設計展　次点作品

Réhabilitation: La [Pensée Paysagère]

中山間集落における文化的景観系の修繕と
宿木としてのインフラストラクチュア

大澤秀幸
Osawa Hideyuki

明治大学大学院　理工学研究科
建築・都市学専攻I-AUD　佐々木宏幸研究室

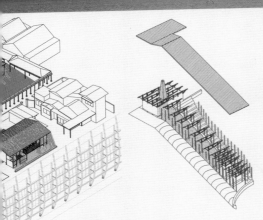

集落の景観美に感銘を受けるのは単なる懐古主義的な理由ではない。周辺環境に対して、それぞれの要素が存在する意味や関係性が活きていて、それが人々にもよく共有されており、連綿と受け継がれる生活の中での唯一解としての美学であるからに違いない。こうした景観の継承が声高に謳われる一方、過剰なインフラへの投資や、それらを撒き餌として一方的に消費する観光政策が施行されている。真に継承されるべきは景観の表面的な姿形ではなく、名もなき遺構に宿る知性を模索した、環境的かつ社会的な治癒力を有した文化的景観系ではないだろうか。ある集落における、きたる50年間の社会変動を加味した「修繕と在るが儘」、二篇の行く末を辿り、集落に潜在する景観系を再構築する。

人間ならざるものとの暮らし

日下あすか
Kusaka Asuka

東京藝術大学大学院　美術研究科
建築専攻　中山英之研究室

故郷の福島県南相馬市で相馬野馬追祭りを題材に、普段の人の生活に馬との接点をつくる。祭りのため馬事文化が根付く南相馬市は、かつて馬を数千頭放牧するためにつくられた「野間土手」をはじめ、馬のための遺構が数多くまちに点在する。震災以降、400頭いた馬も半減し、他県から馬を借りてくることで辛うじて継承されている祭りに対して、複数の意味を生じさせる建築を5つ設計し、それらが生み出す新たな祭りのあり方によって馬と人の関係性を再定義する。

　ハレとケが表裏一体の関係にあり、馬が暮らしにそっと介入することで生まれた形態が、祭りのもつ時間軸の中でさらに拡張し、まち中に馬と人が共存できる居場所が増えることを期待する。

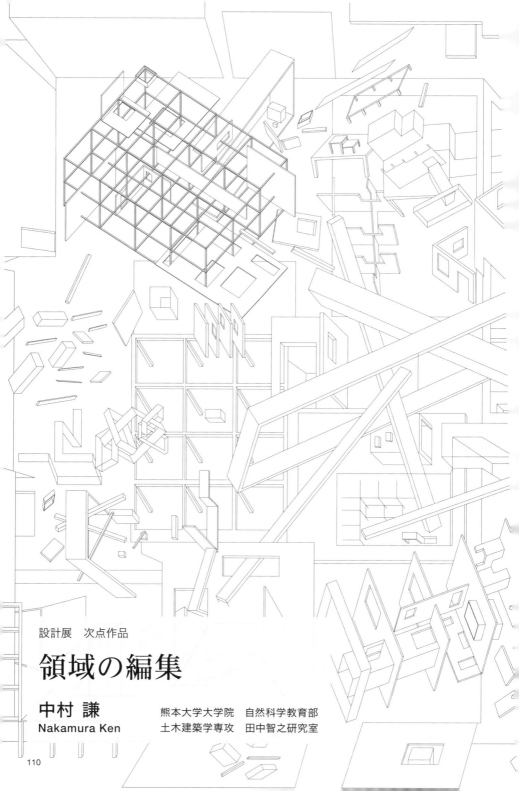

設計展　次点作品

領域の編集

中村 謙
Nakamura Ken

熊本大学大学院　自然科学教育部
土木建築学専攻　田中智之研究室

近代化以降、機能は分化され、空間という単位は小さなまとまりに細分化している。それらは細分化されることで価値を高める一方、1つの空間で完結し、相互に作用することはなく、全体としての価値を見出せない。ティム・インゴルドの『ライフ・オブ・ラインズ』における「ブロブ」と「ライン」の関係性に大きな可能性を感じ、その関係性を生み出し得るジュゼッペ・テラーニの住宅・別荘作品の領域性に着目した。それらは、内在性と同時に拡張性をもつ領域性である。また、常に反転可能な量塊である。分析を通し、領域の編集が可能となる空間を探求する。

　このドローイングは、思想の元となった「ブロブ」と「ライン」であり、領域の編集の思考と試行である。

未完の想造

見立てを用いた風景の解釈による多義的な建築

田島佑一朗　東京理科大学大学院　工学研究科
Tajima Yuichiro　建築学専攻　郷田桃代研究室

日本では古くから未完の美学について論じられてきた。一方、現代の都市は完璧な美を目指し成長している。本研究では「見立て」を用いた芸術作品の調査・分析によって、人々の虚像を通した現実への理解の仕方を捉える。さらに複数の主体により偶発的につくられる風景「都市の記憶断片」の調査・分析によって、多義的なモノのつくられ方

「MASK」を提示した。そこから「見立て」を用いて現実の風景の断片に虚像としての意味を与え、「MASK」によって部分を統合することで多義的な建築の提案を行った。虚像を通して現実を理解することで、人間が都市・風景に対して新たなフレームを獲得し、世界への解像度が高くなることを期待する。

設計展　次点作品

大柵欄のカタリスト

北京の都市更新を背景とした
胡同における宿泊施設の設計提案

牛 瓊
Niu Qiong

日本女子大学大学院　家政学研究科
住居学専攻　篠原聡子研究室

東西文化が溶け合う北京は近代化の進展が加速するにつれて、新しい建設と都市の歴史文化環境の間に矛盾と衝突が生じた。北京旧城の大柵欄のような歴史的な街区は一定の数量と規模の歴史が残る、一定の都市機能と生活情景を融合させた都市区域だ。北京旧城の価値はまちの構造と建築形式の全体性に現れている。このように特殊な環境によって定義された空間の中で、地域性と文化性に合った新建築を探索するのが主な目的である。また、抽象的な文化を表す現実空間だけでなく、環境を表す精神文化も必要である。

　本設計は敷地とする大柵欄の特徴や文化、そして人々のここでの活動に注目し、地域全面のアクティビティを誘発するカタリストとしての建築を提案する。

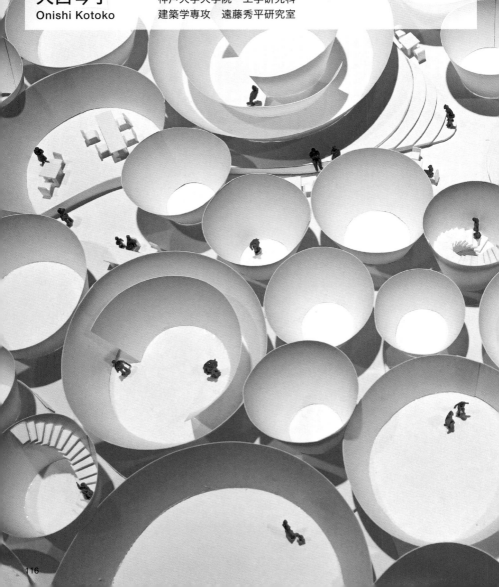

設計展　次点作品

感情と感覚に触れる セレンディピティミュージアムの設計

現代都市における迷路空間の創出

大西琴子
Onishi Kotoko

神戸大学大学院　工学研究科
建築学専攻　遠藤秀平研究室

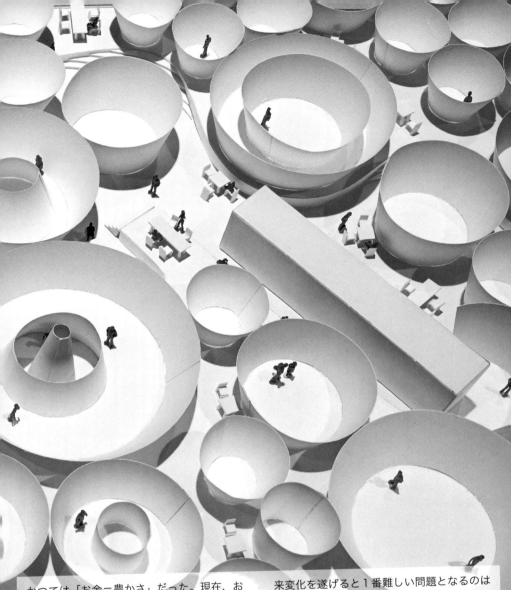

かつては「お金＝豊かさ」だった。現在、お金のために働く人は減少し、精神的な「豊かさ」を求めるようになりつつある。末期的資本主義社会の中でお金の価値が下がり、目に見えない新しい豊かさが価値をもつようになった。また、AIが誕生する中で世界の何が変わり、変わってはいけないのか、わかりづらくなっている。旧来的な働く構造が、将来変化を遂げると1番難しい問題となるのはAIや技術のことより、生き方自体や人間の尊厳に関することだろう。それは難解な社会問題で、正解はないかもしれない。複雑な問題を抱えて生活する中で建築にできることは何かを考え、「9要素」と「迷宮性」をキーワードに自分なりの解決策の1つを建築によって表現する。

117

設計展　次点作品

Building With Neighborhood

事物連関の再読による新たな隣接性

橋本光祐
Hashimoto Kosuke

滋賀県立大学大学院　環境科学研究科
環境計画学専攻　芦澤竜一＋川井操研究室

本研究ではインドにおいて、周辺資源に隣接した暮らしがみられる観光都市近郊の農村を対象としている。対象敷地にて、暮らしと生業の中で行われる出来事を記述することで、多くの事物が密接に連関していることがわかった。一方で観光地化に伴い、都市近郊では建材の大規模生産による環境負荷の増大、地場産材の不利用化といった環境的課題や男尊女卑の著しい社会構造において女性が雇用に恵まれないといった社会的課題も同様にみられた。そこで、現地で活動する服飾デザイナーと連携し、女性の生業の場として糸紡ぎ工房を提案する。本研究では周辺資源を用いた建材の生産加工、実寸大モックアップ制作を行い、暮らしと隣接した産業創出の可能性を工房の建設プロセスを通じて検証する。

全国修士設計展 巡回審査

審査員：
岸 和郎（審査員長）／大西麻貴／小堀哲夫／
平田晃久／峯田 建

「幻塩風景」

（木村晟洋、p.88）

大西：和歌の言葉を建築の形に置き換えようとしているのが伝わり、力作だと思いました。一方で、言葉を細かく分節するだけでは見えてこない詩の全体像があるはずで、個々のプロジェクトが単体の建築として成立しすぎている印象を受けます。

木村：この設計では「塩が生命の母となる」という意味の和歌の言葉を端緒として、塩の奉納ルート上に3つの建築をつくりました。ケースごとに塩に対する建築の役割が変わるような関係を考えています。

平田：神の世界と地面の関係や塩が登る話のように、和歌の説明は垂直軸を意識したものになっています。しかし完成した建築は割と水平的です。そのあたりのことはどのように位置づけていますか。

木村：垂直すぎると逆に塩が登りづらくなってしまうため、ちょうどいい角度を自分なりに考え、最終的にこの形にしました。

平田：塩が登っていくのがユニークなので、もっと垂直性を感じる建築のほうが良いのにと思いました。たとえばもっと階段状に塩が登っていくようにするとか、何かアイデアは検討しましたか。

木村：実験の際、水平の建材だと塩がなかなか定着しなかったため、斜めの部材や構造材の部分に炭素繊維を用いることにしました。屋根材や模型で白くなっている部分などがそれにあたります。

小堀：この設計で重要なのは、地域で神聖なものとして受け継がれてきた塩に対するリスペクトだと思うのですが、それについてどのように考えていますか。それから出来事や環境のネットワークも重視しているとすれば、最終的にどのような世界観をもつ建築

にしたかったのかについてもうかがいたいです。

木村：敷地ごとに異なる製塩の仕方を計画することを心がけました。「漁場＋幻塩」では幻塩からつくられたものを釜で煎ごうします。「葦＋鳥＋幻塩」では時間軸を意識し、満潮時に建築内の釜に波を貯め、干潮時に釜で煎ごうする工程となっています。「葦＋貝＋幻塩」の敷地は潮干狩りで有名な場所なので、そこでもともと行われていた塩を振って貝をおびき寄せるというアクティビティを踏まえています。具体的には塩を貝の栄養として使用することを考え、ピロティ式の炭素繊維チューブを設けました。

峯田：気になるのは、いずれの場合も設計手法や建築の見せ方が一様に見える点と、脇役としてのスペースが多すぎる点です。風景がテーマなので、最終的にエリア一帯の景観が建築によってどう変わるのかという問題に帰着してほしかったです。

木村：和歌浦には塩田の製塩法について、塩が天に登るようだと描写した歌が残っています。現在は面積を取りすぎる塩田は禁止されているため、万葉の原風景を呼び起こす実験と設計を行いました。

「丸子宿の家」

（落合 諒、p.80）

平田：解体のプロセスをデザインするプロジェクトとして精緻にできていますが、説明では建築の「死」ということでショッキングな言葉をあえて選んでいますよね。そのことについて、ご自身の家族はどのような反応でしたか。

落合：自分が過ごしてきた家を対象とするにあたり、まず家族にヒアリングし、長期的な時間軸のなかで建築面積を減らし、住宅と異なるプログラムにしていくことを決めました。「死」という言葉を選んだのは、「斬首」という言葉も使っていますが、処刑場に人が集まるように、この建築のデザインイメージを周囲が取り込み、次世代に活かしてほしいと考えたからです。なるべく恐怖性というか、イベント性をもたせるような説明にしました。

大西：ゴードン・マッタ＝クラークの家を真っ二つにするプロジェクトのように、切断面の鮮やかさが人に何かを訴えかける効果があるという話はわかるのですが、私にはこの作品がむしろ優しい増築を施しているようにも見え、そのギャップが気になりました。

落合：現状、ここが祖母にとっての終末住宅になる可能性もあり、なるべく良い状態の建築にしたかったため、やや暴力性を抑えた操作となりました。

岸：あなたの説明でもっとも良かったのは、最期の姿になった建築が、次の建築の地鎮祭のときの社として再生するという主張です。社に設けられている「穴」がよくデザインできています。ところで、なぜ

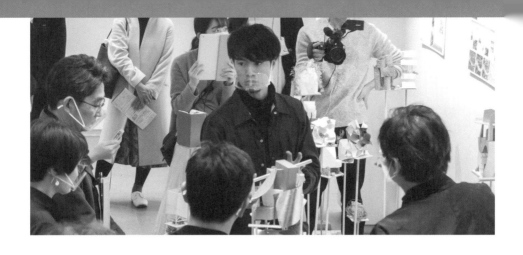

模型はこんなにプリティになったのだろう。

落合：かわいいと言われるとは思っていなかったのですが、おそらく植物のイメージの影響は大きいと思います。時間の経過によって既存の植物が成長し、次第に人工物よりも自然物のほうが勝っていく状態を表現しました。

小堀：プレゼンにあった「九相図」も、死にゆくものの内部で菌が分解されて最終的に栄養となる動きがあるという、一種のメタ思想をもつ図像だと思っていて、これは生態学における「分解者」に近い発想です。自身の一部が他者となり、異なる生命体として再生するきっかけをつくるようなイメージをもてれば、誤解が少なかったのかもしれません。

峯田：話を聞いていると、目指すものが「死」ではなく、30年かけて周辺との関係を醸し出したい点にあることがわかりました。長期のスパンを見通そうとする視点は魅力的だと思います。

落合：建築を小さくしていくうちに、周囲のコンテクストと関係をつくったり、記憶が次の建築に受け継がれていくようなあり方を考えていました。死で終わりではないというのはおっしゃる通りです。

平田：言葉遣いには疑問が残るけど、建築自体は良い設計で、たとえば先ほど岸さんが指摘した社の穴も、とても丁寧な減築リノベーションになっています。

落合：最後に残る部材の周辺に向けて、建築を掘っていくようなイメージが強くありました。

平田：最終段階だけでなく、途中段階にもこの穴のような様相を呈する部分を発見していくとより良い提案になったはずです。

「建築の生命性」

(越智 悠、p.72)

大西：全体的に使っている言葉が難しく、もう少しシンプルに説明できたらいいのになという印象です。まず単体の建築をつくり、応答するようにして増改築を重ねていく方法が生命的なのだ、という理解で合っていますか。

越智：増改築というほど相対的に整ってはいない状態、という感覚が根本にはあります。順番を追うようにしてつくりはするけれど、一つひとつのエレメントはバラバラなまま共存している状態を成立させようとする試みとなっています。

大西：もしもこの建築が一つの生命体だとすれば、もう少しいろいろなものが有機的に関係し合った状態になる気もするのですが、あえてバラバラなままの状態にしたのはなぜでしょうか。

越智：生命という言葉について、ここでは生物的であるというのとは異なる定義付けをしています。

近代に対するアンチテーゼとして、一つひとつの事物が無関係なまま、いつ終わるかも始まるかもわからない状態が維持されていることを、この設計では生命と呼んでいます。

小堀：この提案は通常の設計過程で私たちが経験している、身体性を獲得する瞬間に対して意識的であるように見えました。模型のスケールを100分の1、50分の1、20分の1と変化させていく過程で発見できたことはありますか。

越智：身体性に関しては、非言語的なものとして意識していました。「つくりながら気づく」という繰り返しで設計を進めてはいるのですが、3つの模型は1つの建築をスケール別に検討したわけではなく、互いに独立した別の建築としてあります。

平田：大西さんのコメントにもありましたが、個々のものがバラバラなまま集合しているだけでは、定義はどうあれ生命的とは呼べないのではないでしょうか。たとえば真核細胞にしても、無関係な生物の集まりにもかかわらず一つの細胞として機能しているのは、そこに何らかのまとまりが含まれているからです。バラバラなものの集まりもまた、あなたの言葉で言うところの「イグジステンス」として存在し得るはずです。ライプニッツのような議論になるかもしれないけれど。

越智：プレゼンの最後のほうで「一は全であり、全は一である」と述べた通り、全体像がないことが大きな特徴としてあります。

平田：全体像はもたないかもしれないけど、その都度のまとまりはあるはずです。

越智：あくまで主観ですが、一見バラバラなものが身体性をもってまとまってしまうことを批判的に捉えながらつくっていたところはあります。

峯田：では、まとまりをもたせないために気をつけたことはありますか。

越智：エレメントの関係をニュートラルなものに見せたり、主従の関係がないような配置を考えたり、過剰化や過小化の操作を繰り返しました。

平田：たとえば、偶然出会ったものの間に生まれたものが掛け算的に増殖していく状態がもし実現していたら、それは言葉抜きに面白くなったはずなのですが、そうした相乗効果がどこに生まれているのかがいまいちわかりませんでした。

「涵養域をつくる」

(山地南帆、p.24)

大西：雨樋を建築化することで全体の環境をより健全な状態にするという主旨はとても納得できますが、どのくらいの密度感で取り組めばまちが再生したことになると考えていますか。エリアの選定の

仕方や量的な指標がもしあれば教えてください。

山地：明確な数値によってこの距離感を出せたわけではないのですが、最初の一歩としてビルの間にあるフェンスを置き換えたり、1階部分だけを変えることから始め、それを面的に広げることでまち全体に変化が訪れるのではないかと考えています。

大西：雨水の流れはわかったのですが、環境の改善にあたり、光や風のことも考慮しましたか。

山地：ビル風が吹く敷地だったこともあり、所々で風を和らげるための植栽やカーテンを設けています。光に関しては隙間から漏れる光を頼りに設計を考えました。

平田：都市部で雨が降ると、普通は屋根から下水へ短時間のうちに水が流れます。一方で森林だと雨水が長大な時間をかけて土に染み込んだり、葉っぱに捕らえられたりと、一粒一粒がとても多様な振る舞いをしますよね。この提案はそのような自然の動きを都市で起こそうとしていて、そこはとても共感します。たとえば屋根を柔らかい素材にすることで水が流れるプロセスを少しだけ複雑にしています。僕の「からまりしろ」の考えとも重なると思うのですが、このような複雑化の工夫は他にもどこかでやっていますか。

山地：落ちた雨を下に落とす最初の地点なので、建築の最上部には、屋根やテントを設けています。それから水を植栽の土に染み込ませた後、鎖樋へと落としたりもしています。

平田：ここに土を盛るのは良いのだけれど、植木鉢レベルの規模ではなくヴォリューム全体に土を盛るなど、形を崩してでも良いから建築的にしかできない操作を施していれば、もっと面白い提案になったと思います。

大西：でも、都市にすでにあるものを自然環境的に読み替えていろいろなエレメントを総動員する感じは伝わってきます。建物単体で見ればパラペットで囲まれた屋上の一部でしかないけれど、ビルの段差をどんどんつなげていき、地形を形成するような

操作を意図していたのだと思います。将来的に土が盛られることで、山のような建築が自然とできあがっていくような流れを考えているのですよね。

山地：そうです。まちの中に自然に生まれた地形を活かしたいと考えて設計していました。たとえば隣のビルとの高低差を使いながら雨水の通り道をつくり、ビルの両隣に水が染み出すようにしました。

平田：雨水が真っすぐに落ちる場合と紆余曲折を経ながら落ちていく場合では、どのくらいの時差がありますか。

山地：植栽を通すと3日ほどかかると考えています。今回の設計では、こうした時差を、このビル街を冷やすためのものとして捉えています。

小堀：水は生命の泉ともいわれるほど人間や植物、食料とのつながりをもっている資源なので、ルートの設計の他に、防災や飲料の観点なども含めて水本来の使い方も研究していくと、より良い提案になるのではないかと思いました。

「美杉木倉」
(池田友葉、p.12)

平田：2年間分の壁や天井の変化を記したスコアがユニークだと面白いと思いました。壁の変化は何となく想像できますが、天井の変化とはどのようなものになるのでしょうか。

池田：屋根はそのままなのですが、2階の床でも材を乾燥させることで、それが床や1階の天井となります。乾燥材自体が建築のファサードとして四季ごとに変化していくような提案となっています。

平田：プレゼンを聞いていて、建築の断面がこのような形になった根拠として風の流れを重要視したという話はよくわかったのですが、一方で平面の形は何に由来して決めたのでしょうか。

池田：この地形に合わせることと、フォークリフトによる搬入と搬出の動線を意識しました。現在の棚田の形状に合わせて曲線を用いています。さらに

風が流れる方向を考慮して屋根の形が決まっていきました。

峯田：床の処理はどのようにしていますか。

池田：現在の倉庫と同様に砂利を使うことを想定しています。模型では表現できていないのですが、乾燥させている床材の一番下の部分にも材を一つかませて少し浮かせ、乾燥がより進むよう考慮してあります。

峯田：もともとこの場所が棚田だったということは地盤からの湿気もケアしないといけないのではないでしょうか。

池田：敷地に選んだ場所は休耕田で、かなり前からすでに棚田としては使われていなくなっていました。この集落では人口がどんどん減少していて、このような休耕田が多い状況です。そんな中でも、敷地として選んだ場所は地元の方が常に手入れをされていて、今回ここを使わせていただくことにしました。

小堀：出荷する場所の近くに建っているのは何の建物でしょうか。

池田：製材所です。この製材所から車で30分ほど下った場所に現在の倉庫があります。敷地は山の入口付近でもっとも標高が高く、かつもっとも乾燥しやすい場所を選びました。

小堀：意地悪な質問になるけれど、現在の倉庫も乾燥に適している場所のはずなのに、なぜこの敷地に移すことにしたのでしょうか。

池田：標高が高い場所で乾燥するほうがより質の高い材ができるということと、現在の倉庫では先入れ後出しという問題があり、それを解決した働きやすい仕事場づくりができないかと考えたからです。

大西：話を聞いていて、林業のまちがとても合理的につくられていることがわかりました。今回提案している建築もそのような林業の生産フローを意識しているのだと思うのですが、なぜ今回、この場所に建築をつくることに決めたのでしょうか。

池田：木を山の中で倒して乾燥させる葉枯らし乾燥の後、木材を製材所までいったん戻して粗びきし、山土場でさらに乾燥させます。そこから長期乾燥のため倉庫へ移すのに現在はかなり遠いのですが、敷地を山土場の近くに設定したことで運ぶ距離が以前より短くなり、作業効率の向上が見込める提案となっています。

「文学作品にみられる
異界と境界領域」

（鈴木篤也、p.96)

大西：異界と呼んでいるところへ行くときに橋のような、境界となる空間があるのはわかるのだけど、いくつか疑問があります。まず、村上春樹さんの小説を題材にしていて敷地がなぜ常滑なのかということが気になっていて、あまり村上春樹的な雰囲気ではないというか、物語がありすぎる場所のように見えて、ちょっと違うんじゃないかと思いました。もう一つは、このように同じ敷地のなかに「境界領域」を集合させてつくると、ディズニーランド的なものにも見えてしまいます。むしろ都市や集落の中に、境界となる場所が埋め込まれている状態のほうが、より小説の雰囲気に合っているのではないかと思いました。

鈴木：文学を元にした12個の手法は、この場所だけではなく普遍的に使えるものだと考えていました。それを実際の敷地に適用したらどうなるか、というケーススタディとして常滑を選んだため、敷地はそこまで重要視していません。プログラムが宿泊施設なのも敷地に合わせてのことです。2点目の境界領域を使いすぎるとテーマパーク化してしまうというご指摘は自分も危惧しているところでした。境界領

域が一つで機能する例は、村上春樹の作品中でも少ないこともあり、今回は敷地の中に詰め込むという表現をしました。都市に点在させる提案でないのは、自分が敷地内に拘ってしまった結果です。

小堀：村上さんの小説に出てくる異界は、あくまでも村上さんの中の異界ですよね。彼個人の内面にある深層心理的な世界を描いているからこそ、読み手が普遍的な感覚をもち得るものになっている。鈴木さん自身がこの設計で「これは俺の中の異界だな」と感じた部分がどこなのかを知りたかったです。

鈴木：異界はここには見えません。異界そのものを設計したり、現実世界に落とし込むことは不可能なので、この設計ではあくまでも異界に入りやすい空間として複数の境界領域を用意しました。

平田：境界領域はいわば接続詞のようなものですよね。でも接続詞だけで場所をつくることは、もはや異界をつくるという行為からは離れてしまっているので、もう少し別の語り口でその面白さを増幅していったほうが、もっとわけのわからないものが出てきたはずです。

鈴木：今回の設計の意図は、異界の面白さを建築空間にもち込むことにありました。異界をつくっているわけではありません。異界に入り込める可能性の高い境界領域をつくっています。文学作品を読み解いた結果、異界に入る可能性を高めるのは、接続詞

だけで空間をつくることだと考えました。

岸：境界を通り抜けた後、再び日常の現実に戻っていくまでの動線はどのように考えていますか。入口と出口は別個にあるのでしょうか。

鈴木：勝手口は設けていますが、基本的には入口と出口は同じ場所です。ここでの体験をもち帰ることで普段の日常生活が違って見えることを意図して、あえて同じ場所から出入りする構成としました。

小堀：出口を出たときに見える風景が、入ってきたときに見た日常の風景とは別物に見えるような開口部のデザインができていると、やりたいことがもっと引き出せたのかなと思います。

「住みこなされる建築を 目指して」

（上田春彦、p.64）

峯田：たくさんの作業をフィードバックしながら取り組んでいる点に好感がもてました。

大西：住みこなされるきっかけを建築がもっていることと、実際に住みこなしている方法の観察という2点に提案性があると説明していましたが、それって一見当たり前のことのようにも聞こえますが、どこに新しさがあると考えていますか。

上田：自分がつくったものとは別に、実際に日常的にあるものの複数の使われ方について観察しています。たとえばビールケースは、ある場所では傘立てやベンチとして、別の場所では重りを入れてカラーコーンの代わりとして使われていたりする。そのような、ものと人、もの同士の関係を格助詞を用いて分類しました。

大西：その観察は設計のどこに活かされていますか。

上田：たとえば、まち中にあるものを回転させて使用している事例を踏まえて、ヴォリュームをどのように回転させたら人が座りたくなるような場所になるかをスタディしました。このように調査に基づく方法と、自らスタディする方法の両面で検討した点に提案のオリジナリティがあると考えています。

平田：家具の提案としては面白い感じがするけど、総括の部分が少しまとまっていない印象です。格助詞の話にこだわりすぎというか、ものって実際は言葉の秩序を軽々と超えていくところがある。使われ方の多様性とのつながりを本気で考えようとすれば、家具の様相と建築やストラクチャーの様相の境界が曖昧なものになってくるはずです。先程の「建築の生命性」の越智さんがやろうとしていたことに近い話かもしれないけれども、完成形の白い模型を見ると、家具の様相だけにおさまってしまった感じ

がします。

岸：平田さんの指摘を引き受けてのコメントになるけど、グレーの模型は良いなと思ったんですよ。通常であればソリッド＝家具、ヴォイド＝建築とみなしてスタディするところを、ヴォイドの部分をソリッドにした模型になっていて、家具との距離感もわかるしすごく新鮮に見えます。この良さをもっと自覚したほうがいいですよ。

上田：おっしゃったような意図でグレーの模型をつくりました。白い模型は普通の建築として表現しているのに対し、こちらの模型は複数の使われ方や活動を表したものになっています。たとえばこの穴の部分も、大きさや位置によってその使い方が変わっていて、開口として用いる人もいるし、小さな子供にとっては部屋になっているような状態を示せたと思っています。

平田：白い模型のほうは建築（ヴォイド）と家具（ソリッド）の二項対立的なシステムが完全に安定しているけれど、本来はそれらの関係が判然としていない状態に面白さがあるのではないか、というのがさっき言いたかったことです。グレーの模型はその境界面を顕在化させていて、位置情報を説明するための模型とは異なる様相が少しだけ現れているので、確かに可能性を感じさせます。岸先生のお話にあったように、その良さをよく反芻したほうがいいですね。

「重力と暮らす」

（工藤滉大、p.34）

平田：実際にテンションのかかった模型をつくっていたら最高でした。

岸：そうだよね。とはいえアイデアのばからしさの時点で最高ですよ。もちろん、これは褒め言葉だけれど。

工藤：模型材料もケーブルだけは実際の素材を想定したものを買ってピンと張っていたのですが、翌日

にはたわんでしまいました。

峯田：ターンバックルのような、張力を調整する機構があると良かったですね。断面図だけではよくわからなかったのだけど、すりばち壁は可動するのですか。

工藤：少しだけ動くようになっています。壁や材料ごとに吊ってあり、屋根の上方からケーブルが出ているので、雪の荷重がかかることでワイヤーが動いて、すりばち壁の開口の部分だけが少し浮くようになっています。

平田：発想に独自性があるし、冗談だろと思わせるユーモラスな感じも良い。さらにアイデアを支えるシステムも入念に考えていると、もっとぐっとくるものになったと思うのだけど、そこに関してはわかりませんでした。部材の吊られ方がわかる図式やコンセプト模型があるとなお良かった。

小堀：構造の学生とコラボレートをしたりしているのでしょうか。

工藤：張力構造については、橋を専門にしている土木科の友人に相談しました。

平田：なるほど。土木の人に相談したからこのような案になっちゃったのかもしれないですね。

峯田：さまざまなパーツが組み合わさっている感じは伝わるのですが、柱までH鋼にして軽くする必要はなかったのでは。

工藤：このくらいの細さで実現したら面白くなるはず、という気持ちがどうしても出てしまったというのが実際のところです。

岸：スパンが均等ではないのはなぜですか。

工藤：最初は均等にしていたのですが、プロポーションをスタディしていった結果、このような形になりました。敷地が広かったので、住民がケーブルにテントを取り付けたりして自ら手を加える場所にできればと考えました。

大西：これと同じシステムの建築をまちにたくさんつくることを想定したプロジェクトなのか、それとも個別解であることが重要なのか。どちらでしょうか。

工藤：アンカーが高価ということもあり一般に普及

することまでは考えていませんが、たとえば狭い敷地向けにすりばち壁を外皮にしたものなど、いくつかのバリエーションをつくるところまで展開できる提案となっています。

小堀：構造の基本的なアイデアはブランコのようなものですよね。このブランコ同士をぶつけてこの形状となるように組み合わせていったときに、自分の中で何かルールがあったと思うんです。どのような感覚でこの形に決めたのでしょうか。

工藤：たとえば屋根と床を組み合わせたときに下階に光が落ちていくようにするなど、具体的な生活シーンを構想しながら断面形状を決めました。

大西：建物の下の部分を解放するだけであればピロティでも良かったのでは、とも思うのですが。

工藤：ピロティ＋膜屋根にするよりも張力構造にしたほうが、地上の積雪と屋根の積雪の両方の問題を一体的に扱えて理に適っていると考え、このような提案にしました。

「壁のない『修道院』」

（市原将吾、p.44）

岸：この提案における「修道院」の位置付けがまだよくわかっていないのだけど、一般的な意味での修道院の建物ではないということですか。

市原：はい。少し見方を変えていて、修道院とその外部にあるものとのつながり方に着目しました。通常の修道院のような礼拝堂から中庭に入っていくアプローチではなく、病院や食堂などの生活空間とつながるという観点から修道院を捉え直しました。設計では、貧困などで苦しんでいる人たちにとっての救いとなる場所などが入り組む空間をつくりました。

平田：地元住人と移民がそれぞれの立場から自身の居場所だと捉えられる空間をつくるというアプローチは面白い。けれど模型を見ると、螺旋回廊の中心が完全なヴォイドになっていて建物だけが独立しているように建っていて、そこが少し残念です。もっと周囲の森に埋め込んでいくような建て方もあり得たのではないでしょうか。

市原：既存の森が中心にヴォイドをもつ構成だったので、この場所がもつ歴史的文脈を残すことを意図して、このような形態としました。ヴォイドの中に1本だけ木を残したのですが、ゴソルという特殊な集落のなかでもっともピレネー的なものを表す象徴とすることで、精神的な意味合いをもたせました。ヴォイドを囲む部分はどちらかというと、ひだの

ような空間にしたいと考えていました。

岸：先程の池田さんの「美杉木倉」の木材倉庫のような、オープンで不定形なストラクチャーにするような方向性は検討しましたか。

市原：この強烈な歴史を抱える集落の理念的な社会像を提案したかったため、不定形なものよりは純粋な幾何学性をもった、理念体としての建築をつくることに関心がありました。

岸：螺旋を外壁のオプションだとみなせば、周辺を引き受けるようなあり方がもっと考えられたはずですよ。

平田：塔が解体されてる感じを十分に打ち出せている点は良いのだけど、全体の建ち方が斜面に対して安定しすぎているのが気になります。たとえば、強い形式性をもった硬い形態が森の中に半分だけふわっと溶けるような、溶けきる一歩手前で止まっているようなイメージもあり得たと思います。両義的な解釈を生むのが目的であればなおさらね。

大西：もともと「密輪の森」と呼ばれていたこの森は、現在はあまり使われていないのでしょうか。

市原：使われていたのは40年くらい前までです。忘れられつつありますが、当事者が存命で、今もなお生きている歴史としてあり続けています。

峯田：移民の方々の生業は何でしょうか。それから、この集落で生計を立てる人々にとっての修道院に来るモチベーションはどのようなものを想定していますか。

市原：移民の人々はピレネー山脈での牧畜など、主に農業に携わっています。モチベーションについては、一般的に集落社会には閉鎖的な側面があるため、そこから超越した、精神的な居場所を少し離れたところにつくることが重要だと考えています。そこで40年前から変わらずあり続ける土地の形が活かせるのではないかと思い、このような提案を計画しました。

「流動する大地」
(山本圭太、p.54)

大西：実際に地域の活動に参加していて、信頼感のある提案だと思いました。道全体を公共施設と捉えると説明にありましたが、実際は建築を点在させたプロジェクトにも見えます。道全体がどのように公共施設として使われることになるのでしょうか。

山本：道沿いに3つの建築をつくったのですが、施設ごとに地域との関わり方の規模は異なります。たとえば直売所 (計画A) は初めてこの地域を訪れた人が農地から気づきを感じとれるような場所に、ゲストハウス (計画C) はもっと長い時間をかけて地域の活動に関わることのできる場所になっています。

計画した場所が起点となり、既存の資源と結びつくことで、700mの道全体が異なる目的をもった人々が出入りする駅のプラットホームのような公共空間として使われることを想定しています。

平田：3つの計画のなかだと直売所がもっとも良くできていて、プログラムをまじめに練ったという次元を超えて、風景そのものをつくろうとしていることが伝わります。他の施設もこのクオリティだと良かったのですが。

山本：直売所は規模としては一番小さいのですが、この地域に参加するきっかけとなる場所なのでアイコニックな形態にしたいという気持ちがありました。設計にあたっては、用水路の中心線から5mのエリアに新しい基礎を打てないという条例に基づいて形態を決めました。

峯田：直売所は地面に張り付いた建ち方をしていますが、仮設的につくることを前提にした他の部分は木造のグリッドプランでつくらねば、という刷り込みがあるように見えます。

小堀：このような場所には地形や耕作物などに関する潜在的なアクティビティがあるはずなので、それを活かしたまま建築形態を発展させるとリアリティのある提案になったと思います。つぶさに調査したことは伝わるのですが、アクティビティを顕在化させる意識が強すぎて、元来の潜在性がなくなってし

まった印象です。

平田：ゲストハウスのケヤキも少し疎かにされている感じがしていて、直売場の水門と同じぐらいの感性で捉え直すことができると思います。レストラン（計画B）の斜面もどのくらい尊重しているのかがあまり伝わってこなかった。既存の風景がもたらす魅力や感動を受け止めつつ、また別の方向に流していくようなアプローチがもっと必要ではないかな。

岸：修了制作だから「建築をつくらなければ」という義務感が勝ってしまった気もするね。

大西：実際に地域の活動に参加したことで、どこかで場所への切実さを感じたのではないかと思うのですが、どうですか。

山本：NPOでの農作業のお手伝いをさせていただいた際に、この畑でつくった農作物を調理して食べられる場所が欲しいなと感じ、レストラン（計画B）をつくりました。この敷地では、新しい幹線道路の開発によって既存のハケの道が分断されていたので、道をつなぐ上下動線をつくりたいと考え、斜面に沿って基礎を打ち込みました。

大西：道を建築化した提案でもあるわけですね。

小堀：既存の道の地形を観察して、基礎の打ち方や位置をもう少し丁寧に検討していけばもっと良い提案になるはずです。

全国修士設計展
公開審査会

審査員：
岸 和郎（審査員長）／大西麻貴／小堀哲夫／
平田晃久（モデレーター）／峯田 建

近年の傾向と評価軸

平田：それでは公開審査を始めます。まず各審査員の方々から、ご自身の評価軸や各作品への所感について簡単にコメントをお願いします。

峯田：皆さんおつかれさまでした。僕が最初に票を入れたのは木村晟洋さんの「幻塩風景」（p.88）と池田友葉さんの「美杉木倉」（p.12）で、いずれも風景の可能性と魅力を感じました。工藤滉大さんの「重力と暮らす」（p.34）はドライビング・テクニックを磨いていくような暮らし方が想像できる点を、山本圭太さんの「流動する大地」（p.54）はテーマや場所に対する実直な姿勢が伝わるプレゼンを、上田春彦さんの「住みこなされる建築を目指して」（p.64）は使いこなしの考えを自分なりの問題意識に引き寄せている点をそれぞれ評価しました。

小堀：力作揃いのため悩んだところも多々あるのですが、縦軸としてプロセス段階での掘り込み具合、横軸として完成した建築の今後の展開可能性という観点で評価しました。木村さんの案は神話を含めた場所のつながりを顕在化する方法となっていて、都市史で議論されているテリトーリオの発想に近いです。落合諒さんの「丸子宿の家」（p.80）は解体を切り口に新しいデザインを打ち出した点に、越智悠さんの「建築の生命性」（p.72）は模型のスケールを変えていくスタディ過程にそれぞれ興味をもちました。池田さんの案は、まち全体から製材までもがひとつながりとなるストーリーを構築した点と、そのバックボーンに丁寧なリサーチがある点を評価しました。市原将吾さんの「壁のない『修道院』」（p.44）も文化的背景を丁寧に読み解いていた提案で、地形から着想を得たアイデアにも好感がもてました。

氏名	所属大学	作品タイトル	岸	平田	大西	小堀	峯田	計
木村晟洋	東京都市大学大学院	幻塩風景 言葉のある風景の研究と実験建築	○	○		○	○	4
落合 諒	東京理科大学大学院	丸子宿の家	○	○		○		3
越智 悠	大阪大学大学院	建築の生命性 これからの建築設計手法と建築の存在について				○		1
山地南帆	東京理科大学大学院	涵養域をつくる 地中水脈をつなぐ共生のまなざし	○		○			2
池田友葉	東京藝術大学大学院	美杉木倉 Misugi Repository——The Old give place to the New	○	○	○	○	○	5
鈴木篤也	名古屋工業大学院	文学作品にみられる異界と境界領域 村上春樹の長編小説を対象として						
上田春彦	信州大学大学院	住みこなされる建築を目指して					○	1
工藤滉大	早稲田大学理工学術院	重力と暮らす 豪雪地域における張力構造の住宅の提案	○	○	○		○	4
市原将吾	早稲田大学理工学術院	壁のない「修道院」 圏外からの思考・創作編			○	○	○	3
山本圭太	早稲田大学理工学術院	流動する大地 700mのハケの道における新たな公共の提案				○	○	2

巡回審査を経た一次投票の結果

岸：僕の場合、木村さん、落合さん、工藤さんに票を入れることはすぐに決まったんです。木村さんは巡回審査前に質問したときの答え方がよく、落合さんは今どき珍しいくらいのアイロニカルな姿勢を評価しました。それから工藤さんですが、ああいうばからしいアプローチ、とても好きです。次に選んだのが池田さんです。本人はアイロニカルだとは考えていないと思うけど、この提案って実は人間のための建築ではなく、木の環境を整えるための建築なんですよね。身の回りに当たり前にあるけれども着目されてこなかった倉庫のような建築を、正面切って修士設計のテーマにもってきた点に新しさを感じました。最後に山地南帆さんの「涵養域をつくる」（p.24）は、都市に対する提案の仕方にある種の安心感を覚えたため票を入れました。

大西：何らかの評価軸に基づいて選んだつもりはなかったのですが、結果的には説明の仕方や建築に対するアプローチに共感できるものであったり、共同性への信頼がある案を選んでいる気がします。とくにいいなと思ったのは池田さんのプロジェクトです。合理的な建築なのかはわからないのですが、言葉では説明しきれない魅力と誠実な態度が一緒になった建築だと思います。それから山地さんのプロジェクトは、巡回審査で平田さんからあったように、今後

の発展を予感させます。雨樋や屋上のエレメントを総動員して、まちの人工環境を変えようとする視点がユニークです。山本さんの案も誠実な姿勢が評価されるべき作品です。設計自体はもっとうまいやり方があり得たかもしれませんが、それぞれの建築が愛のあるものになっていたと思います。工藤さんの案はうまく説明できない魅力があるのですが、強く推せるかは皆で議論してみないとわからないです。市原さんの案は、修道院が森と一体となる提案ということに巡回審査の時点で気づいたこともあり、驚きがあったので票を入れました。

平田：ありがとうございます。最後に僕からもコメントします。巡回審査では結構クリティカルな話もしましたが、それぞれの気になった点に対して「自分ならば、こういうふうにしたら道が開けるのではないか」ということを考えながら発言することを心がけていました。

　一次投票で選んだのは木村さん、落合さん、池田さん、工藤さん、市原さんの5名ですが、いずれもアウトプットに力があります。これに対し、主張を言葉にのせることに努力を注いだ作品には厳しめな評価を下しました。池田さんの案は全員が票を入れている通り優秀な作品ですが、屋根のデザインが引っかかります。実際のスケールで現れたときに

綺麗だと思えるか、まだ実感が湧いていません。彼女をはじめ複数の案については、大西さんのお話にあった「共同性への信頼」をどう評価するかということもこれからの論点になるでしょうね。それが建築に大事だということは実務経験上わかるのですが、最近はどうしてもこのタイプの作品が高評価を受けやすい雰囲気があり、僕としては天邪鬼的に、今回はそこに票を入れないほうがいいのではと考えているところがあります。一方、もっとも高く評価したのは工藤さんの案です。えも言えぬ魅力があり、あまり出会ったことのない発想力です。とはいえ本当に吊り構造を考えぬいたのかは疑わしくもあり、たとえば実際に重力と建築の関係を検証した原理模型をつくったうえで、この不思議さが生まれていることを提示していたら完璧でした。それから木村さんの案は、和歌の分析よりも塩を用いた実験をしていることや、風景との関係が想像できる建築模型をつくったことを評価しています。落合さんの案は、解体のプロセスを美しくしようとする努力がみられたので票を入れました。ただ「建築の死」を語るのなら、もっと実体としての建築にフィードバックしてほしかったです。市原さんの案については、基本的な考え方には共感する部分が多く、一次審査ではもっとも評価していたのですが、巡回審査で初めて模型を見たときに「これでいいのかな」と少し違和感を覚えてしまったのが正直なところです。

手法論が目指すべきもの

平田：あと1時間ほど議論できるわけですが、いきなりグランプリを決めるような目的論的な進め方ではなく、票の入らなかった作品や複数の作品に共通する問題意識について最初に話し合い、徐々に入賞案を絞っていきたいと思います。

　まず票が入らなかった鈴木篤也さんの「文学作品にみられる異界と境界領域」(p.96) について。文学的なものを扱う点では木村さんと落合さんと共通しているとも言えます。こうしたテーマは個人的に魅力を感じる反面、文学性と建築を本気でつなごうとするなら手法論に落とし込むだけでは十分なものにならないのが難しいところです。

岸：密度を上げるほどテーマパークに近づいてしまう危険性をどう扱うかが課題です。巡回審査でも問いかけたように、たとえば入口と出口を違う場所にするなど、もう一層別のアイデアが必要だと思います。

小堀：村上春樹は僕もよく読むので建築的な発想が出てくるのは知っていて、そのひとつに「地下2階構造」というものがあります。地上部分が顕在化しているもの、地下1階が潜在化しているもの、地下2階が異界です。この異界をどのように捉えるかが小説を書くうえでは重要だと村上さんは述べていて、建築設計にも当てはまる考え方だと思います。この見方からすると、鈴木さんは地下1階のところにある手法論的な解法に留まっているように見

えます。もっと自身のことを掘り下げ、自分でもわけのわからないような地点を発見してほしかったです。巡回審査で述べたように、出入口から見える風景の具体的な変わりぶりを表現できれば、村上春樹の作品読解を通じた自分なりの発見があったことを端的に示せたのではないかと思います。

平田：越智さんの案には小堀さんのみ票を入れていますが、応援などがあればお願いします。

小堀：鈴木さんと同様に手法論的な作品ですが、越智さんの案は模型のスケールを変えていくアプローチに新規性があります。一般的に100分の1のモデルはオブジェクトとして俯瞰的に把握しやすく、50分の1や20分の1になると身体性が伴い始め、自身も動きながら検討しないと情報の質が把握しにくくなります。越智さんが最終的にあの形態を生み出せたのは、スタディのスケールを大きくしていく過程で身体性を獲得したからだと僕は思います。つまり自動生成ではなく、先ほどの村上春樹の言葉で言うところの「地下2階」を越智さん自身が発見したのではないかということです。本人の認識は別のところにあるようですが、あの模型の量からは個人的にわき上がる創造性やエネルギーを感じました。

平田：入賞に向けて推したい点はありますか。

小堀：グランプリたり得るかとは別の視点から評価ができる、という位置付けですね。

平田：わかりました。峯田さんは上田さんの案を推されていますが、いかがでしょうか。

峯田：グランプリとまでは言いませんが、かなり好きな案です。他の発表者は社会的な問題提起や文学的なものの話からスタートしているのですが、上田さんの案は形態を使いこなすことへの素朴な疑問を取っ掛かりにしており、そこに好感をもちました。しかし、スケールを大きくする過程で当初の主張がぼやけてしまったのが残念です。

平田：本人たちには意外に聞こえるかもしれませんが、越智さんと上田さんがそれぞれ問題にしている事柄はつながり得ると僕は考えています。上田さんの案は人間の活動を観察し、その履歴から形態を発見する手続きを含んでいます。一方、越智さんがつくった模型の一つひとつのエレメントも、本人は自律的なものだと見做しているけれど、むしろ人が関わった履歴などを含んだ様態として捉えたほうが魅力的です。人間に関する履歴だけでなく、たとえば木村さんが提案していた塩との関わり方のようなものもあり得ます。つまり、エレメントをさまざまなものが定着したものと見做し、そのぶつかり合いから関係を内的に発見することができれば、新しい建築の提案になり得たということです。両案にはそのような可能性があり得たことを、頭の片隅に留めてくれるとありがたいです。

自然に潜む可能性を
すくいあげる

平田：山本さんの案には大西さんと峯田さんが票を

入れています。

峯田：本人は公共施設の提案だと説明してますが、僕はむしろ生態系のポテンシャルを回復する取り組みである点を評価しています。木々や水のエリアが増え、農作物の生産と消費の循環が盛んになり、周辺に少しずつ良好な関係性が波及するようなストーリーを予感させるポテンシャルがあります。

大西：まちの中心部から離れたところにある、知る人ぞ知る場所を起点としていることが魅力的な提案です。駅や幹線道路を中心とする東京郊外の住宅地全体のありようを変え、より瑞々しく豊かな生活像を示そうとしていたので票を入れました。

平田：説明文で2022年問題について言及しているように、ワイドな視点をもってはいますが、最終的に単体の建築の話にフォーカスを狭めていった印象があります。現状のままだと行き着くことになる将来像を示したうえで、解答としてこの建築があるという筋立てを用意できていたら、背景にある大きな話に結びついた設計になったはずです。

小堀：線形のヴォイド空間の魅力を引き出すアプローチに共感する一方で、計画をつくりこみすぎな気もします。というのも、川や崖などの自然の地形は曖昧な存在だからこそ、多くの人間が利用できる場所たり得てきたからです。ここに茄子園のような特定の機能を付与すると、従来の場所の利用可能性が狭まるのではないでしょうか。リサーチでの丁寧な読み取りを踏まえたうえで、利用可能性を維持した提案にできるかが重要なポイントだったのではと

思います。

山本：ありがとうございます。峯田先生のご指摘については、僕自身がNPOに参加してこのまちに実際に関わった経緯もあり、その活動のための公共施設として説明してしまったところがあります。この体験のおかげで、何もしなければハケの道のような弱い地形が今後、失われてしまうのではないかという危機意識を実感できました。そのため、僕はある程度この場所に内部空間をもった計画を行う必要性を感じ、このような提案になりました。また計画の将来像に関しては、市の現行の計画で宅地化の方針が挙がっているのですが、それに対して農地を残すことにこだわるのではなく、宅地となる可能性もあることを前提としたプログラムを考えています。ゲストハウスの設計で、隣接する6軒の家庭菜園で育てた農作物を売買する市場を設けたのはそのためです。僕としては、将来的に住宅地になったとしても、この計画を行うことで水を介した暮らしを維持できるような場所にすることを目指したつもりです。

平田：山本さんの案と同様、山地さんの案もまた大きな土地の利用の問題を扱っています。さらに、グローバルな問題にもつながる視点も含んでいて、個人的には共感するところが多々あります。

岸：今日のプレゼンで一番腑に落ちる説明をしていたのが山地さんでした。提案内容とあなた自身の空気感などがすべてふわっとつながっているように見えたんです。それらのことも含めて「顔の見えるプロジェクト」だなと思い、票を入れました。今日の

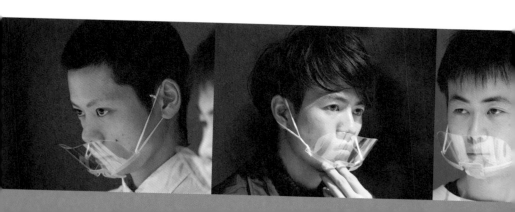

ように審査していると、たまにこんな感じで作品の背後にそれを手がけた人の姿が見えるときがあります。ただしタイトルの「涵養域をつくる」については、もっとプロジェクトの意図が伝わるものがあり得たはずで、少しもったいないです。

山地：この修士設計では土中改善や造園の現場に伺い、自然に対する操作を実際に体験したのですが、建築よりもささやかな規模であっても、都市に対してできることがあるという気づきがありました。設計する際も、建築よりも些細なやり方で大丈夫かもしれないという気持ちが湧き、最終的にできた建築自体のもつ力を弱めてしまったかもしれないと思っています。建築にも地中環境を改善する力があり得る、というプレゼンにすればよかったかなと悩む反面、ささやかさが世界中に広まっていくことも大事だと考えています。

岸：いやいや、やっていることは全然ささやかではないですよ。たとえば雨樋を新しい形で建築化したプロジェクトでは、あえて横の駐車場を使い、生態系を意識した時間がかかるシステムを導入していますよね。もっと自信をもって良いですよ。

山地：ありがとうございます。

経験と葛藤を昇華するには

平田：ここからは得票数の高かった作品の議論となります。まずは僕から落合さんへ。解体プロセスの繊細さは評価しますが、やはり「死」という言葉遣いがよくわかりません。もう一度その意図するところなど、アピールがあればどうぞ。

落合：この家は自分自身が十数年間過ごしてきた場所で、住人らの顔が見えてくることもあり、大きく壊すような操作はできませんでした。一方で周囲に波及するイベントをもたらしたいという意図もあり、強い言葉を用いました。

平田：たとえば、親しみのある家を将来的に半分消滅させる計画を考えるうえで、寄り添いすぎてしまってはいけないという葛藤があり、その乗り越えを試みるために文学的な言葉を用いたという筋立てであれば、少し共感できたかもしれません。

小堀：プレゼンでは九相図のイメージを用いていますが、実は僕も九相図についていろいろ研究しているのでその観点からコメントします。これは人間の凝視を強く誘う図像ですが、本来は女性の姿を描いたものが多いんです。その制作背景は、当時の社会が根底で抱えていた問題とも無関係ではありません。想像ですが、落合さんもそのような作用を狙っていたのではないでしょうか。つまり周囲に馴染ませるのではなく、あえてぎょっとさせる操作を施したことに、九相図的なリノベーション手法を採用した意図があったのではないでしょうか。

落合：解剖的な視点というか、連作のようにプロセスを捉え、奥への視線誘導を意図した設計にしたいという考えがありました。既存の外壁がはがれ落ち、敷地の反対側の家まで見えてくる状態に

まで変化していくような、生体としての不安定さをもつ建築を目指しました。

小堀：かつて菊竹清訓さんが空襲で全焼した大隈会館の焼跡を前にしたときに、暖炉だけが残っている姿に強い感銘を受けたというエピソードが思い出されます。あえて死という言葉を借りなければ伝わらない意味をもっている建築として僕はこの案を評価しています。

平田：大西さんは票を入れていませんが、理由をうかがえますか。

大西：説明を聞くと愛情の裏返し的な話だとわかって安心するのですが、一方で朽ちていく様子を建築によって本当に体現していたらという興味もあり、評価についてはまだ揺れています。

平田：岸さんは票を入れていますが、どのような観点から評価したのでしょうか。

岸：単純に何か矛盾を抱えているものが好きなんですよ。最初に思い出したのは鈴木了二さんの「絶対現場」だけど、あなたの提案はあのように美しくはない。でもそこが二律背反的でもあって面白い。

落合：「死」を作品化するにあたり、綺麗さではなく完成されたものが歪んでいく怖さや醜さも大事だと考えていました。

平田：であれば、元の姿と全く別物となった建築との差異を細部まで考えるべきでした。この案に限らず、遠くにある世界観をもち込む提案はハードルが高くなりがちですが、今日の議論を反芻して今後に活かしてもらえたらと思います。

次は市原さんの提案について。票を入れていない峯田さんと岸さんから意見をいただきたいです。

峯田：この場所につくる必要性が薄い印象です。塔の周りで和やかな雰囲気が醸し出されているイメージがプレゼンにありましたが、移民と現地の人がここに集まる意味やメリットが本当にあるのか気になってしまいました。

岸：3つの建築と螺旋形に樹木の植えられた緑地をもっと総体としてデザインしたほうが良かったと思

います。けれど実際は、各々が単体として独立しているように見えます。これらのすべてが合わさったものが、あなたが言う新しい修道院でなければいけなかった。そう思って票は入れませんでした。

市原：造形がまったく同じように見えるものにしてしまうと、建築の緊張感を欠いてしまうため、それは避けたいと考えていました。

岸：同じものに見えるようにしてほしいとはまったく思っていません。3つの建築と緑地のそれぞれの間で、対立にしろ協調にしろ何かしらの関係を築いてほしかったのです。

大西：今回の設計で、この集落を見つけたきっかけは何ですか。

市原：修士論文を書くにあたり60の集落の実測調査を行ったのですが、その50番目の集落がこのゴソルでした。1年ほどカタルーニャ自治州に滞在し、現地の社会にも馴染んでいきました。そのなかで移民の人たちと現地の人々の間でどのような軋轢があるかもよくわかりました。移民と学生である自分の状況がダブって見えてくることもありました。そのような背景からこのプロジェクトに取り組みました。

平田：世界的な課題でもある移民問題という射程のあるテーマを掲げつつ、特定の集落を設定し、人種の異なる人々が混ざって生活する場所を設計したことはすばらしいです。もっとも根本的な批判は峯田さんの指摘で、移民が本当にここに来るのかという点です。反論があればお願いします。

市原：漂泊する移民たちを受け入れられるのは、都市ではなく、この村のこの空間しかあり得ないと直感しました。そして修道院が元来もっている中庭プランは、地中海世界の共通言語であり、それぞれの文化圏で醸成されてきたという背景をもっています。今回の設計ではこの中庭という形式に、宗教的な差異、人種の違い、文化の壁を超越する空間が成立し得る可能性があると考えました。

峯田：超越というキーワードは良いのですが、現状

のアウトプットからはその感じがまだ見えてこないです。塔と樹木と歩行ルートだけを操作することで、宗教を超越する空間だということをもっと表現してほしかったです。

小堀：この作品、実は一次審査のときはあまり理解できていなかったんです。けれども今日のプレゼンと質疑を聞いて、陣内秀信による空間人類学の議論と、レヴィ=ストロースの『悲しき熱帯』の集落に関する議論を自分なりに調査し、螺旋構造という新しい共同体のかたちを発見していることに気付かされました。さらに今の話だと実際の経験則から導き出したとのことで、それも驚きです。最初の印象からだいぶ見方が変わった作品として僕は高く評価しています。

正しさか、欲望か

平田：池田さんの案には審査員全員が票を入れており、実質的に現在1位です。異論がなければこのままグランプリ決定もあり得るので、引っかかっている部分があればここで話し合っておきましょう。

小堀：一般的に修士設計では、さまざまなリサーチを積み上げたうえで一つの形に決定する過程が求められます。けれどここまでの議論にもあったように、それでもなお設計者自身にしか理解できない側面が出てくるんですよね。池田さんの案にも、やはりそういう部分があるのではないでしょうか。たとえば屋根の造形は、調査の積み上げに基づいて自動的にできているようにも、本人の優れたセンスでつくられているようにも見えます。

平田：プレゼンがロジカルな語り口だったこともあり、オブセッショナルな欲望というか、本当にやりたかったことをストレートに聞いてみたいですね。

池田：設計のきっかけとして、学部生のときに越後妻有のトリエンナーレの活動に参加したことがあります。お米や野菜などの豊かな資源があるのに、現地の集落ではそれを発信したくてもその手法に

困っているように感じました。以降、そのような事柄を建築で解決することが私の建築家としての役目なのではないかと考えるようになり、今回の題材を修士設計で選びました。

平田：欲望派ではなく、やはり正統派ですね。

岸：反対しようのない正しい説明なのだけど、私たちとしてはそこに疑問符を投げかけたいわけです。この審査会の冒頭で、4番目にあなたの案を選んだと言ったのもその理由からです。けれど今の回答でも、隠れている恣意性に関わる話とかではなく、やっぱり正しいことをおっしゃる。

平田：たとえば神様やアンタッチャブルなもののように、人間を超えた存在として、この地域では木が扱われているようにも見えるんです。けれどもプロジェクト自体からはそのような「神様性」があまり感じられないようになっています。普通につくってはいけない意識を抱え込んでいるがゆえに、この建築が豊かな形になっているのだという説明や表現がもっとあると腑に落ちるのですが。

岸：今の平田さんの指摘は、建築の背後に抽象的、超越的な概念が見えるかということですね。たとえば塩を用いた木村さんの提案も「人間のための建築」ではないプロジェクトですが、彼の提案はどこか神様的な体裁になっている。片やあなたの提案は一点の陰りもないほどにロジカルで、そこに躊躇を覚えてしまいます。

池田：形のスタディをしていくとき、最初に考える形は直線ではなく曲線で描き始めることが多く、実は卒業設計でも曲線を思いきり用いた神社をつくっていて、こういう形態にしたいという気持ちはやはりあるのだと思います。その結果、説得的な説明を仕組んだようなところもあるかもしれません。

平田：そうであれば屋根の架構のつくり方はこれで良いのか、とも思います。プランはよく練られていますが。

峯田：断面図を見ても、本当に木が乾くように風がコントロールできるかがよくわからないので、性能

を上げるためのスタディも示してくれると良かった
です。

大西：私はどちらかというと、皆さんが言うほど池
田さんはロジカルなつくり方にはしていないと思い
ました。たとえば林業のまちにある木材倉庫を実際
に見ると、使いやすさを重視して、木材の大きさに
合わせて軒の出や階高がもっと厳密に決められてい
ることがわかります。彼女の案は、そうした理由から
では絶対に説明できない不思議な形態になってい
て、感覚的というか、楽しんでつくっている感じ
がします。むしろ今の皆さんからのコメントはやや
不当な批判なのではないかという印象もあります。

平田：優れた提案であることを全員が承知したうえ
での厳しめなコメントが続いてしまいましたが、時間
が迫ってきたので工藤さんの提案に移ります。こち
らは池田さんと対照的に、豪雪地の提案を謳いなが
らも吊り構造への欲望が先んじているというか、
ロジックが転倒している感じもします。票を入れて
いない小堀さんからもご意見をうかがいたいです。

小堀：今ちょうど雪国で設計をしていることもあ
り、エンジニア的な観点でチェックしてしまいました。
たとえば屋根に堆雪したままにするには弾力性
のある構造にしなければならないし、なおかつ荷重
をすべて受け持たなければならない。そうなると工
藤さんがサヴォア邸を使ってスタディしたような不
格好なものになるはずなんです。最終的なアウト
プットにあるような華奢なつくりで、本当に積雪荷
重に耐えられるかが怪しいので、平田さんからも

あったように、重力との関係を検証した構造モデル
があるとなお良かったです。

平田：いわば「突っ込みしろ」があるから票を入れな
かったということですね。僕はむしろ、だからこそ
評価しなければと考えていました。最後に岸先生か
らもご意見をお願いします。

岸：かなり肯定的な立場です。建築設計では自分な
りの答えを提出することが求められるものですが、
僕は万人が納得する答えなんてないと思っているん
ですね。この提案が好きなのは、人と違うことをや
りたい気持ちが伝わってくるのと、そのために土木
の学生と一緒に取り組んでいるところです。建築家
としての工藤さんの原点のようなものが見えてくる
ので、そのスタートを飾るうえでとても良いプロ
ジェクトではないでしょうか。

工藤：ありがとうございます。建築家が提示する作
品って、本当に無理しているなと思われるものが
多く、そこが一番の魅力だと感じています。自分も
修士設計を通じて、熱量と魅力的な実体をもって
「これを建てたいんだ」という思いを込めるつもり
で取り組みました。

平田：最後に木村さんの作品について。大西さんは
票を入れていませんが、なぜでしょうか。

大西：詩を分解することに懐疑的なところがあっ
て、建築に置き換わった瞬間にその詩がもっていた
大事な心の部分を失ってしまわないだろうかと思う
からです。単に分解を繰り返して組み立てるタイプ
の方法ではなく、どこかのタイミングでもう一度

ダイレクトに詩とつながるようにするとか、風景全体について考える視点があると良かったのですが。

木村：この提案では、和歌の言葉の意味を組み合わせ、その言葉を建築に付与することで風景をアップデートすることを目指しました。先ほど平田さんが、文学的な要素を建築に導入するには手法論に当てはめるだけでは十分ではないとコメントされていましたが、僕自身もそこは心がけていました。あえて手法論は手法論として用意し、その意味するところについては謎めいたもののままにしておくことを意識して和歌を扱ったつもりです。

平田：池田さんのときの神様性の話とも関連しますが、こちらの提案では詩的な部分を「お塩様」のような位置づけにしたのはうまいと思いました。天や母などの話と、この地域で採れる塩の話がつながり、固有の世界観が見えてくるようなストーリーになっているわけです。ただそれとは別に、完成した建築がその世界観を本当に体現しているのかという批判はあり得ますが。

今、もっとも推すべき作品

平田：すべての作品を討論したわけですが、ここでまたもう一度、各審査員の方々から全体を振り返っての意見をいただきたいと思います。

　今度は順番を逆にして最初に僕からコメントします。この中だと工藤さんの案に惹かれていて、おかしな発想ながら、ともすればうまく着地するかも

しれないと思わせるエキサイティングな作品です。もちろん構造など「突っ込みしろ」がたくさんあるのですが、僕としては今後のライバルとなるような人を選びたいと思います。それから落合さんも、これから面白い建築をつくることを期待させる提案でした。池田さんの案には厳しめのコメントをぶつけてしまいましたが、いうまでもなくグランプリ候補の資格をもつ作品です。木村さんの案は力量と熱量をすごく感じるのですが、もっと塩の様態を徹底して表現してほしかったです。市原さんの案は一次審査からの印象の落差が最後まで気になりました。

大西：皆さんから批判を受けていたこともあり、私は余計に池田さんを推したくなりました。というのも、皆さんは彼女の提案を非の打ちどころがない論理式に基づいた計画として位置づけているようなのですが、私はむしろ彼女の感性の部分を含めて評価できると考えています。池田さんが想像する建築家の役割を、ぜひ実社会で果たしていただきたいです。それから山地さんも推したいです。岸先生から「些細な提案」ではないと指摘がありましたが、まちの人を説得しながら積み重ねるようにして取り組んでいくと、一つひとつは些細だけれども全体として大層なものでもあるようなプロジェクトになる予感がします。あと、視点がユニークだった市原さんの提案も評価しています。

岸：僕はやはり建築家としての人生のスタートを記念するプロジェクトを応援したくて、今日もまずは木村さん、落合さん、工藤さんに票を入れました。

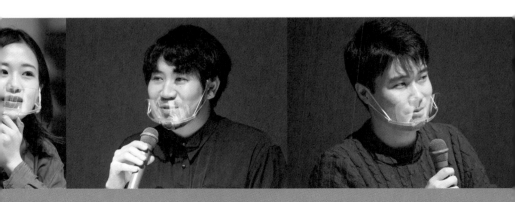

その中で工藤さんはもっともばからしいことをやっていて個人的には好みの作品です。一方で池田さんですが、僕は優等生に弱いんです。だからこのセッションでも上手な説明はあまり聞かず、屋根の造形を見るようにしていたら、だんだん面白くなってきました。あとは山地さんのアプローチにも共感していて、ここがスタートになればいい人生を歩んでくれそうな気します。

小堀：近年、単体の建築をつくることから都市との接続を考えることへと建築のテーマがシフトしつつありますが、今日の皆さんの提案も形態のつながりを意識した提案が多く、ある種の時代性を感じます。そしてこれはイベントの全体テーマの「順応」とも結果的に関連しているなと思います。この点でまず評価できるのが、木村さんの提案です。ただし重要なのは、和歌のなかにある精神性を今一度、現代の精神性として建築的につくることであり、そこまで提案できるとより魅力的になったはずです。落合さんの案は、九相図が含む差別やジェンダーの問題につながる意識や両面性まで読み取ることができて面白かったです。池田さんの案は本当に文句なしで良いです。一見すると「順応」というテーマとリンクしていますが、先ほどのやりとりの内容だと実際はそうではないところもあるようでした。本心的な部分も建築には必要なはずですが、そこはシークレットのままにすることを良しとする教育シーンなどからの影響もあるのかな、と推測してしまいました。市原さんの提案も評価しているのですが、先ほどの中庭の扱いがまだ引っかかります。通来の修道院の中庭は外から絶対に見えないように設計されていて、だからこそ共同体として成立しています。そこを単に外に開放することで賑やかな感じにすることには違和感があります。

峯田：最初の投票では、モチベーションで押し切る工藤さんと、リサーチを踏まえて丁寧にストーリーをまとめた市原さんのどちらに入れるべきか悩んでいました。対照的な2案ですが、現地で実際に感じ

た軋轢を盛り込もうとした市原さんの案を推します。先ほど小堀さんから中庭について指摘がありましたが、僕はむしろ彼自身の体験の反映として、中心がヴォイドという日本的な宗教行動もここにもち込もうとしたのかなと解釈しています。それから山本さん、木村さん、池田さんの3案については、いずれも地域のポテンシャルを引き出したことに魅力を感じています。山本さんの案はハケの道をきっかけとしたまちの将来像をもっと表現してほしかったです。池田さんはそのあたりがうまくできていました。それから木村さんの案で重要なのは和歌が含んでいる風景を成立させることです。たとえば最後に奉納の話がありましたが、具体的な搬出方法やアクティビティが見えてこず、そこをうまく余韻として表現できると和歌の世界観も広がると感じました。

平田：ありがとうございます。各審査員の考えが伝わったかと思います。ここから先は別室で議論し、各賞を決定したいと思います。

転換する時代の前途を照らして

岸：グランプリは「美杉木倉」の池田友葉さんです。最初のインパクトは他の提案のほうが強かったのですが、完成した作品を見ていくうちに、だんだんとその良さがわかるようになっていきました。おめでとうございます。

峯田：私は「流動する大地」の山本圭太さんに個人賞を贈りたいと思います。今後の問題を踏まえながら、貴重な斜面緑地をどうにかしたいという気持ちが表れたプロジェクトだと思います。とても魅力的な計画なので、ぜひNPOの活動も継続していただけたらと思います。

小堀：個人賞を授与したいのは「壁のない『修道院』」の市原将吾さんです。カタルーニャの地形と建築を、自身の原体験として密接に結びつけ、一つの提案にもっていったプロセスを評価しています。これは設

計者として重要なテーマだと考えています。

大西：私は「涵養域をつくる」の山地南帆さんに個人賞を差し上げます。シンプルながらも汎用性のあるアイデアなので、さまざまなスケールで展開すると面白いことになるはずです。これから関わることになるすべてのプロジェクトで提案してみてください。おめでとうございます。

平田：僕からは「重力と暮らす」の工藤滉大さんに個人賞を贈ります。彼は最後まで池田さんとグランプリを争っていたのですが、僅差で彼女に軍配が上がりました。僕としては、工藤くんが今後我々を嫉妬させるような建築家になると期待しています。粘り強く、面白い建築をつくり続けてください。

岸：平田さんからもあったように、池田さんと工藤さんのどちらをグランプリにするかは、まったくタイプが異なる作品なので同列に比較するのが難しいこともあり、本当に最後の最後まで悩みました。結果的に池田さんがグランプリとなったので僕の個人賞は工藤さんにと考えていたところ、平田さんも同じ意見だったため、2人からの「岸＋平田賞」を贈ることになりました。おめでとうございます。

　最後に総評です。今日ここにいる10名は、すでに100人近くの中から選出されているわけですから、いずれの作品もレベルの高いものばかりでした。実は僕、十数年前に第1回のトウキョウ建築コレクションの審査もしたのですが、今年度はコロナの騒動もあり、大変な状況下での修士設計となったのではないかと思います。物理的に距離を取らざるを得ない状況が続いているなか、建築の概念としての「公共性」がドラスティックに変わり、住宅にも構造変革が到来しつつあります。そのような大変な時代へと皆さんはこれから踏み出していくことになるわけですが、そんなことをものともせず、ぜひ自らのキャリアを築き上げていただきたいです。例外的な1年でしたが、今日はダブルで個人賞を貰った方もいて画期的な回になったと思います。審査員長としては喜びをもってこの閉会の言葉で閉めたいと思います。長い時間ご苦労様でした。

論文展

全国修士論文展

「全国修士論文展」開催概要

　論文展では、全国から集められた建築分野全般の修士論文の中から、審査員による一次審査(非公開)で選ばれた10点前後の論文の展示と公開討論会、総括セッションを行います。

　一次審査を通過した論文は、3月2日(火)–3月7日(日)の期間、ヒルサイドフォーラム内でパネルとともに展示され、3月6日(土)に開催される公開討論会では、建築のさまざまな分野で活躍されている審査員をお招きして公開討論会を行いました。

　論文は今年度のテーマに沿って革新的であり、将来への可能性を秘めていることを審査基準として選定されました。学術的な枠組みにとらわれることなく、広く学生の立場から建築への問題提起を行うと同時に、建築を学ぶ後輩達への刺激を与える討論会を目指します。

　論文とは書き上げて終わりではなく、その先にある自分の中にある思考や価値を見つける手がかりであり、またそれを社会に問いかける手段でもあります。出展者が異なる専門分野の先生方や他の出展者と活発な議論を行うことで、大学や分野ごとに完結してしまいがちであった論文の可能性、社会の中での展開価値について考えていきます。

　本年の公開討論会は、昨年に引き続き新型コロナウィルス感染拡大防止のため無観客で開催、会の模様はウェブで生配信しました。また、プレゼンテーション時の映像は各作品冒頭に掲載しているQRコードからご覧いただけます。

トウキョウ建築コレクション2021実行委員会

大原一興　Ohara Kazuoki　　　　　　　　　　　　　　　○審査員長

横浜国立大学大学院教授／1958年東京都生まれ。横浜国立大学卒業、同大学院修了。東京大学大学院博士課程を単位取得満期退学後、同大学助手などを経て、2005年より現職。博士（工学）。一級建築士。専門は、建築計画・都市計画、居住環境老年学、博物館学。研究テーマは、高齢社会の居住環境計画、保健医療福祉施設とまちづくり、エコミュージアムなど。主な著書に『エコミュージアムへの旅』（鹿島出版会、1999）、共著に『生活視点の高齢者施設』（中央法規出版、2005）、『住みつなぎのススメ』（萌文社、2012）、『観光資源としての博物館』（芙蓉書房出版、2016）、『居住福祉学』（有斐閣、2011）、『福祉転用による建築・地域のリノベーション』（学芸出版社、2018）がある。

青井哲人　Aoi Akihito　　　　　　　　　　　　　　　　○モデレーター

明治大学教授（建築史・建築論）／1970年愛知県生まれ。博士（工学）。京都大学大学院博士過程中退後、神戸芸術工科大学、人間環境大学を経て、2008年より明治大学准教授、現在同大学教授。主な著書に『彰化一九〇六年──市区改正が都市を動かす』（編集出版組織体アセテート、2007）、『植民地神社と帝国日本』（吉川弘文館、2005）、共著に『世界建築史15講』（彰国社、2019）、『日本建築の自画像』（香川県立ミュージアム、2019）、『日本都市史・建築史事典』（丸善、2018）、『津波のあいだ、生きられた村』（鹿島出版会、2019）、『明治神宮以前・以後──近代神社をめぐる環境形成の構造転換』（鹿島出版会、2015）、『日本植民地研究の論点』（岩波書店、2018）、『国家神道と国体論──宗教とナショナリズムの学際的研究』（弘文堂、2019）がある。生環境構築史編集同人。

飯塚 悟　Iizuka Satoru

名古屋大学大学院教授／1972年群馬県生まれ。2000年に東京大学大学院建築学専攻博士課程修了後、通商産業省工業技術院、産業技術総合研究所での勤務を経て、2008年より名古屋大学大学院准教授、現在同大学大学院教授。専門は建築・都市環境工学。避けがたい気候変動や多発する異常気象・極端気象、切迫性が指摘される巨大地震などの危険な自然現象に対して、しなやかに適応できる「適応建築・適応都市」の創出に向けた教育・研究活動に従事する。2016年に「温暖化ダウンスケーリング技術の建築・都市環境問題への活用に関する研究」により日本建築学会賞（論文）を受賞。

岡部明子　Okabe Akiko

東京大学大学院教授／1963年東京都生まれ。博士（環境学）。1985年東京大学工学部建築学科卒業後、1987年まで磯崎新アトリエ（バルセロナ）に勤務。1989年東京大学大学院建築学専攻修士課程修了。1990年堀正人とHori & Okabe, architectsを設立。2004年に千葉大学工学部建築学科助教授に就任、2011年より同大学教授。2015年4月より現職。現在は、途上国の都市インフォーマル地区の住人たちとの実践を通し、地球環境問題を問いかける。他方、日本では古民家を拠点に、建築を哲学する実践を学生たちやOBOGと展開。「ゴンジロウ塾」として活動している。主な受賞に日本建築学会教育賞（2017）がある。主な著書に『高密度化するメガシティ』（編著、東京大学出版会、2017）、『バルセロナ』（中公新書、2010）、『サステイナブルシティ──EUの地域・環境戦略』（学芸出版社、2003）がある。

満田衛資　Mitsuda Eisuke

構造家／京都工芸繊維大学教授。1972年京都府生まれ。1997年京都大学工学部卒業。1999年同大学院工学研究科建築学専攻修了。1999年佐々木睦朗構造計画研究所に入所。2006年に満田衛資構造計画研究所を設立。2014年京都大学大学院博士後期課程修了。博士（工学）。2018年より現職。主な受賞に、JSCA賞新人賞（2011）、日本構造デザイン賞（2013）、京都建築賞藤井厚二賞（2016）、日本免震構造協会業績賞（2019）がある。

写真：Tomomi Takano

「氏子かり帳」に記録される
木地師の時空間

江戸時代における木地師の所在地とその変遷の空間的分析

原田 栞
Harada Shiori

東京藝術大学大学院
美術研究科　建築専攻
光井渉研究室

Presentation

0章　はじめに

轆轤（ろくろ）その他の道具を用いて木工品を生産していた木地師（きじし）の多くは、材料の原木を求めて山中で生活し、また周囲の原木が枯渇するたびに移住を繰り返していた。奥深い山中を生活領域とするため、独自の交通網も有していたと考えられるが、その生活空間に関する直接的な資料は残されていない。しかし江戸時代の木地師には職能集団としての全国的なネットワークがあり、各地の木地師の所在地について約10年ごとに記録された、およそ250年間にわたる記録、「氏子（うじこ）かり帳」が残されている。

　この「氏子かり帳」を主な資料として、木地師の移動経路と生活空間を可視化し、考察することが本研究の目的である。なお「氏子かり帳」は原本が滋賀県東近江市に残るが、『永源寺町史——木地師編』（永源寺町、2001年）所収の刊本を用いた[1]。

1章　氏子かり帳に記録される木地師の生活空間

「氏子かり帳」とは当時の木地師ネットワークを支える全国的な制度であった「氏子かり」の記録である。これは現在の滋賀県東近江市の山中に所在する「蛭谷（ひるたに）」の「筒井八幡宮」、あるいは「君ヶ畑（きみがはた）」の

「高松御所」が、約10年ごとに全国の木地師のもとを巡って、遠隔地の氏子としてその身分を保証するために行われたもので、その際に各木地師の所在地・寄進金額の明細・集団の人員構成などを詳細に記録した「氏子かり帳」を毎回制作している。そのため「氏子かり帳」は木地師の約10年ごとの位置情報を長期にわたって記録したものとなり、マッピングし、可視化していくと、稲作を経済の中心とした定住者の社会と併存するもう1つの生活空間領域の存在が浮かび上がってくる。

2章　氏子かりにおける廻国先の変遷から読み取れる木地師の移住

2-1 全国規模での廻国先の変遷

氏子かり帳の記載事項を分析することで、全国規模での廻国（かいこく）（諸国を巡ること）先の変化からは近江を中心としたネットワーク全体の変遷がわかる。また、それぞれの地域内での廻国先の変化からは木地師の移住パターンの特性を、氏子かりを行う廻国人のルートからは木地師の山地の地形利用と移動方法を読み取ることができる。

　まず、木地師のネットワーク全体については、近江を中心としたネットワーク全体の変遷が読み取れる。

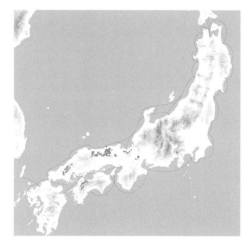

図1 第三号氏子かり（寛文5、1665年）の廻国先

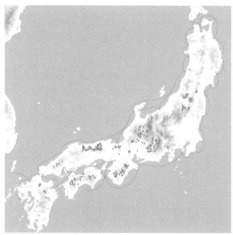

図2 第十三号氏子かり（延享1、1744年）の廻国先

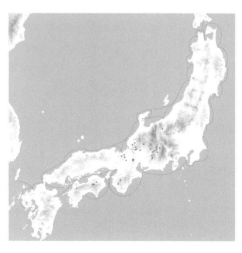

図3 第二十九号氏子かり（明治13、1880年）の廻国先
［図1-3出典：国土地理院地図をもとに筆者作成］

17世紀の氏子かりは、もともと「小椋谷」（蛭谷・君ヶ畑の総称）から諸国に移住した木地師が所在する西日本を中心とした地域を対象としていたが（図1）、17世紀後半から18世紀中頃にかけて廻国先は全国へ広がっている（図2）。しかし、その後は氏子かりの廻国権利を巡る争いや度重なる飢饉によって廻国の範囲は縮小し、明治維新に伴う戸籍制度の制定とともに氏子かりは終焉する（図3）。

　この変遷からは宗門改のある江戸時代にあって、移住生活を送るために特定の居住地の人別帳に記録されなかった諸国の木地師たちが、遠隔地の氏子として保証される氏子かりの管理下に新規参入し、また時代の変化とともにネットワークから抜けていった様子がうかがえる。

2-2 地域ごとの廻国先の変遷
　　　（紀伊半島、中国山地）

地域内の廻国先の推移の分析からは、新天地を求め続ける（紀伊半島）、あるいは山林を管理しながら木々の成長に合わせて回帰的な移住を続ける（中国山地）、というように木地師の移住パターンには強い地域性があることが確認できた。このように1つの

ネットワークに属しつつも、それぞれの木地師の生活領域の管理の有無、移住の選択は各々の判断に委ねられていたようである。

　また、氏子かりを実施する廻国人の足取りからは、木地師ならではの地形利用が読み取れる。中国山地内で廻国人は、脊梁山脈（せきりょう）の両側に居住する木地師のもとを藩領の境界とは関係なく移動しているが（図4）、このルートからは廻国人の性格だけでなく、木地師が平地の社会が利用していない藩領の境界となる山間部をフィールドとしていたことが確認できる。木地師にとってはそうした境界こそが移動・生活空間であり、平地の感覚とは正反対の空間認識を有していたといえる。

　さらに、紀伊半島において廻国人は大和の山中から北上し、近江の日野を経由してから、南下して伊勢・紀伊へ廻国を続けている（図5）。紀伊半島と日野とは街道で直接連続していないが、地形図とこのルートを照合すると一筋の尾根（布引山脈）でつながっている。平地の人々には交通の妨げであったこの山脈の尾根を木地師は逆に近道として利用していたことが確認できる。

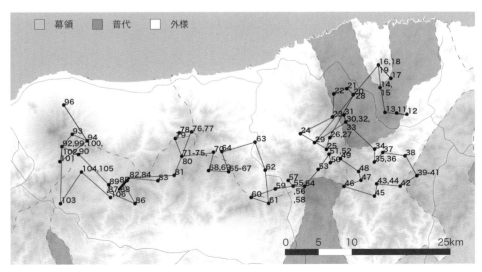

図4 第七号氏子かり（元禄7、1694年）の廻国先と藩領の境界　中国山地

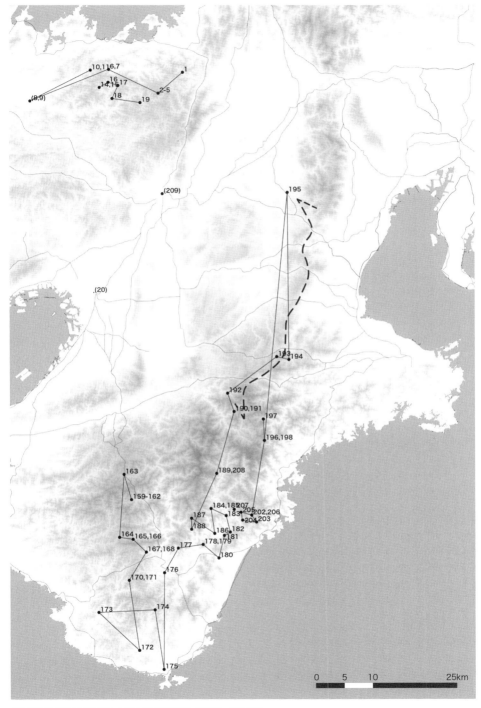

図5 第七号氏子かり（元禄7、1694年）の廻国先と地形図　紀伊半島

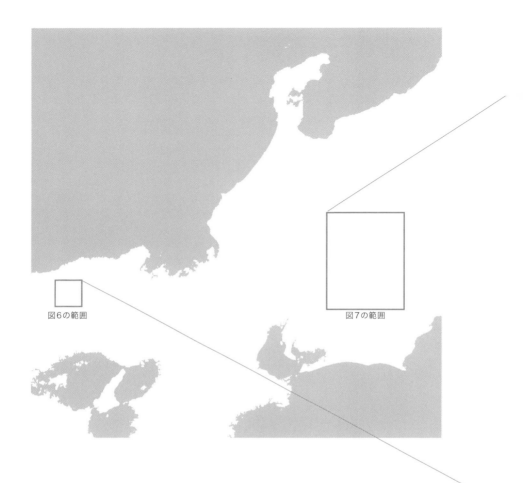

図6の範囲

図7の範囲

2-3 廻国先の変遷から読み取る
個々の木地師の移住

特定の木地師の移住歴についての検討も可能である。中国山地の八頭郡若桜町周辺での、利左衛門という人物とその家族の正保4(1647)年から寛延4(1751)年までの移住過程について(図6)、また信州の源六とその家族の延享2(1745)年から弘化2(1845)年までの6度に及ぶ移住の過程について(図7)氏子かり帳から特定することができた。なお図6、7は同一の縮尺、またどちらも時期は異なるものの期間が約100年間であり、木地師の移住の頻度・距離には幅があったことがわかる。

　特定できる範囲では、利左衛門一家は明辺→

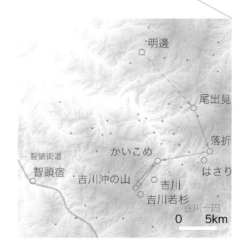

図6 利左衛門一家の移住過程

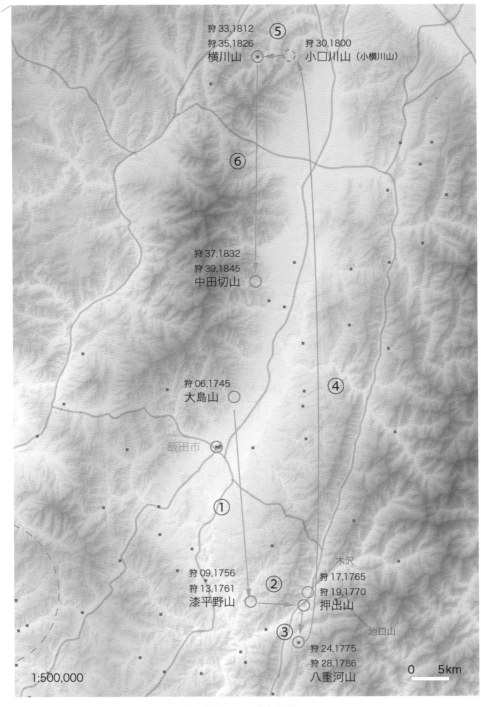

図7 源六一家の移住過程　[図6-7出典：国土地理院地図をもとに筆者作成]

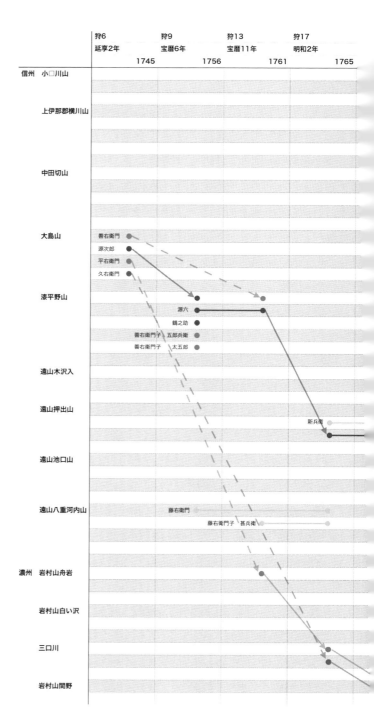

図8 源六一家とその時々の居住地で集団を形成・解体した木地師たちの移住過程

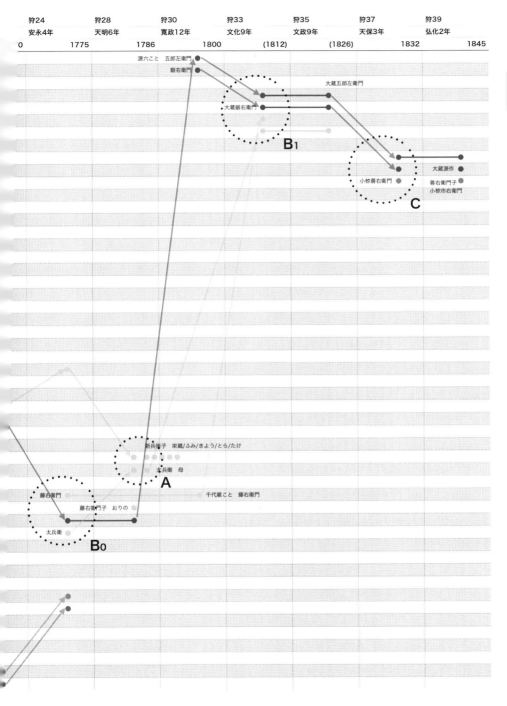

源六こと　五郎左衛門

銀右衛門

大蔵五郎左衛門

大蔵銀右衛門

B₁

大蔵源作

小椋善右衛門　善右衛門子

小椋市右衛門

C

新兵衛子　栄蔵/ふみ/きよう/とら/たけ

本兵衛　母

A

藤右衛門　千代蔵こと　藤右衛門

藤右衛門子　おりの

太兵衛

B₀

尾出見→落折（おちおり）→かいこめ、を経て吉川沖の山へ移住し、寛延2(1749)年には吉川沖の山から以前居住したかいこめへ。そして寛延4(1751)年の時点では再び吉川沖の山へと、八頭町より入った若桜町を南下した後、かいこめと沖の山の間を1往復半するような移住経路が確認できた。

中国山地では山林の持続可能な管理が行われていたが、木地師はあくまでその時々の木事業に利用可能な山林を渡り歩き、時によって回帰的な移住をすることもあった、ということがわかった。

源六一家については、伊那谷（いなだに）の中央から南下を始めるが、南端から北上し、また中央へ戻ってくるというように谷を一周するような移住経路を取っていたことが明らかになった。また、氏子かり帳に記録された源六と関わりのあった複数の木地師の移住歴からは、木地師が血縁のみならず過去の居住地から生まれた複雑な地縁を媒介にして、短期的な集団の形成・解体を繰り返しながら移動していたことが判明した（図8）。たとえば、図8の安永4(1776)年の時点で集団を形成していた源六・藤右衛門・太兵衛（図8中B0）は、その後一旦集団を解体し、天明6(1786)年、寛政12(1800)年の時点では別々に行動していたが、文化9(1812)年には再びその3名で集団を形成した（図8中B1）ことが、氏子かり帳の記録から読み取れる。家族関係に関しても土地を相続するために子孫に序列をつける必要がなかったことからか、氏子かり帳上に祖父・祖母・父・母・子・孫・という補足があることはあっても、長男・次男という表現は一切ない。これは土地と異なり、平等に継承することのできる技術こそを資産として次の世代に伝えていっていたからであると考えられ、土地を所有して血縁・または擬似血縁のみによって家という集団を構成し、主たる相続者としての長男に比重をおいた相続を繰り返す平地の社会とは大きく異なる点であった。木地師の家に対する意識は平地のそれに比べて薄く、小椋谷を根源とする同族としての職能集団という大きな枠組みの中の、自由な個人として行動していたと推定される。

3章　木地師の領域

3-1　垂直分布にみる木地師の領域

木地師の所在地と移動ルートが分布する領域は、日本列島の350–1250m付近一帯の特定の標高に展開している。これは平地の社会の上にかかるもう1つの生活空間である。これについては、江戸時代の主要都市・街道と木地師の所在地とのそれぞれの標高に基づいた表（図9）を制作した。これを比較することで、低地に集中する主要都市や、可能な限り低い場所を縫うように存在している街道に対し、木地師がその平地の社会よりも常に少し高いところに居住していたことをより具体的に可視化することが可能となった。

さらに、この特徴的な高度のみを表示した日本列島の地図を作成することで、山中に暮らす多くの木地師にとって生活の場ではない平地と、標高が高すぎる地点を除いた、層としての木地師の領域を表現した（図10）。この領域がもっとも特徴的であるのは、区画や地域に限定されるものではないという点である。中国などでは現代でも定住生活を送る人々と移住生活を送る人々の両者が存在するが、その領域は伝統的にも混在せず、広い国土の中で分かれている。しかし日本は環太平洋造山帯にあり、国土のほぼ全体に山脈がつらなる地理的環境下にあるため木地稼業に適した土地もまた全国に広がっている。このことから、主に海側にある定住生活の領域と列島の背骨にあたる部分での移住生活の領域とが、細く連なる日本列島に併存しているのである。

3-2　使用された貨幣の種類から明らかになる木地師のネットワーク

最後に、木地師の使用した貨幣について一目で理解できるよう、木地師たちが使用した貨幣の種類を分類し、マッピングした（図11）。氏子かり制度は現在の滋賀県東近江市の山奥を中心として管理された制度であったため、氏子かりの際に支払われる主な項目は西日本での主要高額貨幣であった銀を単位として定められ、木地師も主に銀で支払っていたが、一部金や銭の使用もみられた。「東の金使い、西の銀使い」の原則に反する西日本での金の利用（鳥取県三朝町（みささ）・愛媛県久万高原町（くま）等）、東日本での

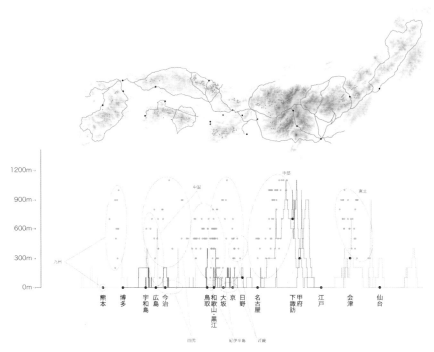

図9 木地師の所在地の垂直分布と主要都市・主要街道の高度変化の比較

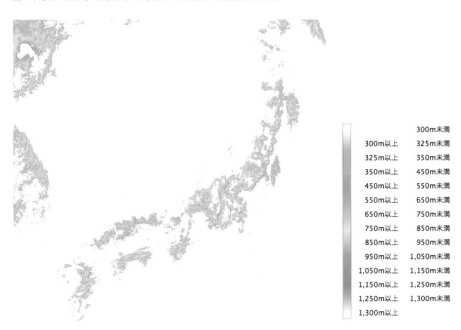

図10 木地師の日本地図
[図9-10出典：国土地理院地図をもとに筆者作成]

図11 貨幣の比較　[出典：国土地理院地図をもとに筆者作成]

銀の利用（福島県下郷町・同昭和村等）の例は遠方
の都市との関係が使用貨幣から示される、とくに木
地師らしい領域・ネットワークのあり方を示す例で
ある。また、金銀よりも日常的に使用された銭の利
用からは周辺地域で頻繁に金銭のやりとりをしてい
た、という地域経済との距離の近さが感じられる。

　銭のみでの支払いが多くみられた諏訪周辺・会津
周辺の2つの地域は、平地社会の都市そのものの
標高が高いこともあり、木地師の世界と平地の世界
の距離が近かったことが想像された。このような木
地師の使用した貨幣の種類に注目していくと、地域
性の強い高額貨幣、地域経済との関係性を示す少
額貨幣としての銭など、どの貨幣に偏って使用して
いるか、また併用している際は、そのバランスから、
それぞれの地方の木地師が実際に居住する地域と
の距離感、遠方の都市とのつながり、居住地に根ざ
しつつも保たれる木地師ネットワークへの帰属意識
などを明らかにすることができた。

4章　まとめ

移動に制限のあった江戸時代において、移住生活
を送っていた木地師は自身を「くろうと」、その他農
民等を「しろうと」と呼んで区別するなど、職能集団
としての強い意識があり、「しろうと」の生活空間と
は別の「くろうと」の生活空間を築き上げていた。この
「くろうと」の空間を、木地師はたびたび「山七号目
より上」と表現していたが、多くの木地文書には創
作的な面があったことから、「山七号目より上」とい
う表現自体も伝説の一部であるかのように捉えら
れ、木地師の生活領域・空間は実体として明らかに
されてこなかった。しかし、各時代・各地の木地師の
所在地の分布の変遷や、移動経路などの考察を経
て、その空間自体が単純に行政区分では定義するこ
とのできないものであることが、残されていた「氏子
かり帳」より確かめられると、「山七号目より上」は表
現としてむしろ妥当であると感じられた。

　直接的な記録が残されていない空間であるが、諸
国散在の木地師による寄進の記録である「氏子かり
帳」によって、建物や集落を残していない木地師の

生活空間は間接的に保存されているのである。

　以上のように、本研究ではすでに失われた山中での木地師による移住生活とその空間を明らかにし、その特質を提示できたのではないかと考える。日本の原風景というと、水田の広がる農村を思い浮かべる人が多いことが予想され、実際にそのような農村はいつの時代でも日本社会において圧倒的な面積を占めていたことに違いはないが、明治以前には木地師のような存在も多くいたことを考えると、この「原風景」は時代の流れの中で普遍化されつくり上げられたものであるともいえる。しかし、定住に限らず生活様式が多様化している現代において、木地師のように独自の価値観に基づいたネットワーク・領域を形成した職能集団の空間を無視せずに取り上げていくことは非常に重要なのではないだろうか。

　江戸時代における多様な生活空間の1つとして木地師の「山七号より上」についての空間的分析を行った本研究が、今後普遍化された原風景の外側に置かれている空間を発見していくうえでの一助となることを期待する。

[参考文献]
（1）永源寺町史編さん委員会『永源寺町史──木地師編 上巻・下巻』2001年
（2）杉本壽『木地師支配制度の研究』ミネルヴァ書房、1972年
（3）宮本常一『山に生きる人々』未来社、1964年
（4）渡辺久雄『木地師の世界──個人と集団の谷間』創元社、1977年
（5）柳田國男『史料としての傳説』村山書店、1957年

論文展

出展者コメント ── トウキョウ建築コレクションを終えて

Q このテーマを選んだ理由
『山に生きる人々』（宮本常一）の「平地から距離を取って、山の中に、自分たちだけの、7合目より上という世界観を形成して、その間を街道を使わずに、自由に行き来していたようである」という木地師を描写する一節から、ある一定の高さでつながっているような世界に興味をもちました。

Q 修士論文を通して得たこと
建築ではない分野の研究結果から得た、「こういう空間が広がっているのではないか」という漠然とした勘を、資料を用いて地道に確かめていくという過程は大切な経験になったと思います。

Q 論文を通じて社会に向けて発信したいメッセージ
修士論文の研究対象とした木地師は江戸時代において少数派でした。多数派社会からその生活様式がどう見えるかという視点ではなく、フラットな視点から、ただその実在の事実と空間を調べるということが、建築的手法を用いたアプローチには可能なのだと思います。

Q 修士修了後の進路と10年後の展望
卒業後は設計に携わる予定ですが、また確かめたい空間を見つけることができたら研究したいとも考えています。修士論文で考えていたことと設計を時間をかけてリンクさせていきたいです。

寺社建築の架構における意匠的操作

山本瑠以
Yamamoto Rui

東京藝術大学大学院
美術研究科　建築専攻
光井渉研究室

Presentation

0章　序
0-1 目的と背景
──構造材と化粧材の不可分性

12世紀以降に日本で建設された寺社建築は、主に天井の上下で構造躯体と表面意匠に明確に分割される点に特徴がある。そのため、従来の空間分析をテーマとした研究では、構成している部材を構造材と化粧材に二分するのが一般的であった。しかし、実際に寺社建築の空間を体験してみると、構造的役割が同じであるはずの部材に、同一建築内で配置箇所によって異なる形態操作が加えられていることに気づくことがある。さらに、室内からは構造的に重要と思える部材であっても、実際はそのすべてが必要ではないことも多い。

本研究は、このような調査の過程から着想を得ており、寺社建築の空間分析にあたっては、「構造材」と「化粧材」とに明確に分けられるものではないという前提に立ち、その不可分性を明らかにしようとするものである。

0-2 論文の構成

本論文は、序章と結章を除き全4章で構成される。1章で「梁」、2章で「貫」にそれぞれ着目して、その構造的な変容過程を確認しながら各時代で試みら

れた空間表現を読み解く。

3章では、梁と貫が同時に空間表現に用いられている事例として、東大寺法華堂・當麻寺本堂・長弓寺本堂の3棟を例に、構造と意匠の関係性を読み解くことを試みた。

4章では、時代によって基本形式が変化しない八脚門という類型に焦点をあて、8-19世紀までの長い時間で生じた変化を抽出して分析を行った。

つまり、1章と2章によって年代ごとに移り変わる構造と意匠の関係性を理解し、3章と4章で個別の建築または類型で試みた空間表現に解釈を加える構成となっている。

1章　梁
1-1 梁の変遷を読み解く

本章では、木造の軸組みで構成される日本の寺院建築においてもっとも基本的な部材である「梁」について、構造と意匠の両面から見た役割の変遷を、8-18世紀に建設された仏堂を事例に検討する。

梁がもつ役割として、第一に柱頂部の連結がある。さらに、その上に屋根の荷重を負担する必要が生じるため、梁には応力に耐えるための断面が計画される。梁は空間上方に壁などを伴わずに独立して現れ

るため、形状には意匠的な配慮が必要となる。

このような梁を取り巻く構造と意匠の関係性は、8世紀と18世紀の仏堂を見比べると大きな変化が確認できる。この過程を明らかにすることで、空間表現における梁の価値を構造と意匠の両面から読み解いてみたい。

1-2 梁の役割

梁とは、屋根や小屋組みなどの上方からの荷重を支持して柱に伝達するための横架材であり、建築を構成するもっとも基本的な部材の一つである。寺社建築において梁は配置箇所によってさまざまな呼称があり、そのうち上方に反りの加工が施されたものを「虹梁（こうりょう）」、天井裏で小屋組みを支えていて室内から見えないものを「野梁（のばり）」と呼ぶ。平安時代に野小屋が考案されるまでは、垂木（たるき）のすぐ上に屋根を葺いて

いたため、虹梁が小屋荷重をすべて負担していた。空間上方に位置する虹梁は意匠的にも非常に重要な要素として捉えられていたようで、断面形状や端部に工夫がみられるが、このことは次項で論じる。つまり、少なくとも奈良時代においては構造的役割と意匠的意味が一致していたといえる。

野小屋の考案とともに野梁が使用されるようになると、室内から見える虹梁が必ずしも荷重を負担しなくても良いようになり、梁という部材は意匠を構造から切り離して考えられるようになった。すると鉛直荷重を負担しない構造的表現としての虹梁が空間に現れるようになる。

江戸時代に入ると、化粧としての虹梁型の意味がより強く意識されるようになり、小屋荷重を負担しない部材にも虹梁型の加工が施されるようになる。

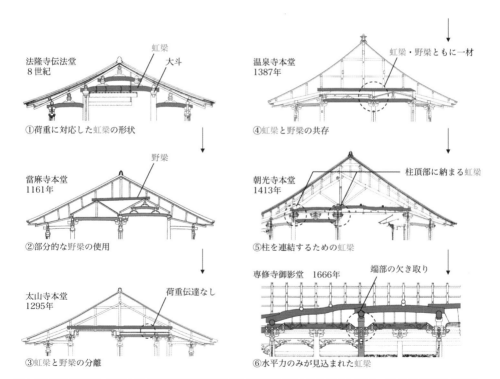

図1 虹梁と野梁の関係 ［出典：①『国宝建造物法隆寺東院舎利殿及絵殿並伝法堂修理工事報告』（法隆寺国宝保存事業部、1943）／②『国宝當麻寺本堂修理工事報告書』（奈良県教育委員会事務局文化財保存課、1960）／③『国宝太山寺本堂修理工事報告書』（国宝太山寺本堂修理委員会、1964）／④『重要文化財温泉寺本堂修理工事報告書』（重要文化財温泉寺本堂修理委員会、1970）／⑤『国宝朝光寺本堂修理工事報告書』（文化財建造物保存技術協会、2012）／⑥『重要文化財専修寺御影堂修理工事報告書』（文化財建造物保存技術協会、2008)以上をもとに筆者作成］

図2 東大寺南大門 内部見上げ

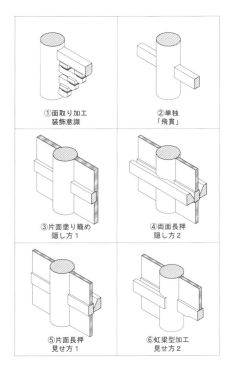

①面取り加工 装飾意識	②単独 「飛貫」
③片面塗り籠め 隠し方1	④両面長押 隠し方2
⑤片面長押 見せ方1	⑥虹梁型加工 見せ方2

図3 貫の表現パターン

このことから、奈良時代において構造と意匠の一致がみられた虹梁は、近世において分離して扱われるようになったといえる。この約800年の間に起きた構造発展に伴う虹梁への捉え方の変化は、12–16世紀に建設された仏堂を検証することで明らかになる。

まずは8世紀の事例から、虹梁がどのような意味で用いられていたかを確認する。

1-3 虹梁と野梁の関係

ここでは、「梁」の構造と意匠の両面における役割の変遷を検討するために、虹梁と野梁がともに建造当初の材であることが判明している事例を扱う。先に概要を示すと図1のようになる。

8世紀は「大斗」を介して柱を連結しながら屋根荷重を負担しており、撓まないように上向きの反り加工が施され、「虹梁」（図1赤表記）と呼ばれる形状が用いられている。12世紀には、仏像と礼拝空間を1つの建築に納めた奥行きの深い「本堂」が誕生し、同時に室内から見えない「野小屋」が考案され、

図4 長野善光寺本堂 正面吹き放ち

天井裏には部分的に「野梁」(図1緑表記)が設けられるようになる。時代が下ると荷重は野梁のみで負担可能となり、小屋組み構造と室内意匠が分離したため、構造的制約よりも意匠的欲求を先行させた設計が可能になる。

　野梁は土居などに束立てであるため、フレームを構成する水平材としては機能していない。このため室内に架かる梁は結果として前後で柱をつなぐ水平力のみを受け持つようになったが、依然として小屋荷重を負担していた頃の虹梁の形状を装っている。

　この時点で室内の梁は当初もっていた構造的役割の多くを野梁に譲ったが、虹梁型のみは空間に残存した。そしてこの現象はこれ以降一般的なものとなり、17世紀に入ると桁や貫などさまざまな部材も虹梁型に加工されるようになる。

　水平力を負担する部材として捉え直された虹梁は、垂直荷重から解放されたことで虹梁型の意味だけが残り、それに価値を見出した工匠(設計者)によって他の部材も意識的に虹梁型の加工が施され

るようになったと考えられるのである。

2章　貫

2-1 貫へのこれまでの理解

「貫」とは、部材同士を貫通させてフレームの水平方向を固定する部材である。12世紀末に東大寺が再建される際に採用された技術(図2)で、それまでの日本建築には用いられていなかった。この貫について、これまでの意匠的な分析を含む研究では、「構造の強化による開放性の獲得」や「柱の小径化の実現」などといった、性能としての側面のみが語られている。

2-2 貫の表現方法

しかし、貫の扱われ方を注意深く観察すると、事例ごとに異なる表現方法が確認できる。図3はそのパターンを時代順に列挙したものである。貫は当初から表現上重要な部材として認識されていたようで、なかでも空間内に独立して存在する「飛貫」には意匠上の配慮が施される場合がある。

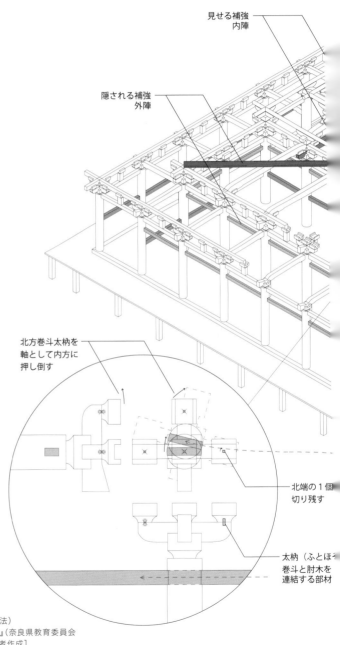

見せる補強
内陣

隠される補強
外陣

北方巻斗太枘を
軸として内方に
押し倒す

北端の1個
切り残す

太枘（ふとほ〜
巻斗と肘木を
連結する部材

図5 當麻寺本堂 アクソメ架構図（補強技法）
［出典：『国宝當麻寺本堂修理工事報告書』（奈良県教育委員会
事務局文化財保存課、1960）をもとに筆者作成］

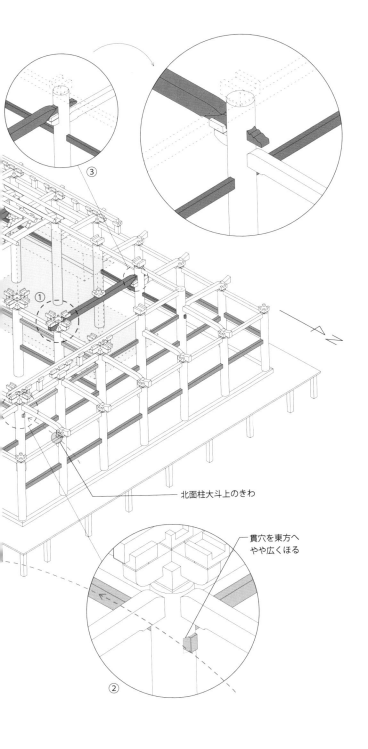

③

①

N

北面柱大斗上のきわ

貫穴を東方へ
やや広くほる

②

1章でも確認した通り、空中に独立して現れる虹梁に意匠的な価値を見出していた工匠は、飛貫に対しても同様の視点をもっていたであろう。また、飛貫に限らず貫全般において空間表現に用いられる場合は、隠す工夫と見せる工夫のいずれにおいても貫の表現方法が模索されているのは図3からも明らかである

2-3 見せる貫と隠される貫

先述の内容を1707年に建設された長野県長野市の善光寺本堂を事例に確認してみたい。善光寺本堂（図4）は、正面吹き放ちの列柱に虹梁型飛貫が用いられている。この高さには外周に長押付きの貫が廻っており、空中に露出する吹き放ち部分だけ虹梁型に加工されている。さらに、側面入り口の上部の貫も同様に長押が設けられずに虹梁型の加工が施されている。つまり、壁を伴う貫は長押で隠し、空中に現れる貫には装飾を施しているのである。この判断は、空中に露出する貫の意匠的効果を虹梁型に加工することで強調しようとしたものと解釈できる、興味深い現象である。

このことから、貫は空間表現における記号としての意味を発する部材として認知されていたという仮説が立てられる。善光寺本堂の飛貫に施された特別な加工は、貫がもつ空間演出性を理解したうえでの判断であり、その意図は明快であった。

3章　個別事例検証

3-1 當麻寺本堂
──見せる補強と隠される補強

ここまで「梁」と「貫」の構造的変遷とその意匠的効果を明らかにした。それでは梁と貫は個別の建築のなかでどのように統合され、表現されたのだろうか。論文の本文では作品論として3棟の事例を検証したが、本梗概では、そのうち梁と貫をテーマに補強について分析した當麻寺本堂について記述する。

現在の當麻寺本堂は1161年に建設された際の骨格を基本としているが、1487–89年頃（以下、長享年間）に大規模な補強改修が行われている。この補強改修は、當麻寺本堂の空間を理解するうえで非常に意味の大きな出来事であった。長享年間の改造で行われた構造補強は、解体せずに柱を建てたまま実施されたものであることが判明している。さらにそれ以降、昭和期の修理まで一度も解体されていないことからも、いかに巧みな補強であったかがわかる。

この補強では、柱の入れ替えと不同沈下からくる軸部のゆがみを補正することに主眼がおかれた。具体的にどのような方法で行われたのか、岡田英男「當麻寺曼荼羅堂の室町時代の大修理」（日本建築の構造と技法　岡田英男論集　下』思文閣出版、2005年）による詳細な記述に基づいて作成した図5を見ながら確認したい。

図5は、まず當麻寺本堂のアクソメ架構図を描き、そこに補強材がどのような手順・方法で加えられたのか、引き出し線等で部分的に拡大しながら解説したものである。なお、アクソメ架構図は上部架構と軸部が両方理解できるよう、上部架構の手前半分を省略して描いている。また、補強で挿入された貫には長押に挟まれるもの（図5薄橙表記）、壁や間仕切りを伴うもの（図5橙表記）、空中に独立するもの（図5濃橙表記）があり、色を塗り分けたうえで、長押や壁、間仕切り等は描き込んでいない。

長享年間に補加された部材と建築全体の関係を俯瞰して見れば、梁によって軸部上方のゆがみを矯正したうえで縦横に貫を通すことで、効果的に構造を固めようとしていることは明らかである。しかし、その補強材に対する意匠的な態度は内陣と外陣で大きく異なっている。

貫は外陣において楣や鴨居が貫構法に改められた（図5薄橙表記）のみで空間体験に変化はなく、燧梁は天井裏に隠される（図5緑表記）。一方内陣は貫と虹梁ともに、当初の空間に存在しなかった部材で、それが空中に独立して現れている。

後補（増改築されたときに加えられた）虹梁は二重虹梁の下に添えられるように入る（図5赤表記）ため、荷重を負担する意味でも重要な補強となるが、同時に水平力も負担している。先述した梁の変遷でも確認した通り、長享補強が行われた15世紀は、虹梁の構造的意味が上方からの荷重を負担することよりも、フレームの水平方向を連結する意識が強く

なっている年代である。長享補強では、側通りと入側通りを貫で連結して回の字形の殻のような構造体をつくり、その内側に突っ張り棒的に梁を使用している。このような構造計画は15世紀にみられる一般的な手法である。内陣の後補虹梁はモヤ柱に挿さるように納まっている（図5-③）ことからも、工匠が水平力の負担を見込んでいることは明らかである。

この視点に立てば、外陣虹梁上の燧梁と同様に補強虹梁もゆがみの矯正に寄与していると思われる。つまり、構造的に同じ役割を担うはずの補強材が内陣にのみ現れているのである。

このように、1つの建築内で同じ時期に入れられた同じ構造的役割をもつ補強材であっても、見せる場合と隠される場合がある。當麻寺本堂では内陣では効果的に現し、外陣では貫構法に改めながらも長押で挟み込まれているため、見えがかりに変化はない。

長享補強に関わった工匠は、補強という行為が単なる建築の構造的性能を向上させるものだけではなく、空間演出としても表現し得ると認識していたことを示している。

4章　八脚門
4-1　八脚門の構造
最後に1つの類型に限定して検討を行う。基本形式が時代によって変化しない八脚門という建築類型は、時代順に並べてみると、時代間の変化が構造と意匠ともに顕著に現れる。

図6はその発展を理解するために、抽象化した軸組み図を時代順に並べたものであり、赤表記部分は前の時代から構造的に発展した箇所である。門の構造に欠かせない貫への理解が進むと、その応用から新たな構造計画が考案される。貫によって壁を用いることなく自立できるようになり、内部空間が分節される。その中で人間が通る中央間には集中的に意匠的工夫がみられるようになる。

4-2　八脚門の空間
門に空間区分をもたらした貫は八脚門の軸部構造を飛躍的に進歩させた。柱と貫で鉛直構面が構成できるようになると土壁が不要になるため、親柱筋を軸に前後に分かれる空間構成は必然ではなくな

る。以上の発展のなかで、意匠的な試みはどのような様相を示していたのであろうか。

室町後期に建設された愛知県豊川市の財賀寺仁王門は、背面側に桁行方向の飛貫を通して軸部全体の剛性を確保することで、正面桁行方向には貫を一切用いていない。親柱筋には壁ではなく腰貫下に金剛柵が設けられる。金剛柵で囲まれた脇間背面側に仏像を安置し、その前方の床を板張りにすることで脇間は礼拝空間としての性格を帯びる（図7）。正面に腰貫を用いていないのは参拝者が床に上がれるようにするためと理解できる。さらに親柱筋の飛貫は中央間のみに入るが、これは、仁王像を見上げたとき目障りにならないような配慮であると解釈できる。このことから、この年代の八脚門は単なる通行空間ではなく、ある種、堂としての機能を携えていたとみなせる。

貫の配置が自由に扱えるようになったことと、土壁からの解放によって、八脚門内部は分割されつつも流動的な空間構成が可能となった。空間構成を自覚的に操作するようになると、工匠が構想する意匠上重要な点が顕在化されていくこととなる。

5章　結論
5-1　解釈のゆらぎ
以上の検討を通して、寺社建築の空間表現の一端を明らかにできた。合理的な構法が認知されると、表面意匠は自由に選択できるようになることを確認した。そして、その構法の多くは同時代的なものでありながらも、空間性は事例ごとに異なる多様性を示していた。

その一例として、構造部材として利用されていた形態がその役割を失っても表現として残る現象があるが、その構造的役割ももともと1つではないから、純粋な構造材も化粧材も存在し得ないといえるだろう。

このような、行ったり来たりするような解釈のゆらぎこそ、日本建築の魅力の源泉ではないだろうか。

5-2　本論文の成果
構造と意匠の関係性を論じる従来の研究では、年代ごとの変化点を明らかにすることで通史を書くこと

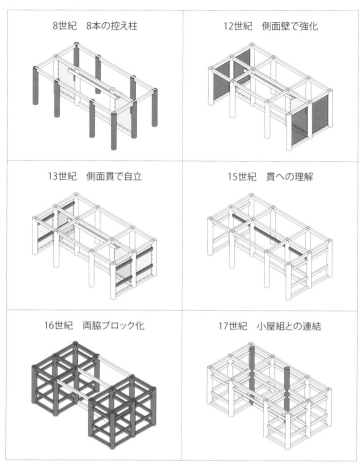

図6 八脚門の軸部構造の発展過程

8世紀　8本の控え柱

12世紀　側面壁で強化

13世紀　側面貫で自立

15世紀　貫への理解

16世紀　両脇ブロック化

17世紀　小屋組との連結

が常道であった。本研究はその手法を1・2章で踏襲しながらも、3・4章では分析対象の事例については新たにアクソメ架構図を作成し、室内から確認できる部材が全体のなかで構造的にどんな役割をもっているか立体的に把握できるようにした。

　これにより工匠が意図した表現を読み取れるようになり、その遺構を通史のなかに作品論として位置づけることが可能となっている。これが本論文の成果と考えている。

[参考文献]
(1) 伊藤延男『中世和様建築の研究』彰国社、1961年
(2) 大森健二『社寺建築の技術──中世を主とした歴史・技法・意匠』理工学社、1998年
(3) 村田健一『伝統木造建築を読み解く』学芸出版社、2006年
(4) 光井渉『日本の伝統木造建築──その空間と構法』市ヶ谷出版、2016年
(5) 藤井恵介『日本建築のレトリック──組物を見る』INAX、1994年
(6) 岡田英男『日本建築の構造と技法──岡田英男論集上下』思文閣出版、2005年

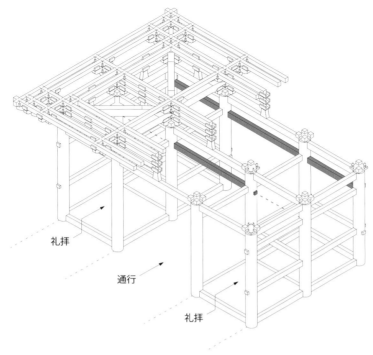

礼拝

通行

礼拝

図7 財賀寺仁王門 アクソメ架構図［出典：『重要文化財財賀寺仁王門保存修理工事報告書』
（文化財建造物保存技術協会、1998）をもとに筆者作成］

出展者コメント ── トウキョウ建築コレクションを終えて

Q このテーマを選んだ理由

中世以降の寺社建築の空間には、室内からは構造的に重要そうに思えても、実は荷重を負担していないような部材が多く存在しており、みせかけの構造部材で空間を飾るような、ある種矛盾した工匠（設計者）の意思が感じられるところに興味をもちました。

Q 論文を通じて社会に向けて発信したいメッセージ

本論文では、構造材や化粧材といった二元論を基本としつつも、その間にある曖昧な関係性を取り出して記述することを試みました。寺社建築の空間は、端的にわかりやすい言葉では説明しきれない豊かな表現に溢れていることが伝わるとうれしいです。

Q 修士論文を通して得たこと

1カ月程かけて西日本を中心とした40以上の寺社建築を観て回った経験は、とても大きな財産となりました。現存する架構と空間の関係性を実体験しながら、工匠の意図を類推したことで、寺社建築を作品として捉え直すことができたと思います。

Q 修士修了後の進路と10年後の展望

修了後は東京都内の設計事務所に勤務しますが、大学院で行った研究内容はいろいろなかたちで継続して取り組み、発展させていきたいと思っています。

床の間からミフラーブへ

日本のモスク建設にみる在来建築との折衝

大場 卓
Oba Suguru

東京大学大学院
工学系研究科　建築学専攻
林憲吾研究室

Presentation

0章　序：なぜ床の間は ミフラーブになり得たのか

0-1 研究の背景と目的

イスラームは厳格な宗教と捉えられがちである。しかし、その礼拝空間にあたるモスクには、しばしば転用がみられる。たとえば日本では、民家を転用して床の間を聖なるニッチ（ミフラーブ）にしている事例がある。ミフラーブは基本的に上部にアーチがかかった半円形の凹みであり、そのような定型的なあり方から床の間は大きく逸脱しているにもかかわらず、それがそのまま使用されている。この事例は、モスク建設の姿勢が厳格であるというより、むしろ在来の建築文化との折衝において寛容・柔軟であることを示唆している。この点に着目し、本論文では、定型からの逸脱がどのようにモスクで生じるのか、日本のモスクを用いて明らかにすることを目指す。

0-2 研究の対象

日本のモスクは、1935年に最初の事例が確認できるものの、その建設数が増加したのは1990年以後で[*1]、モスク建設の歴史はまだ浅い段階にある。本研究では、「ISLAMのホームページ」[*2]に掲載されている98件に、既往研究ならびにインターネット上に記載があった17件を足した115件のモスクを調査対象とする。

0-3 研究の方法

店田廣文らによる「日本のモスク調査[*3]」等の既往研究、Googleマップの掲載写真やストリートビュー、各モスクが運営するホームページ等、インターネット情報の精査、16件の実地調査、取材を依頼した21件のうち返信があった12件に対するインタビュー調査に基づいて、全モスクのデータシート作成および情報整理を行うことで、各モスクの建設の過程およびその空間や装飾を包括的に明らかにする。

0-4 用語の定義

「モスク」とはイスラームの礼拝堂。アラビア語ではマスジド、「ひざまずく場所」を意味する。本論文では、建物を所有しているものをモスク、借りているものをムサッラー（礼拝室の意）と称す。「折衝」は、利害関係が一致しない相手との問題を解決するために、かけひきをすること。また、そのかけひき、という一般的な意味で用いる（デジタル大辞泉 https://daijisen.jp/digital/より）。

0-5 既往研究

日本のモスクは、店田らによる一連のモスク調査等、社会学の視点で研究されているが、建設に至る

経緯の記述にとどまる。建設方法と空間に着目した研究は、宇高雄志[*4]による神戸モスクの研究のみで、歴史的モスクを除く100件以上の日本のモスクの全体像はいまだ明らかにされていない。

　転用を対象とする研究には、大規模転用事例のデザイン手法分析が多い一方、小規模な事例は限られている。また、宗教建築から世俗建築への転用の研究はみられるものの、世俗建築から宗教建築への転用事例を対象とした研究はみられない。

0-6 本論文の構成

本論文は、以下5つの章ならびに序章、結章で構成される。1章ではモスク史研究を再利用の視点からレビューする。次に2章で日本のモスク建設における再利用、とくに転用の立ち位置を明確にした後、3章で転用モスクの分析を通して、どのような経緯で定型からの逸脱が生じるのかを考察する。4章では新築モスクの分析を通して、転用したモスクの建て替えにあたる新築事例にのみ逸脱がみられることを示したのちに、5章でその逸脱が転用モスクから継承された可能性を、事例をもとに考察する。

1章　再利用の視点から捉え直す 世界のモスク史

本章では、既往研究に基づき、再利用[*5]の視点からモスク史を捉え直すことで、モスク史研究における本研究の位置づけを明確化する。

1-1 定型的なモスクの構成要素

モスクは身体を清め、メッカに向かって礼拝するという行為のための空間である。礼拝の方向（キブラ）を示すミフラーブ（壁龕）、礼拝を主導する人物が座るミンバル（説教壇）、礼拝時刻を呼びかけるためのミナレット（尖塔）とドーム等を伴う定型的な構成が存在する（図1）。

1-2 モスク史にみられる再利用

各地域固有のモスクを対象とした研究は多く、建築の転用や部材転用、増改築等、再利用に着目している研究もある[*6]。この視点でモスク史を辿ると、そもそも先述の構成要素の多くが再利用を契機に形成されたことが見て取れる。また、シリアがイスラーム化した初期に建設されたダマスクスのウマイヤ・モ

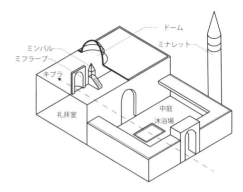

図1 定型的モスクの構成要素

スク（714年）、スペインがイスラーム化した初期に建設されたコルドバの大モスク（786年）も、それぞれ既存建築と部材を転用しており、再利用によって固有の空間を形成していた。

　こうした再利用は大規模な事例に限らない。マレー半島に群として存在する長屋型モスクは、その形成要因として僧院の転用が指摘されている[*7]。以上のように、異文化混交の歴史であるモスク史[*8]では、再利用の事例が、とくに各地域のモスク建設黎明期に多くみられる。

1-3 近現代欧米のモスク建設と再利用

欧米や韓国等は日本と同様、過去100年でモスクの建設数が一気に増加している。アメリカでは、2000年から2011年にかけて建設されたモスクのうち56%が新築であったが、2000年以前のモスクは転用が68%を占めていた[*9]。またドイツでは、ケルン中央モスク（2018年）等、近年大規模新築事例が増加しているが、以前は多くのムスリムが職場や住宅付近の既存の空間を活用した「裏庭モスク」で礼拝をしていた[*10]。現代においても、モスク建設の多くは再利用から始まっていることがうかがえる。

1-4 小結：再利用のモスク史における 本研究の意義

以上のようにモスク建設では、とくに新しい土地にモスクが根付く初期の段階では再利用が多くみられ、それが各地域固有のモスク形成に密接な関係をもつと考えられる。しかし、関係のある事例の多さ

にもかかわらず、そのプロセス、つまり再利用に至る判断、在来建築との関係、再利用時の手法や所作の創造性が精査されているとはいえない。その精査のためには、施主や設計者らの思考、さらに既存建築や敷地、構法や法規等、多様な因子の絡まり合いの全体像を分析することが必要だと考える。近現代以

後、モスク建設数が増加した国々でも、依然として上記を扱った研究はない。よって現在進行形の、モスクと在来建築との折衝を見るべく、日本のモスクを対象として分析を行う。

2章　日本のモスク建設史

本章では、日本のモスク建設における、転用を中心とした再利用の歴史的位置づけを明らかにする。

2-1 社会変動に応じる日本のモスク建設

日本におけるモスクの歴史は、戦前期にソ連を逃れたタタール人やインド人商人によるモスク建設に始まる。戦後1980年代までは大使館等に付属する礼拝室の建設にとどまっていたが、バブル期に日本に出稼ぎに来たパキスタン人やバングラデシュ人の増加を背景に、一ノ割モスクを先駆として各地で

```
ムサッラー ─94─▶ 転用モスク ─3─▶ 大規模増改築
                    │
                 5 ▼ 7
                   新築モスク
                    ▼
ムサッラー ╌20╌▶ 新築モスク ─5─▶ 大規模増改築
                    ╎
                    3
                    ▼
                   新築モスク
                      ─▶ 2 大増改築
```

※左上の数字はモスク件数を表す

図2 段階的な空間の更新

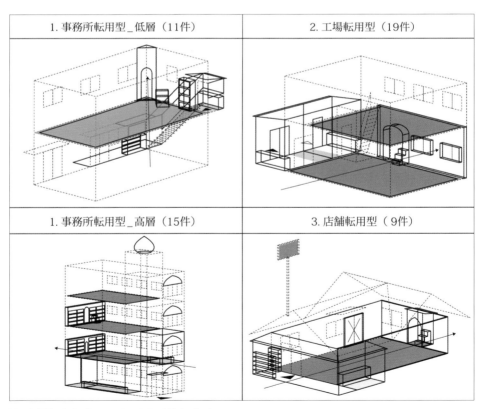

1. 事務所転用型_低層（11件）　　2. 工場転用型（19件）

1. 事務所転用型_高層（15件）　　3. 店舗転用型（9件）

図3 各類型における介入のアイソメトリックダイアグラム

モスク建設が興った。2000年代以後は、技能実習生や留学生としてインドネシア人が増加し、モスク建設の主体が変化していく。

以上のように日本のムスリムコミュニティは、社会変動に応じて、コミュニティを拡大、資金を調達してモスクを建設してきた。

2-2 日本における礼拝空間の段階的な移行と更新

ここでは、店田らの既往研究および各モスク運営のホームページ、Googleマップの掲載写真およびストリートビューの年代比較をもとに整理した、建設方法を含む各モスクの建設史を分析する。

日本のムスリムコミュニティは、集団での礼拝空間を迅速に確保するため、元麻雀荘の部屋を借りている歌舞伎町ムサッラーのように、まず既存建築を借りて礼拝空間とすることが多い。そこで資金を集め、次の段階として自らが所有する礼拝空間の建設を目指す。購入してすぐ礼拝できることもあり、調査した114件のうち94件（82%）が既存建築の転用によりモスクを設けている。残り20件（18%）は福岡モスクのようにコミュニティ外からの資金の調達に成功し、新築でモスクを建設していることが明らかになった。

また、つくばモスクのように、礼拝者数の増加に伴って転用モスクを取り壊し、モスクを新築した建て替え事例が7件みられた。御徒町モスクのように現在建て替えを検討している事例は5件である。また、同じ動機をもちながら転用モスクを大規模に改修し直す、横浜モスクのような事例も3件確認できた。以上のように、既存建築の使用から転用へ、そして一部では転用から新築への段階的な移行がみられる（図2）。

2-3 小結：最初の選択肢としての転用

モスク建設黎明期の日本では、最初の選択肢として転用が選ばれ、その後空間の更新に伴い新築の事例が増加していくことがわかった。この背景には、礼拝空間の必要性と継続性、礼拝者数の増加傾向等がある。

3章 転用モスク：在来建築のモスク化

本章では、事例の最初に選択した94件の転用モスクを対象とし、その介入の手法を分析することで、定型的なデザインからの逸脱がどのように生じているのかを考察する。

3-1 用途と構成要素に基づく介入手法の分析

転用以前の用途に基づきモスクを類型化し（図3）、モスクの構成要素に着目して各類型の分析を行った。既存建築の用途は事務所、工場、店舗、集合住宅、戸建住宅の5つに、モスクの構成要素としては、キブラ壁、礼拝室、沐浴室、動線、外観の5つに分けて分析している。

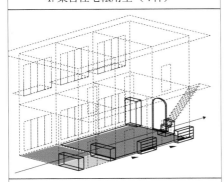

4. 集合住宅転用型（7件）

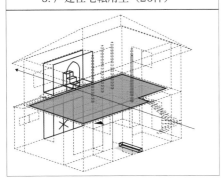

5. 戸建住宅転用型（26件）

3-2 礼拝方向と面積の確保

基本的にすべてのモスクに備わる沐浴室は、水で身体を清める空間であり、冬季を鑑み室内にあることが望ましい。よって事務所転用型では、位置を確認できた16件のうち12件が室内に沐浴室を設置している。しかし、床面積が概して狭く、礼拝室の面積確保が難しい戸建住宅転用型では、位置を確認できた16件のうち3件のみが室内となっている。このことから沐浴室の位置が、面積の確保に影響を受けて

いることがわかる。これは靴脱ぎ場の位置に関しても同様である。

ミンバル（説教壇）は礼拝方向を示すミフラーブ（壁龕）の脇に設置されるものである。日本では面積確保のため、そもそもミンバルを設けない事例が33件ある。また、両者を設置する事例のうちミンバルをミフラーブの中に収めてしまう割合に着目すると、概して狭い傾向にある戸建住宅転用型の14件のうち13件（93%）、事務所転用型では17件のう

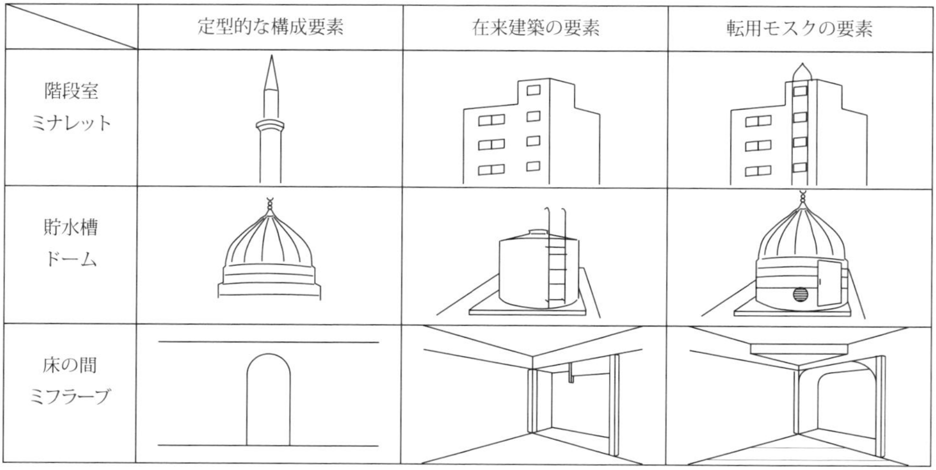

	定型的な構成要素	在来建築の要素	転用モスクの要素
階段室 ミナレット			
貯水槽 ドーム			
床の間 ミフラーブ			

図4 見出しにより生まれる要素

種類	正対／外凸	正対／中壁	正対／中枠	正対／無
平面 スケッチ (87)	18 (21%)	12 (14%)	15 (17%)	12 (14%)
1 (26)	3 (12%)	5 (19%)	5 (19%)	4 (15%)
2 (19)	5 (26%)	2 (11%)	3 (16%)	5 (26%)
3 (9)	3 (34%)	1 (11%)	2 (22%)	0 (0%)
4 (7)	0 (0%)	1 (14%)	2 (29%)	0 (0%)
5 (26)	7 (27%)	3 (12%)	3 (12%)	3 (12%)

図5 類型に基づく構成要素分析の例：ミフラーブの設置方法

ち7件（41％）となっていた。このことから、面積の確保がミフラーブとミンバルの位置関係に影響を与えているとわかる。これはミフラーブの設置方法にも共通する。

3-3 構成要素の実現にみる寛容さ

定型的なモスクにみられる構成要素をすべて備える事例はあるが、ドームの設置が94件のうち13件にとどまるなど、設置に対する固執はみられない。また、デザインにおいても同様に、本棚を2つ並べただけでミフラーブとする事例があり、その許容範囲の広さがうかがえる。さらに、在来建築の空間を活用することによる構成要素の実現もみられた（図4）。たとえば御徒町モスクは、屋上に飛び出した階段室にドームをのせ、壁面に塔を描くことでミナレットとしている。また大塚モスクは、屋上に設置されていた貯水槽を鉄板で囲うことでドームとしている。そして三原モスクは、礼拝方向に位置した床の間を、アーチなどの装飾を付加することでミフラーブとしている。これらは在来建築の空間的な可能性を見抜き、構成要素を見出しているといえる。さらに、定型的なミフラーブとは異なり三原モスクのそれは、礼拝方向と異なる方向を向いている。また22件もみられた室の隅にミフラーブを見出す事例も、定型的なミフラーブのあり方とは異なる（図5）。在来建築か

ら見出された構成要素のデザインは、定型的な枠組みからの逸脱の可能性をもっている。

3-4 小結：在来建築を取り込む転用モスク

転用モスクの介入は、礼拝方向と面積の確保を合理的に追求する一方、構成要素の実現に対しては柔軟であり、そのデザインにも許容力がきわめて高いため、在来建築との折衝による定型からの逸脱が生じている。

4章　新築モスク：敷地・構法・法規との折衝

本章では、近年増加傾向にある新築モスクを対象とし、その設計の手法を分析して転用と比較することで、共通点と相違点を明らかにするとともに、転用を経た新築事例の特徴を明らかにする。

4-1 設計主体と構成要素に基づく設計手法の分析

設計者と施工者の関係に着目して、新築モスクを設計施工分離型6件、設計施工一貫型14件、施主主導プレハブ型7件の3つに分類した。これを用いて以下の分析を行う。

4-2 転用モスクとの共通性

気候、構法に加え、敷地や法規等との折衝は、転用同様新築でも求められる。とくに設計施工一貫型は、

隅 / 中壁	隅 / 中枠	隅 / 無
9（10％）	13（15％）	8（9％）
2（8％）	5（19％）	2（8％）
4（21％）	0（0％）	0（0％）
1（11％）	1（11％）	1（11％）
1（14％）	1（14％）	2（29％）
1（3％）	6（22％）	3（12％）

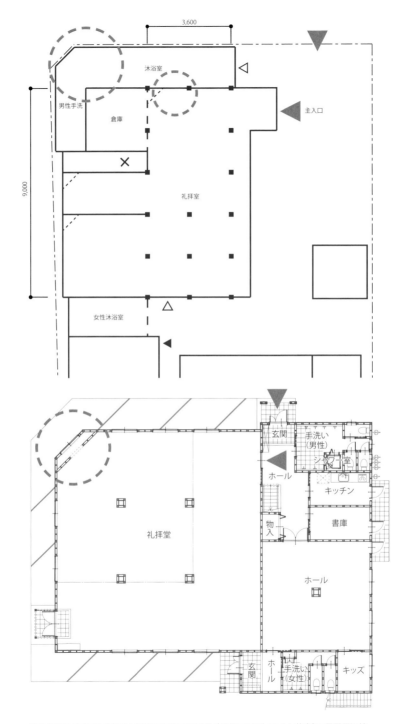

図6 転用つくばモスク（上）と新築つくばモスク（下／提供：つくばイスラム教会）の平面図比較

在来の構法に従うことで建設費を抑える特徴をもつ。その結果、正面にのみ装飾を張り付けた外観となり、転用モスクと類似する。またミフラーブは、外に凸部をもつ事例が27件中14件と多い。こうした事例も一部海外でみられるが、一般的とはいえない。転用と同様、礼拝室の面積を最大化するためと考えられる。

4-3 新築モスクで強まる構成要素

新築モスクでは、構成要素の実現割合が高い。ドームやミナレットの設置は、転用で約14%であるのに対し、新築では約50%みられた。また、キブラに従いつつ壁面と正対する形での礼拝を理想とすること、内装仕上げにおいて白色を選択することが、その割合の高さからうかがえた。

4-4 転用を経た新築モスクにみられる
非合理的な逸脱

新築モスクを分析していくと、敷地に余裕があるにもかかわらず、建物がキブラを向いていない事例があることがわかった。3章で述べたように、この事例は海外ではほとんど認められない。さらにその隅にあたる部分はあえて隅切されている(図6)。他の新築では、敷地に余裕がある場合は建物自体がキブラに向いているうえ、たとえ隅に向かって祈る場合でも隅切はみられない。このような定型から逸脱したようにみえるデザインは、他の新築事例にもあるが、それらは共通して転用モスクの建て替えであった。

4-5 小結：転用時の名残がみられる
新築モスク

新築モスクの設計手法は、礼拝方向と面積の確保を重視しつつ、転用以上に構成要素の実現力を高めていた。ただし、転用モスクを経た事例に限って、新築ではわざわざ採用しないような逸脱が確認できることがわかった。

5章　モスクの更新における
継承の可能性

5-1 なぜ新築でも隅に向かって祈るのか
（つくばモスク）

つくばモスクは、2000年に工場を転用してモスクとした。その後、転用モスクの面積の不足から、駐車

場のために購入していた隣地に新築を計画。資金と面積の使い方をもとに設計施工会社を決めたという。2019年に建設された新築つくばモスクは、敷地に沿って建物の向きが決定され、室の隅に向かって礼拝をするようになっていた。また、先述のようにその角が隅切されているとともに、外壁における腰壁の高さが高い。こうした特徴はもともと使用していた転用モスクと共通する(図6)。

　それらの理由を探るために、施主および設計者にインタビューを実施した。まず設計者は、モスクの予備知識がないため、転用モスクで行われる設計相談に加え、提示されたスケッチや写真に基づいて、モスクを理解したという。構造と法規に関わる箇所は設計者が主導したが、それ以外の、上記のような特徴は施主が決定した。施主によれば、礼拝方向を室の隅にしているのは、礼拝室および駐車場の面積を最大化するためとのことであった。確かに礼拝室の面積を変えずに壁をキブラに対して直角にした場合、礼拝室の有効な面積は増加しても、屋外では駐車可能台数が減少してしまう。続いて、角の隅切に関しては、面積と費用を削減するためであったという。ただし、隅を埋めたとしても駐車可能台数は変わらず、むしろ角を埋めることで礼拝室面積を増やすことは可能である。加えて、この隅に柱を落とせば、構造合理性が高まり、コストも削減できると設計者は語っていた。

　以上のように多くが面積の合理的な活用に基づいて決定されている一方、角の隅切に関してはその合理性からは説明され得ないものであることがわかった。この隅切は、その他の新築事例において一切みられない。設計期間中も常に礼拝が行われ、設計者も見ていた転用モスクの外観がまさに隅切を有していたことを踏まえると、敷地と折衝した転用モスクの特徴が継承されているとしか考えられない。転用モスクであったときには敷地境界に従っていたが、その制約が取り払われてなお、再生産される可能性があるといえる。

5-2 床の間は真にミフラーブになり得るか
（日立モスク）

日立モスクは、2010年に住宅を転用してモスクを

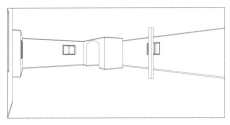

図7 日立モスク新築設計案の礼拝室［出典：「Hitachi Masjid Japan」Facebookの画像をもとに筆者作成］

設立した。その後2013年末に、一部内壁を撤去して礼拝空間を拡張したのだが、それまでは床の間に向かって礼拝をしていたのが特徴的であった。環境改善を目的とする別の敷地での建て替えのため、継続的に土地探しを行い、2015年末に土地の購入に至った。その際、寄付の呼びかけ用に掲載していたイメージパースを見ると、ミフラーブが建物の隅にある。敷地形状から礼拝方向を考えると、その隅に向かって礼拝をすることが推定されるが、そのミフラーブのあり方が、まさに日立モスクの床の間を想起させる（図7）。

　この理由を探るうえで、関係者に連絡をしたが、このパースを描いた人物は当時日本に留学をしていたインドネシア人で、すでに本国に帰国してしまっていたため連絡が取れなかった。出身国のインドネシアでもこのようなミフラーブはみられず、日本の他の新築モスクにも類例はない。隅に祈るすべての事例が、キブラと正対できる壁とニッチを設けてミフラーブとしている。もちろんこれは初期設計案で、その後変更される可能性もあるが、これが立案され、日立モスクのコミュニティに拒否されることなく、公に掲載されたことは事実である。この事例は礼拝者のコミュニティが、転用の結果やむなく生じた床の間ミフラーブという逸脱すら違和感なく捉え、継承、再生産する可能性を示している。

5-3 逸脱を修正するのは誰か（横浜モスク）
横浜モスクは、2006年に食品工場を転用してモスクを設立した。その後、雨漏りや内装材の劣化等を背景に、2020年に大規模な改修を行った。資金や手間とあわせ、礼拝の継続性を重視し、新築を選択

しなかったという。しかし、改修には約1億円をかけており、その前後で印象は大きく異なる。施工会社は日本の会社で、それとは別に日本人設計者がいた。内部空間を伴うドームやミナレットの設置、動線の整理等とともに、室の中心線に合わせた擬柱4本が挿入された。もともとの横浜モスクにおいては、ミフラーブが壁中央に据えられていた一方、柱位置は中心からずれて左右対称ではなかった。とするとこの大規模改修が、空間における中心性の欠如という逸脱を修正したと考えられる。なぜ改修時に、柱の配置にまで中心性が導入されたのだろうか。

　施主にその意図を確認したところ、擬柱の導入は礼拝室に中心性をもたせるため、とのことであった。ただし、それは日本人設計者の提案によるものだという。つくばモスクでは、設計者がモスクの知識不足を理解したうえで、要望の受け入れおよび構造と法規の調整を徹底していたが、横浜モスクの設計者は要望に応じた構造的、法規的提案に加えて、中心性の導入を提案していた、ということになる。よって、この柱配置に中心性をもたせるという逸脱の修正は、設計者というコミュニティ外の存在を取り込むことで生じたのである。

5-4 小結：逸脱の継承メカニズム
モスクの更新においては、意識的な継承ではないものの、合理的に説明されるわけでもない、定型からの逸脱の継承がみられる。よって、建て替えを経たとしても、転用モスクで生じた定型からの逸脱は継承され得る。この背景には、集団的な意識の変化、モスク観の変容があると考えられる。一方で、より定型に近いデザインに改修する場合ももちろんある。ただし、必ずしも利用者の意図ではなく、在来建築家の存在もモスクの変容を考えるうえで重要な存在であることがわかった。

6章　結：在来建築との折衝を通じた定型からの逸脱
転用がモスク建設黎明期の中心的な手法であること、そしてその転用にみられる寛容なデザイン手法が、在来建築との折衝に基づく定型からの逸脱を生じさせていることが明らかになった。また、たとえ礼

拝者数の増大に伴う建て替えを行ったとしても、その逸脱は継承され得る。以上のようにモスク建設には、在来建築を取り込んで定型から逸脱していく可能性が組み込まれているといえよう。

今回は日本を事例に検証したが、この現象は日本以外でもみられることが予想され、今後の海外事例研究への応用が期待できる。

[註]
*1 参考文献(1)
*2 「イスラームのホームページ」<http://islamjp.com>
*3 店田廣文、岡井宏文「日本のモスク調査1・2──イスラーム礼拝施設の調査記録」2008・2009年
*4 参考文献(2)
*5 参考文献(3)
*6 参考文献(4)
*7 Wayne A. Bougas, *Surau Aur : Patani Oldest Mosque*, Archipel, volume 43, pp.89-112, 1992
*8 Fethi Ihsan, *The Mosque Today-Architecture in Continuity: Building in the Islamic World Today*, pp.53-62. New York: Aga Khan Award for Architecture/ Aperture, 1985
*9 Ihsan Bagby, *The American Mosque 2011*, Islamic Society of North America, 2012
*10 石川真作「『裏庭モスク』から統合・文化・教育センター』へ──ドイツの都市におけるイスラーム団体VIKZの黎明期と現在」人間学研究:京都文教大学人間学研究所紀要11 pp.55-69、2010年

[参考文献]
(1)店田廣文『日本のモスク──滞日ムスリムの社会的活動』山川出版社、2015年
(2)宇高雄志『神戸モスク──建築と街と人』東方出版、2017年
(3)加藤耕一『時がつくる建築──リノベーションの西洋建築史』東京大学出版会、2017年
(4)アンリ・スチールラン著、神谷武夫訳『イスラムの建築文化』原書房、1987年
(5)深見奈緒子『イスラーム建築の世界史』岩波書店、2013年
(6)桜井啓子『日本のムスリム社会』筑摩書房、2003年

出展者コメント ── トウキョウ建築コレクションを終えて

Q このテーマを選んだ理由
いくつかのイスラーム諸国を訪れ、同じ役割を担いながらも各地域で異なる型式をもつモスクに興味をもちました。その後、日本にも100以上のモスクがあることを知り、モスクの多様な型式を考える手がかりがあるのではないかと考えたのがきっかけです。

Q 修士論文を通して得たこと
建築の歴史を研究するうえで、自分なりの視点につながる何かを獲得できたと考えています。また、1つのことをやりきることの意義、そしてやりきった先にある一般化の可能性のようなものを、執筆を通して実感できたことが何よりの収穫でした。

Q 論文を通じて社会に向けて発信したいメッセージ
まず日本には多くのムスリムがおり、彼らが努力をしてモスクを建設しているということ、そして転用で生じたその場しのぎ的にも見える特徴的な空間や装飾が、改築や建て替えの後にも継承される可能性があること、が少しでも伝われば幸いです。

Q 修士修了後の進路と10年後の展望
まずは組織設計事務所にて実務の設計力を必死に磨いていきたいと考えています。ただ、これからの10年もさまざまな変化が生じると予想されるため、既存の事物との対峙、そして歴史意識をひとまず自分の軸に据えて、うまく社会に応答していきたいと思います。

人新世時代の鉱山跡地における放擲された空間の特性および位置付け

秋田県北鹿地域の実像と環境哲学の議論を交えて

富樫遼太
Togashi Ryota

早稲田大学理工学術院
創造理工学研究科　建築学専攻
後藤春彦研究室

Presentation

1章　緒言

1-1 研究の背景

人口減少社会に突入した我が国において、「集落の衰退」「商店街のシャッター街化」「空き家の増加」「耕作放棄地の増加」等にみられる縮退現象の進行は加速の一途を辿っている。それに伴い、建築・都市計画分野では、人間の生活空間をいかに守り継ぐか、もしくは取り戻すかを主眼に議論がなされてきたといえよう。

しかしながら、そのすべてを守り継ぐことは現実的でなく、人間の生活空間から放擲[*1]された空間が拡大していることも現実である。その存在に関して十分な議論なく「悪化」や「荒廃」といった価値判断を挟むのは早計である。とはいえ日常的な生活世界で生きる我々が、放擲された空間の存在意義を諒解することは容易ではない。まずは、放擲された空間の実像を描出し、哲学的視座からその存在意義を探る論考が必要である。

1-2 研究の足掛かりとなる既往議論と
###　　　研究の対象

上述の文脈で参照できる議論の展開として、人新世[*2]をめぐる環境哲学[*3]がある（図2）。人新世において、人間の意識範囲や操作範囲の外側から起こる現象（異常気象、原発事故、コロナ禍等）が確実に増えており、環境哲学は、人間社会の中のみで思考する限界を指摘したうえで、「客体世界」への自覚の高まりを我々に要求する。「客体世界」とは、あくまで人間側から名づけた名前で、本来は自然や事物、ウイルスなどの非人間存在が主体となる世界であり、その世界認識である。しかし、人間の意識および科学的認識では、客体世界のすべてを具体的に把握することは不可能である。それでも哲学者の篠原雅武は、客体世界を自覚する唯一の手掛かりが現実に存在し、それが痕跡であり、その最たるものが放擲された空間であると指摘する（図3）。放擲された空間は、客体世界が人間世界に表出した両義的な空間として捉えられる。そこには、放擲された空間の性質である、人間社会の「脆さ（Fragileness）」が伴い、人間がその「脆さ」を感覚的に経験することが重要であるとする。

そして、数多くの痕跡が存在する地域として、1960-70年代に急激に閉山が進行した鉱山跡地が挙げられる。そこには、深刻な土壌汚染をはじめとした理由で放擲された空間が一定数存在し、人間の生活が営まれていた痕跡として残存する。

図1 花岡鉱山跡地の全景：一部では廃棄物処理が行われる一方、用途のない空地も目立つ。

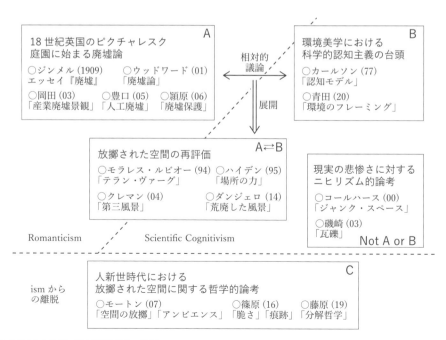

図2 放擲された空間に関する既往議論の整理

人間だけで自己完結した世界認識

空間・もの
（space , material）

人間
（human）

人間世界

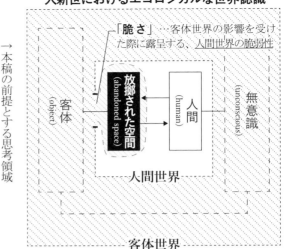

人新世におけるエコロジカルな世界認識

「脆さ」…客体世界の影響を受けた際に露呈する、人間世界の脆弱性

→本稿の前提とする思考領域

放擲された空間
（abandoned space）

客体
（object）

人間
（human）

無意識
（unconscious）

人間世界

客体世界

図3 人間世界/客体世界の概念図

1-3 研究の目的

放擲された空間そのものは、これまで社会的意義が見出されず研究対象となり得なかったが、環境哲学の議論に依拠することで、研究対象として扱う。そのうえで鉱山跡地を事例として取り上げ、対象地域内の放擲された空間を含む多様な痕跡の比較分析を通じて、放擲された空間の特性および位置付けを明らかにすることを目的とする。本稿は、「つくられた」建築に対置する、「ほっとかれた」空間の存在を明示することで、建築学の扱う領域を拡張するための試みである。

1-4 研究の流れ

まず2章では、対象地域内の42の旧鉱山の盛衰と現在の土地利用の状態を概観し、放擲された空間が大まかにどこに存在し、「脆さ」が伴うためにはどのような条件が必要になるか仮説を立てる。3章では、前章の概観では把握しきれなかった3つの大規模鉱山町における多様な痕跡を分析対象とする。それらの解析から、鉱山跡地における放擲された空間の特性および位置付けを明らかにする。4章では、環境哲学の議論を再び導入し、前章で得た鉱山跡地の実像と交えることで、放擲された空間に対する計画学的アプローチについて論説する。5章では、研究を総括し結びとする。

1-5 研究の射程と用語の定義

本稿で用いる用語の定義を図4に示す。本稿の射程は、各々に進行する縮退現象（本稿では鉱山の閉山）に特化した対処法の一端を担うことではなく、

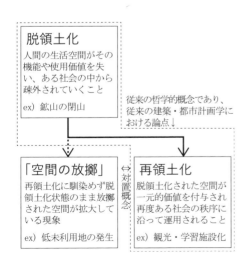

脱領土化
人間の生活空間がその機能や使用価値を失い、ある社会の中から疎外されていくこと
ex）鉱山の閉山

従来の哲学的概念であり、従来の建築・都市計画学における論点↓

「空間の放擲」
再領土化に馴染めず脱領土化状態のまま放擲された空間が拡大している現象
ex）低未利用地の発生

↔対置概念

再領土化
脱領土化された空間が一元的価値を付与され再度ある社会の秩序に沿って運用されること
ex）観光・学習施設化

図4 用語の定義

縮退現象に通底する放擲された空間の原則を捉えることにある。そこで、ドゥルーズとガタリが提唱した「脱領土化/再領土化」の概念を援用し、人間の生活空間がその機能や使用価値を失い、ある社会の中から疎外されていくことを脱領土化とする。その後脱領土化された空間が、一元的価値を付与され、再度ある社会の秩序に沿って運用されることを再領土化とすると、縮退現象を脱領土化、それへの対策を再領土化と捉えることができる。他方、再領土化に馴染めず脱領土化状態のまま放擲された空間も存在することになり、人口減少社会において拡大傾向にあるこの現象を「空間の放擲」と定義し、脱領土化後の再領土化への対置概念として設定する。

2章 鉱山跡地の現在の土地利用にみる「脆さ」を伴うための必要条件

本章では、多数の旧鉱山が集中してみられる秋田県北鹿地域における42の鉱山跡地を対象とし、資料および現地調査から旧鉱山の盛衰と現在の土地利用を把握した。現在の土地利用は【自然地】【荒地】【企業管理地】【跡地利活用地】【多種用途混在地】に分類された。その中で、放擲された状態である【自然地】【荒地】の比較から、「脆さ」を伴うための痕跡の形態の必要条件を考察した。

　【自然地】は、42のうち27の鉱山跡地で確認された。2020年現在、周囲の自然と同化しており、当時の痕跡の形態はほとんど確認されなかった。そのため、当時の記憶や知識をもち合わせていない限り、かつて鉱山であったことを認識することは困難であることが想定される。

　【荒地】は、2つの鉱山跡地において、鉱滓ダムであったことを示す痕跡が確認され、鉱滓ダムの跡地が荒地化していることがわかった。そこには植物が繁茂する様子がみられたが、周囲の自然と同化することなく、往時の人間の生活や生業を示す痕跡であることは認識可能な状態であった。

　以上より、自然と同化しており、かつて人間の生活が営まれていた様子が全く認識できない場合、その空間に「脆さ」が伴うとは考えにくい。つまり、「脆さ」を伴うためには、何かしらの痕跡の形態が残存して

おり、それが人間の生活や生業によるものだと認識可能な必要があると考えられる。

3章 鉱山跡地における放擲された空間の特性および位置付け

本章では、前章の概観では把握しきれなかった3つの大規模鉱山町（尾去沢、小坂、花岡）における多数の痕跡を対象とする。放擲された空間の他に、再利用された施設や、近代化遺産なども、痕跡にあたる。それらをヒアリングおよび資料調査によって収集・抽出し、痕跡リストを作成した。それをもとに、数量化3類による解析手法を用いてマトリクス上に図化することで、あらゆる痕跡の特性を比較可能なかたちで提示した（図5）。図中において同範囲に集中して位置し、かつ痕跡リストから共通した特性が把握された痕跡群を囲った結果、【①歴史展示施設】【②近代化産業遺産】【③山神社】【④消滅した生活の痕跡】【⑤負の歴史を記す痕跡】【⑥半自然化した地面の痕跡】【⑦再領土化された地面の痕跡】【⑧環境産業施設】の8つの特性が示された。とくに、放擲されており、2章の条件から痕跡の形態が消滅していない⑥の痕跡に着目し、痕跡リストおよびヒアリングの追加調査から、その詳細を把握し、その他の痕跡群の示す特性との比較分析を行った。

　その結果、本章で明らかとなった放擲された空間の特性を【A．痕跡の重層性】【B．痕跡の非局在性】【C．産業自然の繁茂】【D．不整合な感覚の喚起】の項目に整理し、それを模式的に表したものを図6に示した。そのうえで、鉱山跡地における放擲された空間の位置付けとして、【E．地域性としての「脆さ」】【F．建築と放擲された空間の相対的な関係】について述べ、それをマトリクス図に表したものを図7に示した。

A．痕跡の重層性

【風化・放擲】の形態をもつ痕跡である【⑥半自然化した地面の痕跡】として、鉱滓ダムや露天掘りの跡地が挙げられた。それらは鉱山時代もしくは鉱山閉山後に脱領土化し、再領土化された後、さらに脱領土化した痕跡であることがわかった。そのため、あらゆる時代の痕跡が上書きされ、重層しており、脱

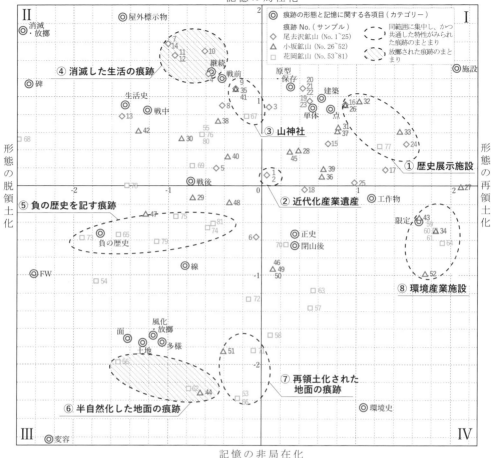

図5 痕跡の特性を位置付けるマトリクス図

領土化/再領土化前後の【変容】を示した【多様】な記憶を有している。

B. 痕跡の非局在性

⑥の痕跡は、A.痕跡の重層性を示すことに加え、【面】的な広がりをもつ【土地】であることから、痕跡の記憶は、曖昧で定まらないものとして存在する。以上のような、痕跡の形態および記憶の非局在性は、本稿では直接的な調査対象としなかった痕跡の要素である「雰囲気」を示していると考えられる。

C. 産業自然の繁茂

⑥の痕跡は、採掘や鉱滓の堆積によって原地形が大きく変形し、土壌汚染が懸念された土地でありながらも、半自然化している様子が確認された。また、これらの人工と自然のせめぎ合う姿に対して、土壌汚染や公害などの【環境史】を示す語りが得られた。それらを踏まえると⑥の痕跡は、IBAエムシャーパークにおいて、印象的かつ批評的な風景として価値が見出されている「産業自然（Industrienature）」と類似するものと考えられる。

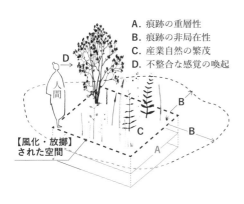

A. 痕跡の重層性
B. 痕跡の非局在性
C. 産業自然の繁茂
D. 不整合な感覚の喚起

D → 人間

【風化・放擲】された空間

図6 放擲された空間の特性

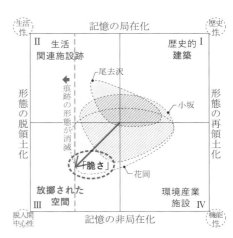

図7 鉱山跡地における放擲された空間の位置付け

D. 不整合な感覚の喚起

⑥の痕跡では、半自然化した現在の形態と痕跡の記憶、もしくは自身の記憶や日常生活を無意識に比較し、その不整合性から、人によりさまざまな感情や意識状態を伴う様子が確認された。これにより、1章で述べた放擲された空間における感覚的な経験を検証することができた。

E.地域性としての「脆さ」

これまで述べてきたAからDの特性が、環境哲学のいう「脆さ」を醸し出していると推測される。「脆さ」とは何かを具体的に明言することはできないが、本稿ではマトリクス図の中で「脆さ」の所在を示すことはある程度可能である。

　「脆さ」の所在は、図3・4の中で「形態の脱領土化」および「記憶の非局在化」の両方を満たす軸上にあり、2章で得た必要条件から痕跡の形態が【消滅・放擲】にまでは至らず、【風化・放擲】の形態に伴うと考察された。この「脆さ」の所在は、これまで地域性が見出されてこなかった花岡地域の痕跡の領域と重なり、花岡は「脆さ」という地域性を担う地域として位置付けられると考えられる。

F.建築と放擲された空間の相対的な関係

マトリクス上において、放擲された空間は第3象限に位置し、第1象限に位置する建築との相対的な関係を示す。これは建築と同様に、放擲された空間が現実に存在することを明示し、今後看過できない存在であることを示唆している。一方上述した特性は、建築等の痕跡が示す歴史性や日常性、機能性とは異なり、人間の意識や意図とは無関係に表出しているものであった。これは、放擲された空間が主体的で自発的な存在であり、脱人間中心的な世界領域に位置していることを示唆する。

　人口減少時代において、近代化に伴う建築概念を解体しなければいけない局面に直面している。そうした時の新たなテーゼとして、放擲された空間が明示された。人新世における建築学の扱う領域は、「建築」やその「保存」もしくは「解体」に留まらず、「放擲」をも含めた広がりを意識する必要があるだろう。

4章　放擲された空間に対する計画学的アプローチ

4-1 放擲された空間における計画的余地

前章で得た放擲された空間の特性および位置付けは、必ずしも人間にとって有意義で快適なものとは限らない。それでも、放擲された空間は、産業自然や、不整合な感覚を受け入れる余地空間であり、まずはその余地状態を認めてかかる必要がある。

しかし不整合な感覚は、環境哲学でいう「脆さ」について内省し、客体世界を意識化する感覚的な経験（以降、「脆さ」の感覚と呼ぶ）にまで至っているとはいえず、人間尺度の領域の中のみでの思考を前提としているため不整合が生じているものと考えられる（図8）。本稿において、感覚を直接的に把握するためのフィールドワーク調査等を行ったとしても、被験者に環境哲学の事前知識でも与えない限り、「脆さ」の感覚を確認することは、困難を極めるだろう。前章で得た不整合な感覚を「脆さ」の感覚へと深化させる部分に計画的余地があると考えられる。

4-2 放擲された空間と人間を接続する「媒体」の計画

環境哲学では、客体世界を表現した作品を重要視する。篠原[2, 3]は、素朴な対象記述だけでは表現し得ないことを、想像力の力で作品化することで、客体世界の雰囲気もしくは「脆さ」の感覚を呼び起こすことが可能であると考えている。

　以上の指摘は、放擲された空間それ自体のもつ「脆さ」や美的な特性を、最大限に尊重したものである。これを踏まえると計画学の射程もまた、人間が放擲された空間を意識化すること、もしくは放擲された空間を前景化させることを促すことにある。換言すると、人の想像力を駆使して、客体（放擲された空間）と主体（人間）を接続する「媒体」を計画することにあるといえる。「媒体」の具体例を挙げると、映画、写真、アート作品の他に、実空間での経験を促すものとして、建築、ランドスケープ、イベント、鑑賞ルートの設定などが考えられるだろう。我々は、「媒体」を通じて放擲された空間へと接続することで、客体世界への自覚を高めることが重要である。

4-3 鉱山跡地における放擲された空間の計画的展望

本稿の対象地である花岡地域は、放擲された空間の特性が顕著にみられた鉱滓ダム跡地（図9）や露天掘り跡地などがあり、現状地域性が見出されていないことからも、計画的余地がある。また花岡地域には、放擲された空間だけでなく、廃棄物最終処分場や環境産業施設などの脱領土的な運動性を押さえつけ、人間による制御を危うげに継続する痕跡も

存在する。たとえば、それらの痕跡の差異を比較可能なルートを整備すること（図10）や、植物の浄化作用を用いた汚染土壌の修復且つ視覚化すること（図11）によって、「脆さ」を顕在化させる方策等が考えられる。

5章　結語

本稿は、往時の人間の生活や生業を示すさまざまな痕跡を収集・抽出し、数量化3類を用いてマトリクス上に図化することで、あらゆる痕跡の特質を比較可能なかたちで提示した。とくに、第1象限にある「建築」の対極に、「放擲された空間」が位置することこそ、本論文の真髄である。それは、一般に社会的意義が見出されず、研究対象としても見過ごされてきた「放擲された空間」の存在を明証する結果となった。これを受け建築学の扱う領域は、「建築」やその「保存」もしくは「解体」に留まらず、「放擲」をも含めた建築概念の広がりを意識する必要性が示唆された。

5-1 今後の進行が予想される「空間の放擲」への対応

「集落のしまい方」の議論をはじめとして、「空間の放擲」を積極的に計画的に進めていこうとする議論は、これまでにも散見された。しかし、その具体的な実践まで至っていないのは、実践以前のその根底にある倫理性や哲学が欠落していたためであると考えられる。本稿で述べた客体世界を含む思考領域を前提とすることによって、具体的な実践は各々の縮退現象や地域ごとに見合った方策を提案していくことも可能になるだろう。

　本稿は現存する放擲された空間について論じたが、その実像や通底する哲学を鑑みると、「空間の放擲」は、必ずしも「悪化」や「荒廃」を意味しない。「空間の放擲」に対して過剰反応する必要はなく、「空間の放擲」は自然や事物が人間から自立して存在し始める機会であり、それを人間が気付き始める機会である。そのように捉えることで初めて、「空間の放擲」を食い止める対策や積極的に進行させる施策よりもまず、現存する放擲された空間に関するさまざまな方向性が拓かれるはずである。

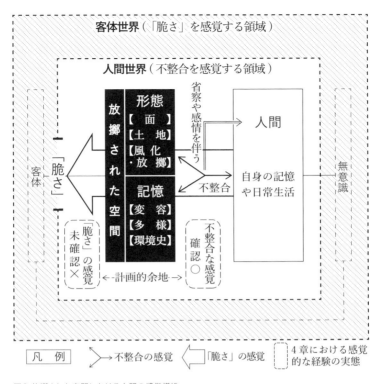

図8 放擲された空間における人間の感覚構造

図9 放擲された空間（産業自然が繁茂する鉱滓ダム）：花岡事件に関連する中国人寮と死体をかき消すように鉱滓ダムがつくられ、現在は鉱石のカスが積み重なり汚染された大地に植物が繁茂する。

[註]

*1 本稿でいう「放擲」は、人間の空間的領域から疎外・開放された現象という意味を孕むものであり、人間の意思をもって行われる行為としての「放棄」とは区別して用いる。

*2 大気化学者であるパウル・クルッツェンは人類による二酸化炭素の排出や原子力の開発によって、地球上の地層に人類の痕跡が刻み込まれ、もはや自然の治癒力によっては消し得ない状態になっている時代区分のことを、完新世に替わる「人新世」として提言した。

*3 参考文献(1-3)を参照。

[参考文献]

(1)ティモシー・モートン『自然なきエコロジー──来たるべき環境哲学に向けて』以文社、2018年

(2)篠原雅武『複数性のエコロジー』以文社、2016年

(3)篠原雅武『「人間以後」の哲学──人新世を生きる』講談社、2020年

(4)斎藤實則『鉱山と鉱山集落──秋田県の鉱山と集落の栄枯盛衰』大明堂、1980年

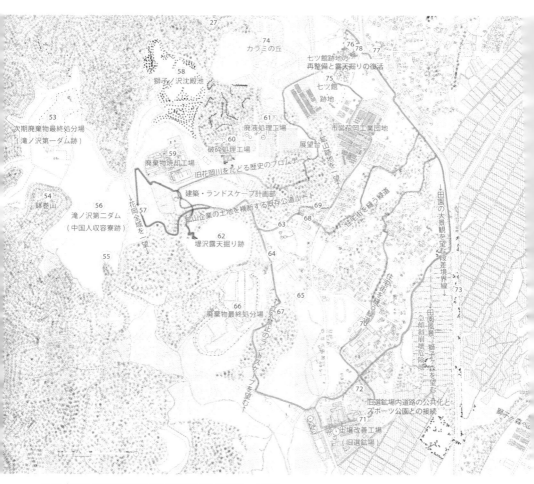

図10 実践編 花岡鉱山跡地における痕跡とそれを巡るルート計画

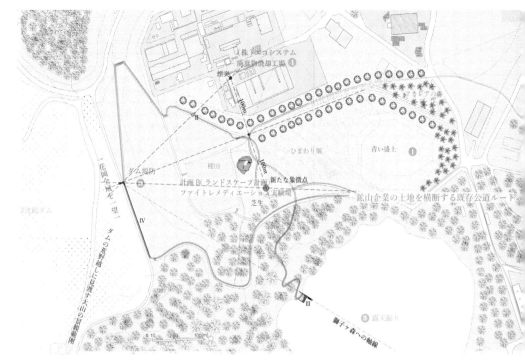

図11 実践編 ランドスケープパークの設計:植物の浄化作用により100年かけて汚染土壌の修復および視覚化を行う。

出展者コメント ── トウキョウ建築コレクションを終えて

Q このテーマを選んだ理由

私の祖父は、花岡鉱山における中国人の強制労働や虐待（花岡事件）の歴史を長年にわたり研究し、継承活動を行っています。きっかけは、そんな花岡鉱山跡地の現在の姿を目の当たりにしたことでした（図1、9）。不気味でありながら、美的で批評的な何かを感じました。

Q 修士論文を通して得たこと

環境哲学の分野には感銘を受けました。建築学との親和性も高いように感じました。

Q 論文を通じて社会に向けて発信したいメッセージ

まずは各々が、身近な放擲された空間を見つけ、それを少し気にかけるだけでいいのかなと思います。もしくは、一度花岡鉱山跡地を訪れてくれたら嬉しいです。よかったら案内します。

Q 修士修了後の進路と10年後の展望

東北で建築設計の仕事をしています。仕事以外では、花岡事件の慰霊祭などに携わりながら、本研究をどう伝えていくか、実践していくかを模索していく所存です。仕事では建築を、プライベートでは放擲を、本稿で得た対極関係をより深堀りしていきます。

再生砕石を用いた乾式コンクリートの研究

岩見遙果
Iwami Haruka

慶應義塾大学大学院
政策・メディア研究科　政策・メディア専攻
松川昌平研究室

Presentation

1章　序

1-1 研究背景

1-1-1 コンクリートの生成と分解の速度

初めに化学式から見たコンクリートの循環を示す（図1）。図中の一番外側の円が自然の大循環を表し、中心に近づくほど人為的な化学反応により自然にある状態から離れることを意味する。

　コンクリートの主な原料は石灰石（図1-1）という石である。石灰石をはじめとする自然石は、堆積（図1-B）と風化（図1-A）を繰り返しながら地球上を地質学的な時間のスケールで循環し続けている。一方で、人工石であるコンクリート（図1-4）は化学反応（図1-C、D）により短期間で凝結し、自然の循環に戻るまでに長い間地球上に残り続けてしまう（図1-F）。コンクリートは解体されると、破砕（図1-E）されアスファルト道路の下に敷かれる砕石になる。これを再生砕石（図1-5）と呼ぶ。それ以外の用途はほとんどなく、再生砕石は都市部を中心に滞留し始めている[1]。つまり、図1に黄色でハイライトしたように、コンクリートの生成と分解の速度には大きなギャップがあると考える。

1-1-2 鉄筋コンクリートはなぜ解体しにくいのか

鉄筋コンクリートにおいて引張材と圧縮材は不可逆な化学反応により接合される（図2）。湿式による不可逆な化学反応が鉄筋コンクリートを解体しにくくする要因であると考えた。そこで、引張材と圧縮材を乾式で接合しようと考えた。これが本研究で提案する「乾式コンクリート」である。鉄筋コンクリートにおける鉄筋を造形の自由度が高い針金に、コンクリートを石に置き換え、解体・再構築可能な乾式コンクリートをつくりたいと考えた。

1-1-3 身近な材料としての再生砕石

近年、世界的に自然界に存在する石や砂の入手が難しくなり始めている。日本では、河川、海、山での砂や石の採取が、河川法、海岸法、自然公園法でそれぞれ禁止されている。その一因に、コンクリートの使用量増加に伴う石や砂の過剰採取がある[2]。一方で、それらからつくられたコンクリート廃棄物は滞留し始めている。それは裏を返せば、再生砕石がどこでも手に入る身近な材料になりつつあるということである。現在、再生砕石は全国の産業廃棄物処理施設で安く入手できる。この身近な材料を用いて誰でも容易に形をつくったり壊したりできる方法を模索したいと考えた。それにより再生砕石を起点とした小さな循環（図1）をつくることを試みる。

1-2 先行事例

1-2-1 蛇籠

蛇籠とは、針金を編んだ籠の内部に石材等を詰め込んだもので、河川工事などの土木資材として用いられる[3]。現在は主に亜鉛メッキ鉄線と石材を材料としてつくられる。複数の編み方があるが、いずれの場合も針金を切断してから編むため、材料を再利用できない。また、針金同士の交点を溶接してつくられるものが多く解体が難しい。形は円筒形と角形に加えて、断面が三角形やかまぼこ形のものがあるが、バリエーションは限られている[4]。

1-2-2 Rock Print Pavilion
(ETH Zürich/2018)

より糸と砕石を用いて、解体・再構築可能な構造物をつくるプロジェクトである[5,6]。より糸と砕石を絡ませて摩擦力を大きくし、乾式で一体の形を構築する。その際、引張材のより糸は、ロボットアームを用いて配置する。より糸を一方向に引くと容易に解体でき、材料を再利用できる。急な角度の変化を表現することは難しいが、さまざまな形を設計できる。

1-2-3 Slip Form Rock Jamming
(Self-Assembly-Lab/2017)

ヤシの実の繊維と砕石を用いて、低コストで簡単に構造物をつくる工法を開発するプロジェクトである[7]。型枠に繊維と砕石を交互に入れて互いを絡ませ、一体の形を構築する。乾式であるが、砕石と繊維同士が絡まり、容易に解体できない。また、つくれる形は型枠に依存するが、角張った形も型枠に忠実に構築できる。

1-3 位置づけ

図3に示すように、先行事例と本研究を(A)-(E)の5つの問題意識から考察した。(A)(B)は鉄筋コンクリートのように自由な造形が可能か、(C)(D)(E)はそれぞれ入手が容易な技術を用いて構築、解体、再構築が可能かどうかを意味する。

1-4 目的

本研究の目的は、入手が容易な技術を用いて、解体・再構築可能な乾式コンクリートをつくることである。

2章　研究手法

2-1 手法概要

本研究では、針金を編んで籠をつくり、その中に再生砕石(以下、石)を詰める方法で自由な形の構築と解体を試みる。手法は図4のように情報環境での設計と実環境での製作に大別される。情報環境では、RhinocerosをPythonで拡張し、任意の立体に合わせて編目を自動生成するプログラムを開発した[9]。実環境では、情報環境で算出した編目の寸法と数に合わせて針金を編んで籠をつくる。その中に石を詰め、情報環境で設計した形を実環境で製作する。

2-2 針金の編み方

本節では、実環境と情報環境に共通する針金の編み方について解説する。

2-2-1 布構造の分類

針金を編んで籠をつくるために、糸や紐から面をつくる方法である布の構造に着目した[8]。布の構造は、「編み」「もじり」「交差」の3つに大別される。

〈布の構造〉

編み:糸や紐が絡み合い、平面や立体をつくる技法

もじり:1本または数本の要素を逆方向からの2本で挟み止める技法

交差:一組の要素を上げ下げして、逆方向の要素を交差する技法

　本節では、3つの視点から布構造を分析する。以下、(1)-(3)の「布構造を分析する視点」は、「1-3 位置づけ」において述べた(A)-(E)の問題意識に基づいている。

〈布構造を分析する視点〉

(1)1本で編める編み方がある

(2)要素の先端がループをくぐらずに編める編み方がある

(3)編目が伸縮しない編み方がある

　なお、以下の説明では「糸や紐」を「要素」、「1本の要素からなる輪形の編目」を「ループ」と表現する。分析の結果、(1)-(3)すべての項目を満たす布構造はなかった(図5)。そこで本研究では、(1)と(2)を満たすインターループィングを参考に(3)の編目が伸縮しない編み方を模索することにした。

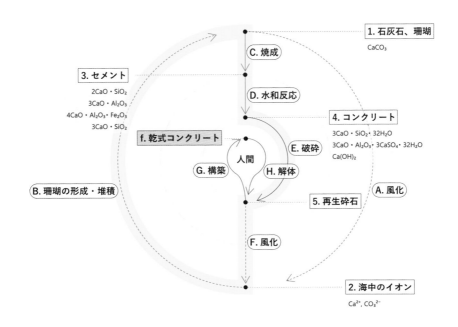

図1 化学式から見たコンクリートの循環

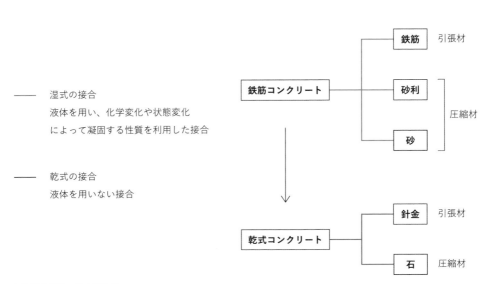

図2 接合関係のダイアグラム

自由な造形が可能		1.2.1	1.2.2	1.2.3	本研究
自由な造形が可能	(A) 自由な形の設計が可能	△	○	△	△
	(B) 設計した形を精度よく作れる	○	△	○	△
構築	(C) 入手が容易な技術で構築可能	○	×	○	○
解体	(D) 入手が容易な技術で解体可能	○	○	×	○
再構築	(E) 材料の再利用が可能	×	○	×	○

図3 本研究の位置づけ

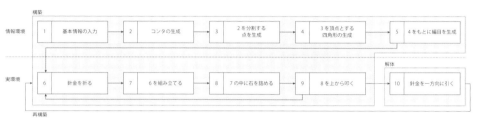

図4 手法概要

布構造	編み			もじり			交差	
	リンキング	ルーピング	インタールーピング	緯もじり	経もじり	斜めもじり	斜め交差	たて・よこ交差
(1)	○	○	○	×	×	×	×	×
(2)	×	×	○	○	○	○	×	×
(3)	×	×	×	×	×	×	○	○

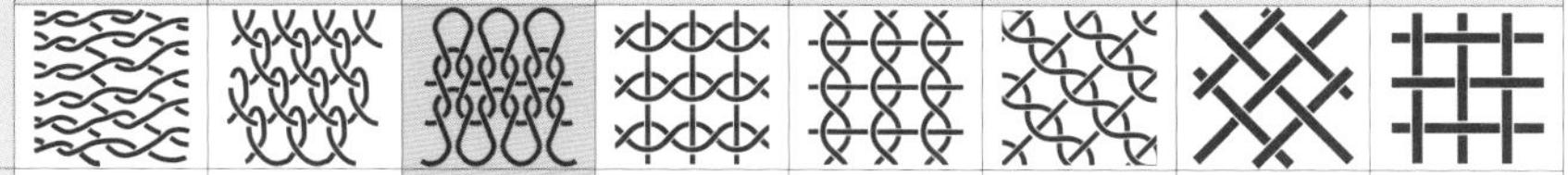

図5 布構造の分析マトリクス

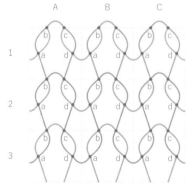

図6 メリヤス編み

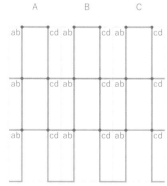

図7 直線編み

2-2-2 メリヤス編み

メリヤス編み（図6）とは、インタールーピングのなかでもっとも基本的な編み方である。1本の要素で平面や立体をつくることができ、要素を一方向に引けば容易にほどける。本研究におけるメリヤス編みの問題点は、編み目の伸縮である。型枠である籠が伸縮すると石を入れた際に意図した形をつくれない。伸縮の原因は以下の2点である。

（1）編目のプロポーションの変化

（2）編目同士の交点のずれ

2-2-3 直線編み

本節では、「直線編み」（図7）という新しい編み方を提案する。直線編みは、メリヤス編みにおける編目同士の交点（図6の黒丸）を最短距離で結び、伸縮を防ぐ編み方である。直線編みのトポロジーはメリヤス編みと同じである。また、前節で提示した伸縮の原因を以下のように解決した。

（1）編目のプロポーションの変化→交点を最短距離で結ぶため変化しにくい

（2）編目同士の交点のずれ→交点が1点に決まる

2-3 構築・解体の手順

以下、解体と構築の具体的な手順を図4の番号の順に解説する。

1. 任意の立体（以下、brep）、編み始めの始点（以下、start_pt）、編み目の寸法を基本情報として入力する。編み目の寸法には、1つの編目の高さ（以下、h）と幅（以下、w）がある。

2. brepに沿って、start_pt を始点とし、hの間隔でコンタを生成する。

3. 2で生成したコンタ上に、wの間隔で点を生成する。

4. 3で生成した点を頂点とする四角形を生成し、brepの表面を四角形で充填する。

5. 4で生成した四角形をもとに編目を生成する。

6. 情報環境で算出した編目の各辺の長さに合わせて針金を折る。

7. 6を組み立て、針金の籠をつくる。

8. 籠の中に石を詰める。

9. 石同士の隙間をなくすために、上から叩く。6-9を繰り返し、構築物の形をつくる。

10. 針金を一方向に引き、構築物を解体する。針金

と石は加工されないため、再利用できる。

2-4 形の制約

本研究の手法では、以下2種類のつくれない形がある。

（1）情報環境で編目を生成できない形

（2）実環境で製作できない形

　（1）は編目が途中で分岐する形である。針金を複数本使う必要があり、編むルールが複雑になるため、本研究ではこのような形をつくらない前提でプログラムを書いた。また、編み始めの始点が複数ある形も同様の理由で編目を生成できない。（2）は鉢植えのような形である。編目を生成することはできるが、編みながら籠の中に石を詰めることができない。

3章　実験

3-1 実験内容

3-1-1 実験手順

実験では、構築と解体の一連（図4）を同じ材料を再利用して繰り返し、5つの形（図8）を制作した。

3-1-2 使用材料

使用材料は、3号の再生砕石とステンレス針金である。3号とは砕石の規格で径30-40mmを指す。針金は手で折ることのできる0.7mmの太さを使用した。

3-1-3 使用道具

使用した道具は、ラジオペンチとロープ留め金具である。前者は針金を折るために使用する。後者は、籠と地面を緊結させるために使用する。

3-1-4 実験目的と検証項目

実験目的は、1章で述べた問題意識のうち、実環境に関係する（B）-（E）の4項目を検証することである。以下に5つの検証項目を示す。検証項目（1）-（4）は、問題意識（B）-（E）に対応する。これに加え、（5）において構築物が実用程度の荷重に耐えられるのかを検証する。

〈検証項目〉

（1）設計した形を精度よく製作することが可能

（2）入手が容易な技術で構築可能

（3）入手が容易な技術で解体可能

（4）材料が再利用可能

（5）実用程度の荷重に耐えることが可能

（1）（5）は、構築物それぞれについて誤差を測り、実際に使用することで検証する。（2）-（4）は、解体・再構築を繰り返す実験全体を通して検証する。

3-2 実験結果

3-2-1 全体の結果

入手が容易な技術を用いて解体と再構築を繰り返せることを確認した。しかし、解体・再構築の回数を重ねるごとに針金を折った跡が残り、次第に折りにくくなった。

3-2-2 個別の結果

椅子（図9、10）や階段のような角張った形はとくに誤差が大きく、人1人分の荷重をかけた際に中の石が動いた。ハイテーブルや塔（図11、12）のような細長い形は、誤差が少ないものの湾曲がみられた。20kgの荷重をかけると、籠の中の石が動いて重心がずれ、転倒した。球体は、誤差が少ないものの地面に近い部分ほど形が膨張した。しかし、人1人分の荷重をかけても、構築物は動かず安定していた。

4章　考察

1章で述べた5つの問題意識を（A）（B）の構築物の形に関する項目と（C）-（E）の解体・再構築の方法に関する項目に分けて考察する。

4-1 構築物の形に関する考察

（A）（B）に関して、「2-4 形の制約」で述べたように設計・製作ができない形がある。また、「3-2 実験結果」より、構築物の形の誤差と石が動く問題が明らかになった。以下、石を乾式で接合して形をつくる2つのモデルを提示し、構築物の形に関する改善策を述べる。

4-1-1 石を集めて形をつくる2つのモデル

袋状のものの中に石を詰め、内部圧力と外側の面の張力によって形をつくる方法がある。これを本研究では「内部圧力モデル」と呼ぶ。水風船は中身が水だが、このモデルに該当する。

　石同士の摩擦力を大きくし、群として形をつくる方法がある。これを本研究では「摩擦力モデル」と呼ぶ。このモデルには石積みや、先行事例であるRock Print Pavilionなどが該当する。

4-1-2 本研究の位置づけと問題点の分析

図13は、縦軸が内部圧力の大きさ、横軸が摩擦力の大きさをそれぞれ示している。本研究の構築物は、結果的に2つのモデルの中間である図中の第2象限に位置づけられる。実験から明らかになった誤差は、図中Aの内部圧力が大きい状態の自重を計算できていないことが原因だと考えられる。また、本研究で目指した形が2つのモデルの中間であったため、石の摩擦力が内部圧力を大きくするのを妨げたと考える。石の動きは、内部圧力が小さいことによって引き起こされる。したがって、前述の2つの力の干渉が影響すると考えられる。

4-1-3 改善策

本節では、図13の各象限ごとに改善策を提案する。

・自重変形の予測：A

内部圧力が高い状態の自重を予測できれば、それに合わせて形を設計したり、編み方を変えることが可能だと考える。

・幅止め筋：A

鉄筋コンクリートでは鉄筋同士の距離を一定に保つために、幅止め筋が使われる。本研究においても、型枠としての籠と、籠の変形を防ぐ幅止め筋の両方の役割を担うような三次元的な編み方への展開可能性があると考える。

・叩き方の工夫：B

内部圧力を大きくするために、籠の中に石を詰めた後の叩き方に工夫の余地があると考える。先行事例のRock Print Pavilionのように、適切な叩きの強さや回数を実験により導き出し、改善できる可能性があると考える。

・石の粒度を調整する：C、D

石の粒度を細かくすることで摩擦力を小さくし、石の量を調節することで、柔らかさの設計ができると考える。また、石の粒度をばらつかせて摩擦力を大きくし、石が動くのを防ぐ可能性がある。

4-2 解体・再構築の方法に関する考察

3章を通して、入手が容易な技術を用いて、乾式コンクリートを解体・再構築できた。一方で（C）に関して、実環境では針金を折る作業に時間がかかる。情報環境では、第三者が編目を自動生成でき

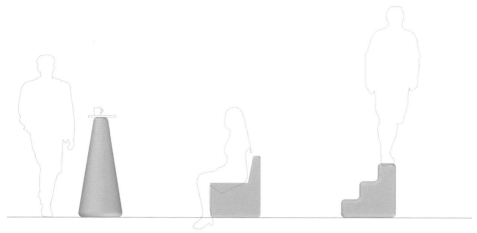

図8 実験の様子（左から、ハイテーブル、椅子、階段、球体、塔）

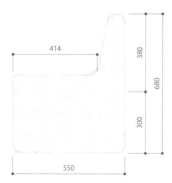

図9 椅子（情報環境）

図10 椅子（実環境）

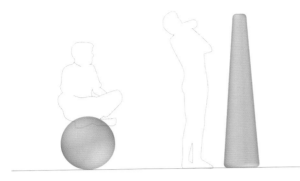

図11 塔(情報環境)

図12 塔(実環境)

るUIの実装に至らなかった。どちらも今後の課題である。また、(E)に関して針金が折りにくくなる問題があった。針金は繰り返し曲げると塑性変形や脆性破壊を起こす。一方で、紐やワイヤーは変形に強い引張材であるが、針金のように意図した形がつくれない欠点がある。構築物の用途に応じて引張材を選択する必要があると考える。

5章　終章
5-1 結論
乾式コンクリートを解体・再構築することはできたが、構築物の形の自由度に課題が残った。

5-2 課題
(1)1本の針金で分岐する形の設計が可能な編み方を模索する。
(2)4章で述べた改善策を試し、形の精度を上げる。
(3)編目の自動生成プログラムのUIを実装する。
(4)実環境での製作方法を簡易化する。

5-3 今後の展望
構築物の用途を定め、それに応じて(1)引張材の編み方、(2)引張材の種類、(3)圧縮材の粒度の3つの変数を組み合わせ、再生砕石の用途を広げることが今後の展望である。

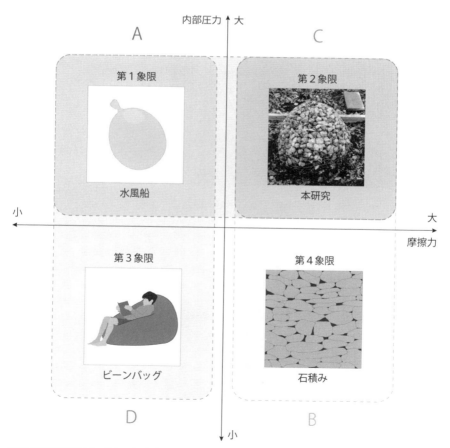

図13 石を乾式で接合して形をつくる方法

[参考文献]
(1) 東京都都市整備局「東京都建設リサイクル推進計画」pp.17-22 <https://www.toshiseibi.metro.tokyo.lg.jp/seisaku/recy/recy_00.pdf> 2021年2月16日閲覧
(2) 石弘之『砂戦争』株式会社KADOKAWA、2020年
(3) 日本じゃかご協会「じゃかごの起源と歴史」<https://jakago.jp/history.html> 2021年2月16日閲覧
(4) 日本じゃかご協会『じゃかご工法の手引きと解説』日本じゃかご協会、2001年
(5) Gramazio Kohler Research, ETH Zurich, Switzland <https://gramaziokohler.arch.ethz.ch/web/e/forschung/275.html> 2021年2月16日閲覧
(6) Petrus Aejmelaeus-Lindström, Jan Willmann, Skylar Tibbits, Fabio Gramazio, Matthias Kohler, *Jammed architectural structures: Towards large-scale reversible construction*, MIT Open Access Articles, Massachusetts Institute of Technology, 2016
(7) Self-Assembly Lab, MIT+Google, *Slip-Form Rock Jamming*, <https://selfassemblylab.mit.edu/slip-form-rock-jamming> 2021年2月16日閲覧
(8) 小林桂子『糸から布へ──編む・もじる・組む・交差する・織る技法』日貿出版社、2013年
編目生成の大まかな流れは、以下を参考にした。
(9) noiz architects, *Algorithm Knitting Project*, <https://noizarchitects.com/archives/works/algorithmic-knitting-project> 2021年2月16日閲覧

出展者コメント ── トウキョウ建築コレクションを終えて

Q このテーマを選んだ理由

身のまわりのものがどのようにつくられ、使い終わった後どこへ行くのかに興味をもち、卒業制作や学部の課題に取り組んできました。コンクリートもそのうちの1つです。ものの動きを追い、それをどのように動かすのか。それを修士でも考えたくてこのテーマを選びました。

Q 修士論文を通して得たこと

自分の取り組みを一貫したストーリーにまとめることの難しさと面白さを痛感しました。論文を書き始めた頃は、書きたいことが遠のいていくような感覚がありました。それを少しずつ練って語り方を変えたり、それによって予想外の考察が立ち現れたりすることが難しくも面白かったです。

Q 論文を通じて社会に向けて発信したいメッセージ

鉄筋コンクリートにおける鉄と石の接合方法は決まりきったものとして周知されていますが、鉄筋コンクリートが誕生した19世紀末と現在では、建築物に求められる性能も人間を取り巻く環境も大きく変化しています。それに応じて材料同士の接合方法を考え直す契機になればと考えています。

Q 修士修了後の進路と10年後の展望

文字を扱うグラフィックデザインの勉強をする予定です。建築家の仕事はもの同士の接合関係を編集するような側面がありますが、文字もまたそれを解読する主体とものの間に入り、人やものを動かす力をもつと考えます。大学とは違う角度からものの動きについて考えてみたいです。

回転脱着式接合部を用いたレシプロカル・フレームの施工性に関する研究

仮設構造物「木雲」を事例として

齋藤拓海
Saito Takumi

九州大学大学院
人間環境学府　空間システム専攻
末廣香織研究室

Presentation

1章　はじめに

1-1 背景と目的

レシプロカル・フレーム(Reciprocal Frame[*1]、以下RFとする)とは線形部材の相互依存により成立する構造システムである(図1)。部材を交互に重なるように配置していくことで、短小部材で空間を覆うことができ、簡易的なものは古くから屋根架構などに利用されてきた。しかし、三次元で構成される梁の角度や組み方を数値化しにくく、施工が困難で誤差が生じやすいため、現代の構造として用いられることはきわめて少ない。

　近年、持続可能な建築形態への関心の高まりから、他の建築構法では使用されることの少ない広葉樹や低品質の針葉樹などの短小部材の組み合わせでスパンを得ることができるRFは再び建築構法として注目されている。また、コンピュテーショナルデザイン[*2]やデジタルファブリケーション[*3]等の発展により、複雑な設計と部材の加工を一貫して正確に行うことを要するRFのような架構の実現が可能になりつつある。

　しかし、RFを構造として用いるための具体的な接合方法、施工方法についてはいまだ確立されていない。これらを明らかにしていくことは、RFを現代の構造として用いるために不可欠である。本稿では、既往研究と先行事例より、RFの特性と課題を整理した後に、RFの最大の課題とされる施工性を改善するた

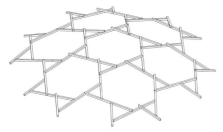

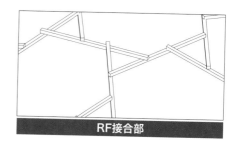

RF接合部

図1 RF概要、RF接合部概要

めの回転脱着式接合部を用いたRF接合システムを提案する。筆者らが製作した仮設構造物「木雲（図2、以下、本架構とする）を挙げ、回転脱着式接合部で成立するRFの施工性および、それによって想定される形状の変化について検証し、回転脱着式接合部を用いたRFの新たな接合システムの課題を明らかにすることを目的とする。

1-2 既往研究

RF構造物の研究として、熊谷[3]の研究が挙げられる。この研究では、紐によって簡易的に接合されたRFの端部に2次的な応力を導入することにより、架構形状を安定させる手法について述べている。しかし、この手法では施工時に一度に大きな応力が必要となり、またその導入の方法が明らかになっていないため、接点がずれることによる大きな誤差が生まれやすい。

2章　調査研究：RFの性質と課題
2-1 RFの構造的性質

RFは、1つの接点に部材が集中することなく、部材同士が互いに支持し合う構造形式である。構造を安定して成立させるためには、接する部材間において重力方向の荷重による圧縮力、部材軸方向の圧縮力を効率的に伝達する必要があり、またそのために接点のずれを防ぐことが重要である。

2-2 RFの幾何学的性質

RFの組み方は幾何学的なグリッドから導くことができる。同種の多角形グリッドのみで平面的に展開していくパターンは3種であり（図3）、それぞれ性質が異なるが、このうち三角形グリッドによって構成されるRFがもっとも剛性が高く、効率的に面積を覆うことが知られている。本稿では三角形グリットをもとにしたRFを対象として、接合システムの検討を行う。

2-3 RF接合システムの課題

RFが一般化に至らない理由として接合方法と施工

| 三角形グリッド | 四角形グリッド | 六角形グリッド |

図3 RFを構成する幾何学パターン

図2 仮設構造物「木雲」

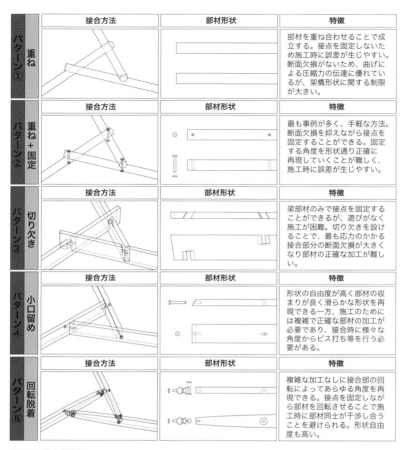

	接合方法	部材形状	特徴
パターン① 重ね			部材を重ね合わせることで成立する。接点を固定しないため施工時に誤差が生じやすい。断面欠損がないため、曲げによる圧縮力の伝達に優れているが、架構形状に関する制限が大きい。
パターン② 重ね+固定			最も事例が多く、手軽な方法。断面欠損を抑えながら接点を固定することができる。固定する角度を形状通り正確に再現していくことが難しく、施工時に誤差が生じやすい。
パターン③ 切り欠き			梁部材のみで接点を固定することができるが、遊びが少なく施工が困難。切り欠きを設けることで、最も応力のかかる接合部分の断面欠損が大きくなり部材の正確な加工が難しい。
パターン④ 小口留め			形状の自由度が高く部材の収まりが良く滑らかな形状を再現できる一方、施工のためには複雑で正確な部材の加工が必要であり、接合時に様々な角度からビス打ち等を行う必要がある。
パターン⑤ 回転脱着			複雑な加工なしに接合部の回転によってあらゆる角度を再現できる。接点を固定しながら部材を回転させることで施工時に部材同士が干渉し合うことを避けられる。形状自由度も高い。

図4 RF接合部分類

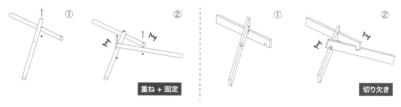

図5 従来型RFの施工例

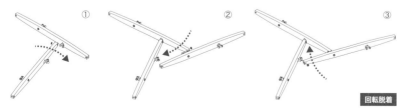

図6 回転脱着式接合部を用いたRFの施工

方法が確立されていないことが挙げられる。事例調査により既存のRF接合方法は大きく4パターンに分類することができた（図4パターン①②③④）。これらは構造、施工、架構形状の面から評価することができるが、それぞれにメリットとデメリットが存在し、すべてを両立する例はみられない。広く一般に利用可能な接合システムを開発することは、RFデザインの発展に不可欠である。

RF接合部を新たに検討するにあたって以下の点を両立する必要がある。①部材同士の接点がずれないようにする。②部材軸方向の力を効率的に伝達する。③部材の断面欠損を極力小さくする。④ユニット形成時に部材が重なり合わないようにする。

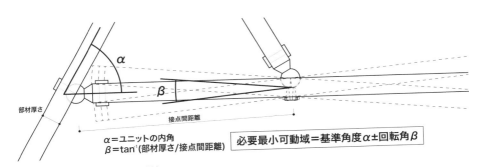

$$\alpha = ユニットの内角$$
$$\beta = \tan^{-1}(部材厚さ/接点間距離)$$

必要最小可動域＝基準角度α±回転角β

図7 回転脱着式接合部の必要最小可動域

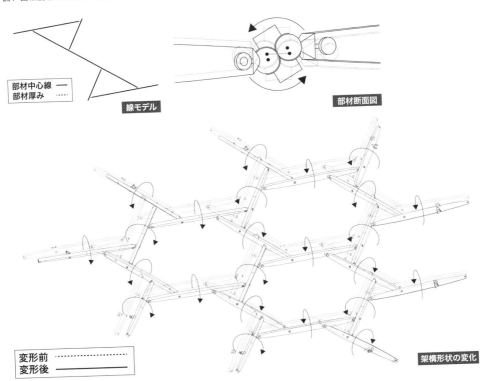

図8 部材回転による変形

3章　手法：回転脱着式接合部

3-1 回転脱着による接合

本稿では、RFの構造特性を活かしながら施工を簡易化する方法として、回転脱着式接合部を用いる手法について提案する（図4パターン⑤）。

　一般にRFの施工時には梁部材が重なり合うため、組み上げていくにつれ部材同士が干渉し合い、施工が困難となるが（図5）、部材を接点で固定しながら回転可能にすることで部材間の角度に「遊び」が生まれ、複数部材が同時に動き、施工時に部材同士が干渉し合うことを回避できる（図6）。

　また接合部分の形状を球とすることで部材に対する断面欠損を最小限に抑えることができ、接合部を部材で挟み込むように中心部に設けることができるので、部材の上下の関係が取り除かれ、曲率が変化する自由な形態を同様の接合部で実現することができる。接合部の必要最小可動域は図7に示す通りである。接合部の中心を部材の中心線から厚みの分だけ離した位置に配置することで最大限の可動域を確保できる。

3-2 部材の回転と形状変化

部材が回転することは施工上の問題点の多くを解決すると考えられる一方、回転の中心と部材中心線が一致しないことで、荷重とともに部材自体が部材軸方向に回転して接点同士の位置関係が変化し、架構形状が変化することが考えられる（図8）。またその程度は部材の厚さや曲がり具合により変化する。一般にRFは施工中において常に不安定なので、実現に向けてはこれらが架構形状と施工性へ与える影響について検証する必要がある。

3-3 先行事例との比較と位置付け

RFに関する先行事例には、接合部が回転する接合部を用いた事例はみられない。また脱着可能である点についても革新的であり、この新たなRF接合システムの実用性について検証することは、RFを主構造とした新たな建築デザインの可能性を見出すために有意義である。またこの方法はRFの構造特性を最大限活かしながら施工性と形状自由度を同時に改善できる可能性を秘めており、実現化の過程でこれらのディテールや問題点を把握することは、RF

を用いた建築デザインの発展に寄与する。

4章　設計：「木雲」について

4-1 架構概要

筆者らは手法の実現化の過程でのディテール検討や問題点の把握のため、回転脱着式接合部を用いた木造仮設RF構造物「木雲」を設計した（図9）。本架構はCNCルーター[4]と3Dプリンター[5]によって加工した杉無垢材の梁部材とPLA[6]製の接合部を用い、架構全体がすべて同一の接合システムによって構成されている。

　本提案の特徴である架構の構造的両面性を再現し検証するため、RFの基本形状の1つであるDa Vinci Dome[7]を組み合わせ、従来のRFで実現例の少ない正負の曲率変化を伴う形状を再現した。また外力による影響を避けるため架構底部はローラー接合とした。

4-2 梁部材

本架構は長さ900-1,100mm、厚さ30mm、幅30-55mmのすべて異なるアーチ形状の116本の梁部材によって構成される。材料は杉の無垢材の両面をCNCルーターで切削することで制作した。両端と中央部に接合部との接合のための計4カ所の仕口を施し、部材の表面には施工時の部材管理のための記号を記した（図10）。

4-3 接合部

接合部分には3Dプリンターによって制作したPLA製の回転脱着式接合部を用いた。本接合部は球形の先端部、その受手部と固定用のキャップで構成される。本架構のRF三角形ユニットの施工に最適な角度と引き抜きへの抵抗力を考慮し、受手部分を部材から60°傾け、そこから上下左右に30°まで回転できるように設計した。また、施工時に部材が回転することで受手の縁部分に応力が集中し、破壊が起きるおそれがあるため、部分的に厚みを増す補強を施した。なお、各寸法は杉とPLAの構造性能を考慮し、可動性を保ちながらも杉と同等の強度を発揮するように設計した（図11）。

4-4 連結部

接合部と梁部材の接合部は、それぞれにCNCの

3軸加工に対応した仕口を設け、ネジとキャップによる固定を行うことで金物や特殊な工具を用いることなく組み立て・解体が容易に行えるよう設計した（図12）。

5章　実践：試行建設

5-1 試行建設概要

設計した本架構の検証と問題点の把握を目的として、1/1スケールでの試行建設を行った。現場建方は作業員7名程度を動員して行った。建設は特殊な

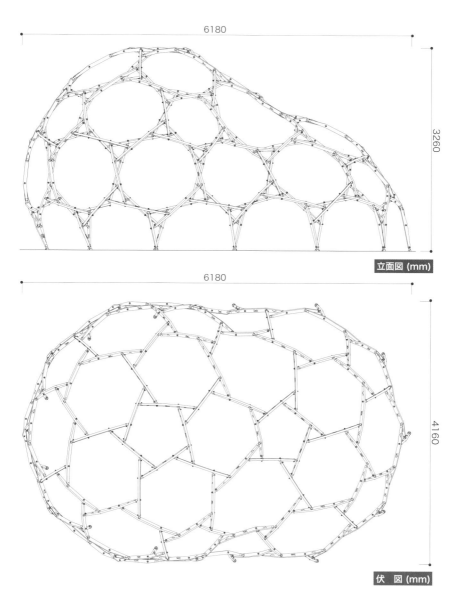

6180

3260

立面図 (mm)

6180

4160

伏　図 (mm)

図9 架構概要（S=1:60）

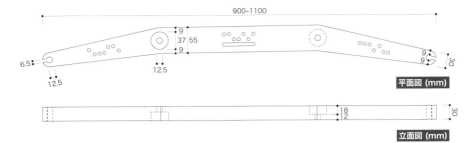

図10 梁部材概要（S=1:8）

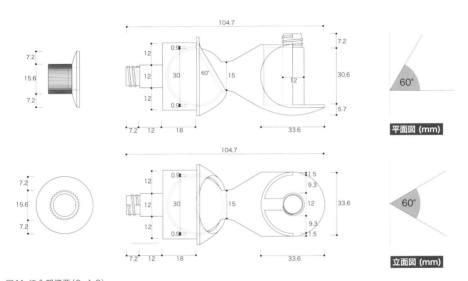

図11 接合部概要（S=1:2）

工具や機材を用いることなくすべて人力で行った。手順について図13に示す。

5-2 結果・考察

試行建設においては図13に示したように底部を固定せずに架構上部から横材（図13①③⑤⑦）と縦材（図13②④⑥⑧）に分けて交互に行った。端部が縦材になる際に自重によるスラスト（外側に広がる力）で形状が大きく開いたが、その後横材をつないでいくことで順次変形を修正することができた。この際、想定された通り、部材が回転することで部材間にねじれが発生し、周辺の部材を一部持ち上げるなど角度を微調整しながら組み立てる必要があったが、全体として人力を超えた応力を加えることなく、大きな破壊もなく、円滑に組み立てていくことができた。

また本架構の最終形状について検証するため、レーザースキャナーによる3Dスキャンを行い、設計形状との比較を行った。設計形状と各部材の角度がそれぞれ等しい場合に形状が一致するので、変位を調べるために、設計形状の部材間角度を基準とした

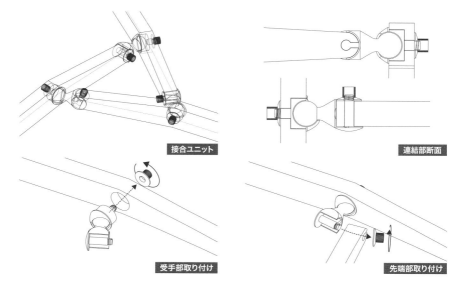

| 接合ユニット | 連結部断面 |

| 受手部取り付け | 先端部取り付け |

図12 連結部概要

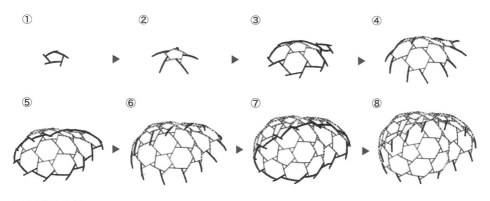

① ② ③ ④

⑤ ⑥ ⑦ ⑧

図13 試行建設手順

各部材の回転角を比較した（図14）。全体の傾向として、架構上部から架構下部にいくにつれて部材の回転が大きくなり、曲率が反転する部分でとくに誤差が大きいことが確認できた（図15）。これらの結果から、施工中の最端部材の位置が全体形状の精度に大きく影響することが明らかになった。

6章　まとめ

6-1 結論

本稿では、回転脱着式接合部によって、RFを構築する手法を提案し、試行建設から測定までを行った。結果として、本手法によって、人力のみで特殊な工具を用いなくても自由な曲面のRFの施工を行うことができることを確認し、RF施工の新たな手法としての有用性を明らかにできた。

　しかし、部材の回転による形状変化が一部発生し、最終的に誤差が生まれたことから、施工中の最端部材の最適位置への固定方法について、また組み上げ後の段階的な回転の固定の必要性についての検討が今後の課題となった。

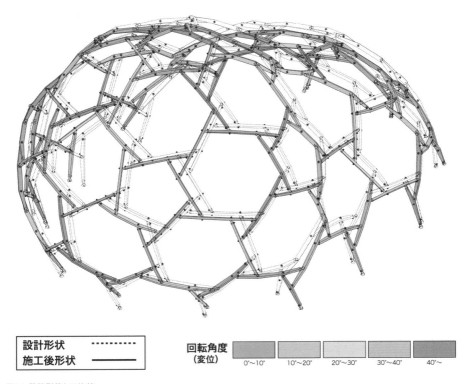

| 設計形状 | ‑‑‑‑‑‑‑‑‑‑ |
| 施工後形状 | ‑‑‑‑‑‑‑‑‑‑ |

回転角度
（変位）　0°〜10°　10°〜20°　20°〜30°　30°〜40°　40°〜

図14 設計形状との比較

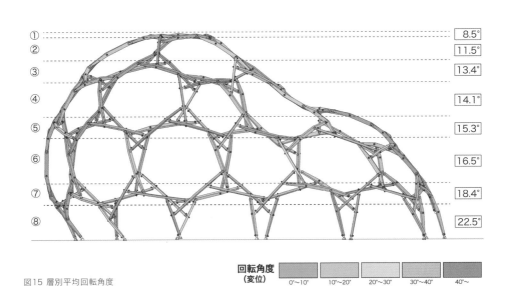

① 8.5°
② 11.5°
③ 13.4°
④ 14.1°
⑤ 15.3°
⑥ 16.5°
⑦ 18.4°
⑧ 22.5°

回転角度
（変位）　0°〜10°　10°〜20°　20°〜30°　30°〜40°　40°〜

図15 層別平均回転角度

6-2 今後の展望

本稿での実現は、小規模の仮設構造物に留まっているが、この手法は恒久的な実建築の構造へも応用できる可能性があり、屋根架構や床スラブを短小部材のみで構成するための一手法となり得る。また本研究でPLAを素材として用いたことで、樹脂性接合部を用いた構造物の新たな可能性も示すことができた。今後は、実建築での応用に向けてさらなる素材や接合ディテールの検討、改善を行っていきたい。

[註]

*1 それまで名前が付けられていなかった構造的なパラダイムを記述するためにイギリスのデザイナーであるGraham Brownによって名付けられた。
*2 コンピュータプログラムを活用した設計手法。
*3 CNCや3Dプリンターなどの、コンピュータと接続されたデジタル工作機械によって、3DCGなどのデジタルデータを木材、樹脂などのさまざまな素材から切り出し、成形する技術。
*4 本稿ではXYZ軸がそれぞれ1,200mm、2,400mm、

150mmの加工範囲をもつ3軸フライス加工が可能な加工機を使用した。
*5 本稿ではXYZ軸がそれぞれ200mm、200mm、200mmの加工範囲をもつ樹脂専用の家庭用3Dプリンターを使用した。
*6 生分解性プラスチックの一つであり、ポリ乳酸とも呼ばれる。3Dプリンター用フィラメントの素材として一般的に使用されている。
*7 ドーム状空間を構成するRFのもっとも基本的な形式の一つ。

[参考文献]
(1) Calder Danz, *Re-Frame:form-finding within the constraints of mutually supporting assemblies*, 2015
(2) Olga Popovic Larsen, *Reciprocal Frame Architecture*, Routledge, 2008
(3) 熊谷和『周縁部を拘束したマルチユニット・レシプロカル・フレームのデザイン手法』2020年
(4) 清水秀太郎『アルゴリズムを用いたレシプロカルフレーム構造による地域図書館の構造デザイン』2016年
(5) 辻秀人、筏義人『ポリ乳酸——医療・製剤・環境のために』高分子刊行会、1998年

出展者コメント —— トウキョウ建築コレクションを終えて

Q このテーマを選んだ理由

研究室で継続的に木や竹を用いた構造体の研究を行っており、今回はとくに接合部に注目しました。伝統的な構造システムの課題を新たな技術によって解決し、今までにない新しい形の木質構造体を実現したいという思いから、このテーマを選びました。

Q 修士論文を通して得たこと

論理性と実験的な意識をもちながら設計を進める力を得られたと思います。調査と実験を繰り返しながら、0.1mm単位から建築のスケールまで設計を行い、結果を実証できた経験は大きな財産になりました。

Q 論文を通じて社会に向けて発信したいメッセージ

環境意識の高まりから木材利用が促進されるなかで、木材を用いた架構の新たな可能性の一つとして、また新しい技術と素材によって実現できるデザインの可能性の広がりについて発信できればと思います。

Q 修士修了後の進路と10年後の展望

設計事務所で働きます。10年後には、今回のテーマやアイデアを実建築にも何かしら活かしていくことができれば理想的です。

沖縄墓地の環境・集合・墳墓の原型と戦後

「沖縄的戦後」が墓地にもたらしたもの

越中玲衣
Etchu Rei

明治大学大学院
理工学研究科　建築・都市学専攻
青井哲人研究室

Presentation

1章　沖縄学における墓地

1-1 研究背景

本研究で扱うのは、風水思想・祖先崇拝に規定される沖縄の伝統的な葬送儀礼・墓地空間が大きく変容した第二次世界大戦後の墓地空間である。その要因は①都市計画、②大規模開発事業、③米軍基地建設が挙げられ、多くの人々が移住を迫られ、それに伴う墓地移動をせざるを得ない状況であった。これを「沖縄的戦後」と定義する。そのもとで、墓地所有共同体、墳墓形態は変化し、「霊園型墓地」が導入された。一部の地域では、軍用地料、本土からの補助金で金銭的余裕が生まれ、「墓地ブーム」と報じられるほど家族墓が増加し、需要に対応するために墓地の規格化が起きた転換期である。

　伝統的な墓地については、民俗学・歴史学・考古学の研究で多様な研究がある一方で、戦後の墓地は「本土化」と捉えられ、十分な研究がされたとはいえない。近年、本土でみられる塔式墓は増加傾向にあるが、第二次世界大戦直後は本土の戦死者など特別な事例以外用いられず、墳墓構造も本土とは異なる。さらに1980–90年代に急増した「霊園型墓地」でみられる墳墓は、沖縄特有の墳墓形態である横穴式の破風墓を平地に適応させた家形墓がほ

とんどである。そのため、伝統的な墓地の特徴が戦後も伝承され、「本土化」という言葉には収まりきらないと考える。

　墓地は、都市に必要不可欠な要素であるが、都市計画・開発事業を妨げる要素と認識されることも多い。とくに沖縄の伝統的な墓地は、墳墓が巨大であり、所有形態は、明治17年の「墓地及び埋葬取締規則」発令以降、沖縄では特例として認められ、現在も墓地禁止区域を除く地域で築造可能である。個人墓地は不動産であるため、都市計画、開発事業で行政・事業主が広大な土地を入手することを困難にする。沖縄の墓地は、死生観、墳墓形態、所有形態が本土とは大きく異なるのである。

1-2 既往研究と本研究の視座

沖縄学における墓地研究を対象とした時代区分を戦前と戦後に分け、整理する(図1)。

(1)戦前

民俗学の分野では、沖縄県全土を対象に葬送儀礼・墓地の調査が行われ、各地の多様な墳墓形態を示し、沖縄の墓制の系統図が作成され、沖縄の亀甲墓の成立・変遷・特異性が明らかにされた[1]。考古学の分野では1980年代以降、行政を主体とする発掘調査が行われ、遺構の年代特定が進められている[2]。

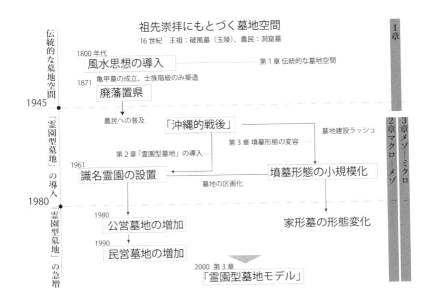

図1 研究概要図

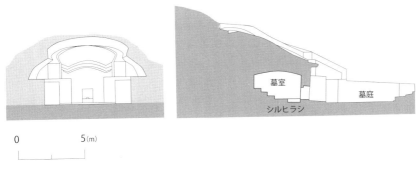

図2 亀甲墓正面、断面略図

図3 破風墓正面、断面略図
[図2-3出典：前田一舟「墓の形態とその変遷──沖縄本島中部・屋慶名の事例」『沖縄国際大学社会文化研究』12号2巻（沖縄国際大学社会文化学会、2011）を参考に筆者作成]

(2)戦後

戦後の主な墓地研究は、都市部への移住に伴う墓地移動に着目し、同郷者集団の墓地、墓地素材の変化や統計資料から墓地の推移に着目し、1960年年代以降の墓地の急増に関する研究がある[3,4]。また、開発・都市計画に伴う墓地変容に関する研究が平安座島、那覇市など一部地域で進められている。

墓地の既往研究では、戦前と戦後で分けられ、通史的に研究したのは、前田[5]、佐治[6]である。しかし、通史的かつ墳墓形態から人文的・地形的環境までの多層的な研究は行われていない。

1-3 研究目的

本研究の目的は、伝統的な墓地空間から戦後の墓地に継承された要素を明らかにすることで、「本土化」に収まりきらない戦後沖縄墓地空間を示すことである。また、戦後の墓地空間を大きく変容させた「霊園型墓地」の導入と成立過程をミクロ・メゾ・マクロの3層のスケールで整理し、考察する。

1-4 研究方法

(1)戦前期

伝統的な墓地空間に関する研究では、風水思想が反映された墓地と集落の関係性、墳墓規模の表象方法を明らかにするための資料として『自分墓地フンシー見取図』を、墓地の規模を示す資料として「墓図」を用いる。古墓発掘調査報告書等から墓室、墓室内のタナなどの詳細な図面より墓地の内部空間を明らかにする。

(2)戦後

主に用いる資料として、(1)戦後から公営・民営墓地が急増した1990年代までの新聞記事、(2)各市町村から発行された史料、(3)公営・民営墓地の設計図、(4)開発行為許可証に付随する墳墓の図面を用いる。識名霊園、平安座島公共墓地で行った墳墓の外形の実測調査から考察する。以上から、(1)住民への告知内容、問題、(2)市町村の都市計画・開発で墓地に対する方針、(3)1980–90年代に急増する公営・民営墓地の計画地全体の規模・墓地区画数・設備、(4)墳墓の寸法・形態を分析し、類型化を行う。

2章　近代以前の墓地空間の表象と空間構造

戦前期の伝統的な墓地を対象とし、民俗学・考古学の研究をもとに墓地空間に関する内容を抽出し、集落と墓地との関係性、墳墓配置関係、墳墓形態・習俗行為を考察する。

2-1 伝統的な葬送方法と墓制

沖縄の墓制は、立地から、平地式と横穴式にわけられ、一般的に年代が古いのは横穴式である。18世紀に風水思想が本格的に導入され、士族階級の墓地で亀甲墓(図2)、破風墓(図3)が主流となり、廃藩置県以降、農民の築造が可能となる。地域別の墳墓配置に関する禁忌は、集落、崇拝の対象であるグスクとの配置関係、墳墓同士の配置が規定される。屋慶名では理想の墓地配置における朝山は、住居の門前に建てられる魔除けのヒンプンの役目であるクガニムイとされ、ナンジャムイは祖宗山の位置にあり、腰当型の配置とされる。これらを守らないと子孫に災いが生じると考えられ、メゾレベルでの墳墓配置が決定されていた。

2-2 風水思想による墓地の敷地選定と墳墓の形成

沖縄における風水思想の導入は、明から派遣された職能集団「閩(福建)人三十六姓」の渡来(1391)、あるいは15世紀に日本本土経由であるとされている。墓地の選定に使用される陰宅風水でもっとも理想的な墓地は、四神(玄武・青竜・朱雀・白虎)に守護される坐北向南の地(穴)である。「穴」に死者を葬れば、死霊は鎮まり、子孫の繁栄をもたらすと説かれ、各集落の風水師が風水見聞を行い、墓地を選定する。

2-3 風水思想が反映された墓地と集落配置を示す絵図

『自分墓地フンシー図』[7](図4)は、18世紀半ばに民間の風水師が描いたとされ、墓を□と記号化し、石垣島四箇村北部に位置する墓地を実際の地形に合わせ描かれている。絵図には、八重山諸島の島、石垣島内の地形、集落がパノラマのように描かれ、理想とされる墓地が反映されている。集落周辺には、異界との境界を示す林帯「抱護」が描かれ、墓地

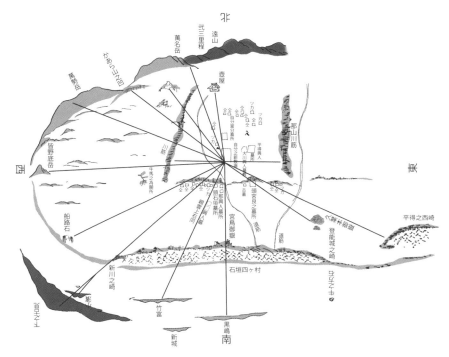

図4「自分墓地フンシー図」トレース図[出典：大城直樹「八重山・石垣島の墓地風水絵図──『自分墓地フンシー見取図』について」
『人文地理』第46巻第5号（人文地理学会、1994年）をもとに筆者作成]

は集落周辺の地形環境、抱護により一定の距離を
保ち、配置が決定されていた。

2-4 士族墓地の規模を示す墓図

17世紀以降から記録されている士族家譜（家系
図）には「墓図」（針図）と墓の増築を記録した文書
「封阡」が残されている。墓図には、士族が築造し
た墳墓の形態、寸法や周辺環境、方位等が描かれ、
封阡には、立地、墳墓規模、墓地の売買の内容が記
録されている。平敷[8]、小熊[9]はこの資料からハカ
ナー（墓庭）の形態が楕円形から長方形へと変わり、
18世紀にはハカナー内にヒンプン（家屋の門前に
建てられる魔除けの壁）、円柱のウーシが加えられ、
沖縄独自の形態となったことを明らかにした。

2-5 戦前期の墓地の空間構造
考古学的な発掘調査をもとに

墓室内部空間は、発掘調査記録よりタナの数、形態
に着目すると13に分類されることが明らかとなった。

3章　戦後霊園型墓地の誕生と変遷

「沖縄的戦後」のもとで起きた変化をマクロレベル
からメゾレベルの視点で4つの事例を考察する。戦
後の経営・所有形態は、戦前が個人、集落を中心と
した共同体の2種であった一方で、公営・民営墓地

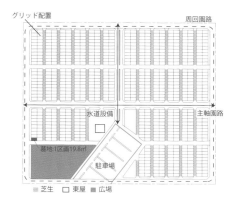

図5 沖縄市営倉敷霊園 平面図

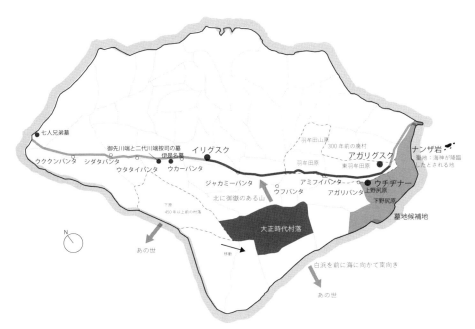

図6 石油基地建設以前の平安座島

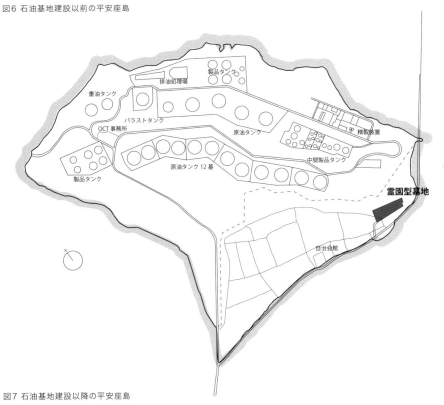

図7 石油基地建設以降の平安座島

の導入により4種へと増加し、管理下にある墓地が登場した。それらの墓地には「霊園型墓地」が用いられた。

3-1 識名霊園計画と
　　都市計画家・石川栄耀の思想

那覇市都市計画の指導役・石川は、1955年に沖縄を訪れ、調査後『那覇市都市計画の考察』をまとめた。それをもとに当時沖縄市都市計画の担当者であった花城直政が、1952年に作成された都市計画を再検討し、1956年に新たに作成し、識名霊園が加えられた。石川は、墓地に関して「都市の周辺に置き、同時に公園、緑地的な扱ひにより風致化し、(中略)整理し之を郊外にまとめ、パリやロンドンやドイツのフィン河畔の都市にみられるやうな、公園式の墓地にす可き」[10]と述べ、国内の事例として多摩霊園をあげた。

3-2 都市計画の中での公営・民営墓地整備
　　沖縄市を事例に

都市計画の一環として建設当時もっとも大規模な公営墓地・火葬場が設置された沖縄市では、人口流入による墓地不足を受け、米空軍に嘉手納の未使用地の解放を要求したが、米軍側は民間地域と弾薬庫群との緩衝地帯であるため、完全開放は支障が出るとした。しかし、火葬場の起工式は1976年2月28日行われ、建築面積1,319㎡で火葬設備、告別式の会場など「近代的設備」が計画された。倉敷霊園(図5)には、「霊園型墓地」が導入され、120基分の区画が設置され、1次募集が行われると同時に申し込みが殺到した。申請者の多くは、他の市町村から転入した人で、墓がなく困っていた。墓地配置は、本土への視察を経て計画されており、グリッド区画、霊園型墓地全域をまわる周回園路、園内の主軸となる園路が特徴的な多摩霊園との共通点がみられる。

3-3 開発による墓地移転

1968年5月27日に開催された平安座島区民大会でアメリカの大手石油企業ガルフ社の石油基地建設誘致が決定され、農業と漁業が主な産業であった平安座島の約4分の3が開発の対象となった。[11]
建設以前は、バンタ(断崖)を境界に西側を生者の空間「この世」、バンタの背後の東側が死者の空間

「あの世」と考えられており、島を見守る祖神が降臨した聖地グスクなどの御嶽、拝所を背後に、海が前方である位置が理想的な集落配置とされた(図6)。また、対象地には約150基の墓地が点在しており、ガルフ社が補償金と移転資金を出すことを条件に墓地移転が決定したが、墓地移転の対象敷地は、「カミの来る方向」、「福がもたらされる方角」とされる集落の東方向であったため、住民間で問題となった(図7)。

設置された「霊園型墓地」は、墓口が異界を示す海に向けられ、墳墓同士が重ならないよう基壇状に配置されることで祖先崇拝における禁忌が考慮され、墓地周辺には県内に自生する草木を植え、遊歩道を設けることで、観光地の1つとなることを目指した。これにより、島全体の空間認識は失われたものの、メゾレベルでは継承され、さらに墓地の「観光地化」という目的意識が新たに加わった。

3-4 米軍基地による墓地移転

米軍基地建設により、墓地移動を余儀なくされた北谷町では、当初まち全域が接収されたが、数年後に一部の土地が返還され、1973年には、住宅地が形成された。しかし、軍用地の敷地内には770基の墓地が取り残され、敷地内の墓地や取り壊された墓地の所有者が個人所有の墓地を限られた土地に新設したため散在化し、住宅地と混在した状態となった。そのため宅地開発が難航し、墓地が散在化する地域が拡大していくのを防ぐために「霊園型墓地」を導入することで居住域との分離がはかられた。

4章　戦後墓地・葬送儀礼空間の変容

墳墓形態と「霊園型墓地モデル」に着目し、ミクロからメゾレベルでの墓地空間の変容を考察する。

4-1 火葬の導入以降の墓地の
　　規格化と小規模化
　　(識名霊園工事設計書をもとに分析)

実測と「都市計画区域内施設行為許可書 識名霊園指定地内墳墓建造許可書」(1961)を利用し、識名霊園の墳墓形態と規模を考察すると、45件中3件が塔式墓で、ほとんどが家形墓(図8)であった。公営・民営墓地がまだ設置されていない時期である

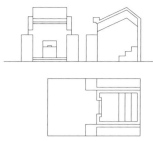

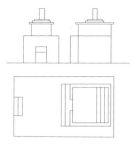

カロート

図8 識名霊園 家形墓　　　　　　　　図9 識名霊園 塔式墓　　　　　　　図10 本土塔式墓

ため、塔式墓（図9）が普及していないと考えられる。本土の塔式墓は、カロートと呼ばれる地下の安置空間に納骨する構造（図10）であるが、沖縄では、家形墓と同様の墓室が地上に納骨する際に出入りができる構造となっている。

4-2 霊園型墓地モデルの誕生

1960年代の個人墓地の増加以降、無許可墓地の急増が問題となった。さらに「霊園型墓地」の急増をうけ、2000年に沖縄県が提示したのが「霊園型墓地モデル」であり、都市型、海隣接型、山間型の3つに分けられる。都市型は、沖縄県中南部の人口増加に伴う無許可墓地の増加、墓地不足の解決、環境整備を目的としている。これに対し、山間型・海隣接型では、伝統的な墓地が残る地域の保存が加えられ、祖先崇拝に基づく禁忌や離島の習俗行為が反映された。

都市型では、これまでの霊園型墓地と同様の特徴がみられる一方で、墳墓が向き合わず、前面が開けた配置にされるなどの伝統的な墓地空間で禁忌とされた配置に対する改善がみられる。山間型では、祖宗山が背後にひかえ、朝山が前面でヒンプンの役割をする立地であり、墳墓に重ならないよう基壇状の配置となっている。海隣接型では、墓地は異界を示す海に向けられ、風水思想、宮古・八重山地域の習俗行為に基づき作成された。宮古・八重山の習俗では、後方は高いことが風水上吉であり、住居よりも先に墓をつくるほど墓が重要視される。キンス墓と呼ばれる洞穴式の墳墓を断崖に形成されていたことを踏まえ、作成された。

2000年代には、各市で墓地禁止区域が制定さ

れるなど住宅との隣接する墓地の問題解決にむけ、さらなる墓地整備が進められている。

結章

本研究より明らかになった知見は以下の通りである。

（1）沖縄墓地の「本土化」とは

「本土化」したとされる戦後沖縄の墓地の大きな特徴は、「霊園型墓地」の導入と墳墓形態である。

①「霊園型墓地」の導入と観光地化

「霊園型墓地」が最初に導入されたのは、石川の指導のもと都市計画の一環として設置された識名霊園である。設置目的は、戦前期那覇市内最大の墓地群であった若狭町・辻原墓地群整理事業の移転であり、1970年代には平安座島営墓地、沖縄市営倉敷霊園など「観光地化」を目指した墓地がみられる。これらは、1980–90年代にかけて増加する「霊園型墓地」の先駆けとなり、「観光地化」を目指した墓地は、沖縄に生息する草花を植えた遊歩道、広場、駐車場の設置が条件となっていった。

②火葬の導入による墳墓形態の変容

風葬後に遺骨を取り出して洗骨する2次葬であった沖縄において、1次葬である火葬の導入は、葬送儀礼の場所、死生観の習俗と火葬場、告別式の会場設置、墓地の立地に変化をもたらした。墳墓形態は、シルヒラシがなくなり、墓室の役割は、遺骨の安置のみとなり、小規模な墓地となった。

（2）「霊園型墓地」のモデルの誕生まで

「霊園型墓地モデル」は、これまでの「霊園型墓地」の要素を取り入れながらも沖縄の死生観と組み合わされ独自の「霊園型墓地」を形成した。

以上からマクロレベルでは、伝統的な墓地空間は地形の変化、集落構造の解体により破壊されたが、メゾレベルでは霊園型墓地の導入により祖先崇拝の規定には当てはまらないものとなった。しかし、「霊園型墓地モデル」では、祖先崇拝の規定を考慮した沖縄独自の霊園型墓地が展開され、墓地空間が再構築された。ミクロレベルでは、破風墓から家型墓に納骨空間が伝承され、形態変化をしながら「沖縄的戦後」に対する適用が行われていた。

[参考文献]
(1)名嘉真宜勝、恵原義盛『沖縄・奄美の葬送・墓制』明玄書房、1979年
(2)那覇市市民文化部文化財課「フクヂ山古墓群 那覇広域都市計画道路事業3・2・浦1号沢岻石嶺線に係る緊急発掘調査報告」『那覇市文化財調査報告書』第109集、那覇市、2019年
(3)越智郁乃『動く墓——沖縄の都市移住者と祖先祭祀』森話社、2018年

(4)井口学「日本復帰前の沖縄における墓の新設をめぐって」『国立歴史民俗博物館研究報告』第191集、2015年
(5)前田一舟「墓の形態とその変遷——沖縄本島中部・屋慶名の事例」『沖縄国際大学社会文化研究』12号2巻、沖縄国際大学社会文化学会、2011年、45項
(6)佐治靖著、松井健編「開発による民俗の変容と相克——平安座における墓地移転からみえてくること」『島の生活世界と開発3 沖縄列島——シマの自然と伝統のゆくえ』東京大学出版会、2004年、195-224項
(7)大城直樹「八重山・石垣島の墓地風水絵図——「自分墓地フンシー見取図」について」『人文地理』第46巻第5号、人文地理学会、1994年、74-92項
(8)平敷令治著、窪徳忠編「沖縄の亀甲墓」『沖縄の風水』平河出版社、1990年、97-123項
(9)小熊誠「沖縄と福建における亀甲墓の対比——外部意匠の比較と中心として」『国際常民文化研究叢書 3——東アジアの民具・物質文化からみた比較文化史』神奈川大学国際常民文化研究機構、2013年、43-61項
(10)那覇市企画部文化振興課『那覇市史 資料篇 第3巻 1 戦後の都市建設』那覇市役所、1987年、470項
(11)平安座自治会編『故きを温ねて』平安座自治会、1985年

出展者コメント —— トウキョウ建築コレクションを終えて

Q このテーマを選んだ理由

きっかけとして、都内を歩いていた時に青山霊園が高層ビル群の中に位置していることに対する違和感があり、そこから都市における墓地の立地に関して興味をもちました。そのなかでも戦後沖縄では、急速な近代化に対する葛藤がみられたことから、テーマに選びました。

Q 修士論文を通して得たこと

民俗学、歴史学の他分野から都市や建築を見ることで、建築に活かせるアプローチや多くの発見がありました。また、ゼミの議論でも新たな視点や発見が多くあり、研究室の方々から学ぶことが多かったです。

Q 論文を通じて社会に向けて発信したいメッセージ

集落や地形を読み取る死生観や宇宙観といったことに、現代にも活かせるような一面があるのではないかと思います。

Q 修士修了後の進路と10年後の展望

設計事務所で働いて経験を積みたいと考えています。10年後はわかりませんが、これからも建築に限らず、興味をもっていきたいと思っています。

長野県原村別荘地地区への移住プロセスにおける段階的な移住拠点形成に関する研究

小山晴也
Koyama Haruya

東京大学大学院
工学系研究科　建築学専攻
大月敏雄研究室

Presentation

1章　はじめに

1-1 研究の背景と目的

近年、都心から地方に移住するライフスタイルへの関心が高まっている。内閣府による調査報告では、東京圏在住者の約半数が「地方暮らし」に関心をもっていることが報告された[1]。

移住という現象は、住み慣れたまちの中での引越とは異なり、劇的な環境変化を生じさせる。人がある地域に住み続ける際には、自宅だけが重要なのではなく、行きつけの店や友人の家など、馴染みの拠点の形成を通し、地域全体を住みこなす環境の形成も重要だという指摘もある[2]。地域をまたいで移住する際にも、時間をかけて移住先の地域を知り、必要に応じて自分の拠点を形成しながら、緩やかに地域を移行していくような、地域へ馴染むプロセスが重要といえる。これに関して、総務省は、「関係人口」の状態からの移住を目指す「段階的な移住」という考えを今後の移住支援施策の方針として提言した[3]が、検討に用いている移住の個人事例紹介ではそのパターンを体系化できていない。円滑な移住の実現に向けて、移住という現象を、家から家への引越だけでなく、長い時間をかけた居住環境の変化プロセスの現象として捉え、そのメカニズムを把握

する必要がある。

本研究では、引越の前後を含む地域移動による一連の居住環境変化を移住プロセスと捉え、そのなかで移住者が移住先地域において居住および滞在する拠点を段階的に形成する過程を明らかにし、円滑な移住を成立させる条件を抽出することを目的とする。

1-2 既往研究と本研究の位置づけ

移住に関する研究は、支援施策に焦点を当てた居住地選択に関する研究が多くみられる[4]。そのなかで、人が移住するプロセスを分析した研究は少ない。山口県周防大島への移住者が生活に関する情報を入手した経緯を調査し、暮らしに関する情報が人やイベントを通じて連鎖的に流通していることを示した研究[5]や、沖縄への移住者へのインタビュー調査をし、自発的な移住において意思決定のプロセスに段階的なモデルを示した研究[6]があるが、どちらも建物や地域環境には着目していない。

移住のプロセスに関して建物や地域環境に焦点を当てた研究は少ない。建築学では河内ら[7]が、「二地域居住」を可能とする宿泊サービスを事業特性の視点で調査しているが、そのような生活スタイルが、移住プロセスのなかで果たしていた役割に

ついては言及していない。

本研究では、人がどのように移住するかについて、移住のための情報入手方法に加え、拠点形成にも着目し、それらを長い時間をかけた一連の移住プロセスの一部として捉え、パターンを分析しようとするものである。

1-3 研究の方法

本研究では、長い時間をかけた移住プロセスを個人および地域の視点で分析するため、特定の地域への移住者に対して移住プロセスについてのインタビュー調査を行った。対象地域は、地域の形成とともに継続的に人々が移住してきている地域として、以下の条件で長野県諏訪郡原村別荘地地区（字名「原山」「ペンション」を合わせた地区）を選定した。

条件1：東京圏からの移住者が一定数存在している[*1]
条件2：継続的な社会増を実現している[*2]
条件3：地域単位として変容プロセスが把握できる[*3]

インタビュー調査は、スノーボールサンプリングで採集した他県からの移住者18人に行った[*4]。

1-4 論文の構成

まず第2章では、対象地域の住宅地としての成り立ちを、文献調査によって明らかにする。第3章では、対象地域への移住プロセスと移住拠点形成のパターンを、事例へのインタビュー調査によって明らかにする。第4章では、第3章の結果の一部を、建物の種類や地域との関係によって分析する。

1-5 用語の定義

本研究では、移住現象をグラデーショナルに捉えるために「引越」「移住プロセス」「移住拠点」を次のように定義する（図1）。

引越：家から家に、主として住む拠点の移動。

移住プロセス：移住において、引越だけでなく、移住先の地域を知ってから新しい地域での暮らしが落ち着くまでの、居住環境が変化する一連のプロセス。

移住拠点：移住プロセスにおいて、移住先地域で寝泊まりする場所。さらに、主として住む住宅を居住拠点、それ以外の場所を滞在拠点とする。滞在拠点には、宿泊施設以外にも、車中泊のための場所、宿泊はしないが何か目的をもって訪問する場所も含む。

2章 原村別荘地地区の住宅地としての成り立ち

2-1 原村別荘地地区の現況

長野県諏訪郡原村は八ヶ岳連峰の裾野に位置する人口8,002人（2020年）の農村である（図2）。村全体は都市計画区域外であり、中央付近より西側には江戸後期からの新田集落が複数位置し、現在は農業振興地域に指定されている。以上と最東部の国定公園を除く、中央付近より東側には森林が広がる字名「原山」「ペンション」があり、本研究では二地区を合わせて「別荘地地区」と設定した。

別荘地地区は1970年代より観光エリアとして開発され、現在、別荘・ペンションを含む住宅が約1,600棟存在している[*5]（図3）。地区内には村が開発した別荘地「原村中央高原保健休養地」、村がコンサルタントと提携して開発したペンション密集エリア「ペンションビレッジ」（図4）、民間企業が開発した3カ所の別荘地の他、個人宅地が集まるエリア（図5）や観光施設などが立地している。ペンションとは、小規模宿泊施設であり、1階に食堂や風呂・

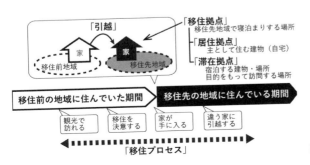

図1 本研究における用語の定義

オーナー住居部、2階に10室ほどの客室を有する木造2階建ての形式が主流である（図6）。定住地としての側面ももっており、住民登録世帯数は136世帯（1988年）から243世帯（2000年）、458世帯（2010年）、647世帯（2020年）と年々徐々に増加している。

原村の南北には原村に似たような別荘地地区と農村地区を有するまちが広がっている。また、北西

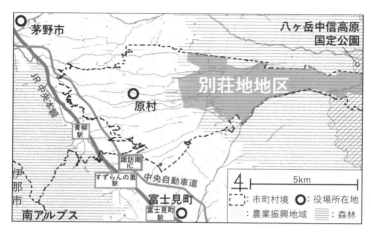

図2 原村別荘地地区
周辺図

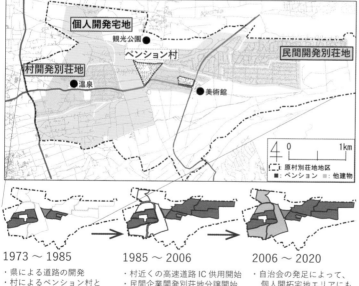

別荘地地区のブロック	上図での色表記	道路舗装	ゴミ収集	除雪	
				村／管理会社	自治組織
村開発別荘地・民間開発別荘地		◯	◯	◯	
ペンション村		◯	◯		◯
個人開拓宅地（2006年以降）			◯		◯
個人開拓宅地（2006年以前）			◯		

図3 別荘地地区の変遷

10km先には地方都市の諏訪市が位置している。

2-2 別荘地地区の開発から住宅地として変容する過程

本節の内容は既報[8]にてまとめている。別荘地地区は、県による開発計画発表と道路建設、村による上水道の整備などのインフラ整備と乱開発防止のための地域指定が行われ、1970年代前半までには観光エリアとして節度をもって開発すべきエリアとして位置づけられた後、村による別荘地とペンション村の開発が行われた。さらに高速道路の開通によって都市部との交通利便性が向上した1985年頃からは、民間企業による別荘地開発や個人による土地取引が行われるようになった。

　開発とともに定住者が増加したが、もともと村が定住を想定していなかった地区のため、場所によって定住のための生活サービス提供が異なる状態であった。その後、村の条例による開発の規制、地区内の自治組織の発足といった段階を経て、住宅地環境が整備されていった（図3）。

3章　移住プロセスの事例分析

3-1 本章の目的と調査手法

本章では、移住プロセスにおいて、移住者が最終的な住まいを獲得するまでに、どのように居住拠点建物（寝た場所）と関係を形成していくのかを明らかにし、移住完了に至った成立要件を考察する。調査は、対象地域への移住者18人[*4]への対面もしくは電話による半構造化形式インタビューを、2019年8月-2020年8月にかけて行った。

3-2 移住プロセスの分析方法

移住プロセスの個人事例分析は、移住先の地域を知ってから調査時に住んでいる家に落ち着くまでの時間軸上に、居住拠点および滞在拠点を形成した時期をプロットする表記とした。背景は、白から灰に地域変化を表し、帯の色は濃くなるほど現在の住まいに近い状況となる。図7は次節の各分類で代表的であった4事例である。

　事例4は、女性の若者単身者の例である。観光で通っていた祖母の別荘に引越をした。移住を意識せずとも複数回宿泊する滞在拠点を形成したことで、

図4 ペンションビレッジ

図5 個人開拓エリア

図6 原村のペンション［図4-6写真：筆者撮影］

移住後の暮らしを想像しやすくなっていたと考えられる。

　事例7は、会社員の男性が退職後の移住に向け住宅の建設のために定期的に通っていた例である。移住を決意後に滞在拠点を形成したことで、移住先の居住拠点の準備が可能となっていた。

　事例11は、フリーランスで働く夫婦が移住先地域を気に入り、すぐに賃貸住宅に住み、その後中古別荘を家具ごと譲り受けた例である。計画的に暫定的な居住拠点を形成することで、まず地域移動を

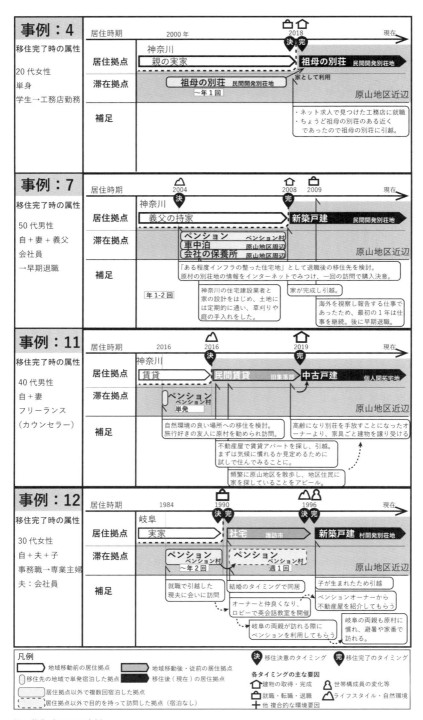

図7 移住プロセス4事例

完了させることが可能となっていた。

　事例12は、女性が、移住先地域に就職した夫と結婚すると同時に社宅に移住をした例である。その後子供が生まれるタイミングで家を建てて引越をした。世帯内の環境変化によって、意図せずに暫定的な居住拠点を形成したと捉えられる。

3-3 移住拠点形成のパターン

18事例について移住拠点形成の特徴を見ると、大きく3つのパターンが発見でき（図8）、以下のように命名した。

一発移住：家から家への単純な引越のみのパターン。

かよい移住：事例4、7のような、地域移動前に複数回移住先地域で宿泊・滞在してから引越をするパターン。

よりみち移住：事例11、12のような、地域移動後に一度暫定的な拠点に居住[*6]してからもう一度近隣で引越をするパターン。

　さらに、途中期間を計画的に形成したか否かで細分類をした。これらのパターンは独立して形成するのに加え、時期ごとに組み合わさるケースも確認された。

　3章では、「一発・かよい・よりみち移住」という現象の発見とそれに基づくパターン分類ができた。

4章　建物の役割と地域時間軸による移住拠点形成の分析

4-1 拠点建物の種類と役割による分析

3章で抽出した拠点形成のパターンごとに、途中期間の役割と建物の種類の特性を整理した（図9）。

　[結果的かよい移住]では、移住を意識しない訪問

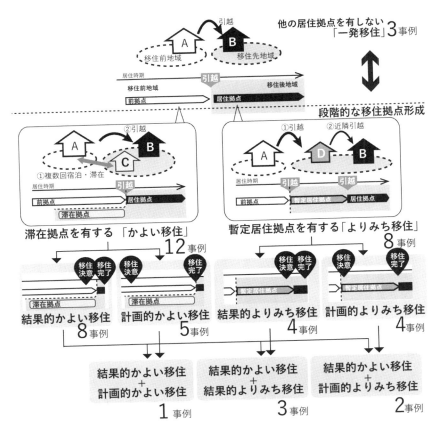

図8 移住拠点形成のパターン

先として親族/知人の別荘・ペンションが役割を担っていたことから、観光宿泊先の必要性が考えられる。

[計画的かよい移住]、[計画的よりみち移住]では、家や仕事の準備が完了するまでの間、拠点を形成していた。その場合、[かよい移住]ではペンションや車中泊、[よりみち移住]では賃貸住宅を使用しており、これらのようなローコストあるいはイニシャルコストが低い移住拠点の必要性が考えられる。

[結果的よりみち移住]では世帯環境の変化や外的圧力によって適切な居住環境が変化し引越をするケースが確認され、[よりみち移住]の場合はいずれも民間賃貸住宅といった過渡的な住宅形態が重要と考えられる。

4-2 地域変容の時間軸による分析

地域全体の変遷と個人の移住プロセスとの関係を考察するために、図10に18事例の拠点形成開始時期と立地をプロットした。

別荘地地区への定住は各年代で発生しており、ペンションについては2006年以降から居住拠点として居住するケースが前時期と比較して目立っているが、その内訳は事例1、14：一室に居候、事例5、8：リタイア後の移住、事例17：シェアハウスに改修と、利用形態が多様化していた。また、一度別荘地地区外での拠点形成を行うケース、地域移動前にかよっていた滞在拠点が地域移動後に居住拠点になるケースが確認された。このように、開発当初に想定された目的ではない利用の累積によって、段階的な拠点形成が成立していると考えられる。

5章　おわりに

本研究では、移住プロセスにおいて、移住者が移住先地域において居住および滞在する拠点を段階的に形成するパターンを分類し、それぞれの拠点建物の種類と役割の特性について明らかにした。

[註]
*1 『地方公共団体の特性に応じた地方創生の推進について』（内閣官房まち・ひと・しごと創生本部事務局、2019.1）にて公開された、東京圏への転入超過が△10人以下の60市町村に該当。
*2 『移住・定住施策の好事例集（第1弾）』（内閣官房まち・ひと・しごと創生本部事務局、2017.12）にて、「三大都市圏以外に所在する市町村の中から、行政・民間が移住定住施策に積極的に取り組んだ結果、社会増減率がプラスに転じた、または社会減の減少幅が縮小した好事例」として選定された18市町村の中で、2005-2010／2010-2015どちらも社会増を継続している4市町村に該当。
*3 条件1・2によって長野県諏訪郡原村を選定したのち、「原村の人口、現状」（原村、2015）より人口増加が顕著である字名「原山」と、同時期に開発された字名「ペンション」を合わせた地区を対象とした。

各パターンの特徴		
	期間の役割	重要となる拠点建物
結果的かよい移住	観光といった訪問→暮らしを想像できる	観光宿泊先 ／ ルーツ
計画的かよい移住	住宅や仕事の準備のため期間	ローコストな宿泊場所
結果的よりみち移住	世帯内の環境変化→住み慣れた近隣で引越	過渡期的な住宅形態
計画的よりみち移住	住宅や仕事の準備や調整のため期間	

図9 パターンごとの役割と建物の特性

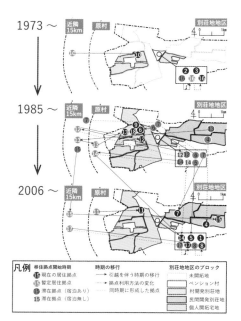

図10 移住拠点の立地

*4 小原[6]が移住者の意思決定プロセスをモデル化する際に使用した、R-GTAというパターン分けの理論生成と調査を同時に進める手法を参考にした。事例へのインタビューを通して「滞在拠点（宿泊の有無）」「暫定拠点」「意思決定時期」を軸に拠点形成について立地特性上発生すると考えられる5パターンについて、18人目の事例にて理論飽和が起こったため調査を終了。

*5 Google航空写真（2018年撮影）より建物数をカウント。

*6 本研究では、別荘地地区およびその近隣15km圏内に現在の住まい以前の住まいを形成した場合「暫定居住拠点」として扱った。

[参考文献]
(1)内閣官房まち・ひと・しごと創生本部事務局『移住等の増加に向けた広報戦略の立案・実施のための調査事業報告書』内閣官房まち・ひと・しごと創生本部事務局、2020年
(2)大月敏雄『町を住みこなす——超高齢社会の居場所づくり』岩波新書、2017年
(3)総務省地域力創造グループ『これからの移住・交流施策のあり方に関する検討会報告書』総務省地域力創造グループ、2018年
(4)桑野将司「移住相談内容を用いた居住地選択行動の要因分析」『都市計画論文集』54巻3号、pp.848-855、2019年

(5)安枝英俊、長和麗美「定住プロセスにおける場の役割に関する研究——山口県周防大島を対象として」『都市住宅学』第99号、pp.108-113、2017年
(6)小原満春「観光経験がライフスタイル移住の意思決定に与える影響——沖縄への移住者を対象としたM-GTA分析に基づく——考察」『日本国際観光学会論文集』第26号、pp.99-107、2019年
(7)河内健、森永良丙「二地域居住者向け滞在拠点の事業特性——関東及びその近県に立地する事例を対象として」『日本建築学会計画系論文集』第84巻第758号、pp.849-859、2019年
(8)小山晴也、大月敏雄「長野県原村原山エリアにおける別荘地の定住地としての変容過程——県による開発計画発表から住民自治組織の発足まで」『日本建築学会技術報告集』第27巻第65号、pp.402-405、2021年

出展者コメント —— トウキョウ建築コレクションを終えて

Q このテーマを選んだ理由

私は学部時代より、いろいろなかたちの暮らし方や人生の話を聞くのが好きでした。たくさんの話を聞いているうちに、人の移住や引越というものは、ただ家を移すだけのシンプルなものではないという気づきが生まれ、このテーマを選びました。

Q 修士論文を通して得たこと

世の中の現象を、何かの役に立つ知恵として捉え直す力を得ることができた気がします。研究室の教授の言葉をお借りすると、これからは一般解でなく「TPOにあった計画論」が求められます。それをつくるために必要な力です。

Q 論文を通じて社会に向けて発信したいメッセージ

人の移住や引越というものは、単なる家の移動ではないし、単純な経済行動でもない。そしてゴールが何かあるわけでもない、連続的な変化現象と考えています。移住する側も、してほしい側も、「移住・定住」という言葉に縛られずに、地域との関わりを考えてほしいという想いです。

Q 修士修了後の進路と10年後の展望

同研究室の博士後期課程に進学します。博士号は取りたいですが、途中、自分を求めてくれる素敵な機会があれば、迷わずそちらに行きます。10年後は、ふるさとを10カ所くらいもっていたいなと思います。

銭湯と「家」
神戸市を事例に

竹中信乃
Takenaka Shino

東京大学大学院
新領域創成科学研究科　社会文化環境学専攻
岡部明子研究室

Presentation

1章　序論
1-1　はじめに

昨今のリモートワークの流行で、私たちがプライベートな場として生活を送っていた住宅の中に「仕事」が入り込んでくることは、非常に新しいことのように捉えられた。しかしながら、かつては仕事をする主体そのものが「家」であることが当たり前だったということは、農村・漁村の暮らしをみれば明らかである。住宅は単に生活をする場ではなく、「家」の生産の場であり、そのためにかつては多くの生活機能が住宅の外で補完されていた。その後、近代日本では家族は消費単位へと変化し、それに伴い多くの機能が住宅に付随するようになった。寝室、洗濯機、台所、そして風呂もその一つであり、都市でその機能を担っていた銭湯の軒数は、最盛期である1970年の10分の1以下となっている。

　私の祖父母は神戸市灘区で銭湯[*1]を営んでおり、私たち家族は、「店」に出て働いたり手伝いをしながら「店」の中で暮らしており、生活と銭湯という生業は切っても切り離せないものであった。銭湯はかつて都市生活になくてはならない社会インフラであった。しかしながら、そのような公共性の高い仕事を担ってきたのは、私の祖父母やその家族のようなごく普通の人々であり、彼らが構成する「家」である。

1-2　研究の目的と手法

銭湯、つまり公衆浴場は都市に必要不可欠な公共性が高く、大規模な設備投資が必要な施設であった一方で、経営体としての「家」が営む商業施設であり、私有財産として相続される。仕事と家族、公共性と私有性といった相反するように思える性質を維持している銭湯が現代も存在し続ける理由は何なのだろうか。社会インフラとしての銭湯とそれを生業とする家族に注目し、銭湯がどのように運営されているのかについて、神戸市内に現存する銭湯のおよそ4分の1にあたる10軒の銭湯経営者とその家族にインタビューを行うことによって探った。

2章　先行研究

銭湯については、温浴施設としての銭湯の歴史研究や、立地研究、利用者の行動や健康状態に関する研究、銭湯の平面空間研究などが多く行われている一方で、これらの研究の多くが、それぞれの銭湯を画一的なものとして扱っている。経営者側についての研究では、彼らの中の同郷集団に注目し同郷経営者が増加していく過程を描いている[*2]が、その家族や同郷集団外の経営者には注目が払われてい

ない。家族従業という形態に注目した研究（石井、1996や坂田、2006など）は、その自己雇用性の高さに焦点を当てている一方、主に小売店を対象としており、大規模で、都市において公共性の高い銭湯という業態とは性質が異なる。これらの先行研究に対し、本研究では、銭湯とそれを構成する「家」に注目し、家族従業という商売のあり方を都市的に捉える狙いがある。

3章　銭湯と周辺地域

まず、神戸市内の銭湯のマクロな移り変わりを確認する。図1は兵庫県浴場組合員名簿の1954年（最も古い）・70年（銭湯数最大）・94年（震災前年）・2000年・2019年版から、銭湯を開業年・廃業年別にプロットしたものである。

（ⅰ）銭湯増加期（1954–70年）：1954年以前に開業していた銭湯は中央4区に密集し、それ以降の銭湯は郊外や山側に多く分布しており、都市の拡大に伴って銭湯の開業が行われたことがわかる。

（ⅱ）銭湯減少期（70–94年）：1994年になると、最盛期の47%の銭湯が廃業している。とくに、郊外の新設銭湯の廃業が目立ち、郊外の成熟とともに銭湯の必要性が低下したことがうかがえる。

（ⅲ）震災後（94年–現在）：震災で銭湯の密集する中央4区の被害が大きかったこともあり、約半数の銭湯が実質的に廃業する。さらに、震災で残った銭湯も2000年までの5年間で多く閉業している。その後も廃業が相次ぎ、現在神戸市内の銭湯軒数はわずか35軒となった。一方で、一日の入浴客数が400人を超える人気銭湯も存在している。

本章では、インタビューした銭湯（表1、図2）を、都心部にある「（1）働く場所の銭湯」と、郊外にある「（2）帰る場所の銭湯」に分け、それぞれの銭湯の周辺環境との関わりを明らかにする。

3-1　働く場所の銭湯
（C1、C2、E1、E2、E3、F、G1、G2）

都心部の「働く場所」の銭湯は、商業系や工業系の用途地域内に立地するもの（C1、E1、F、G1、G2）が多く、また、戦前から発展していた地域に属しているため創業年が古く、近隣には商店街が立地している傾向がある。工場の近辺に立地する銭湯（C1、C2）の周辺では、大工場の下請けや孫請けの家族経営の零細借工場や、内職的な仕事場が無数に存在していた。そこで働く人々は大工場のような専用の浴場をもっていないため、銭湯を共同の福利厚生施設的に利用していた。また、商店街の中に立地している銭湯（C1、D、F、G1、G2）の場合、商店街で働く人々は、食材の競りや仕込みなどの後に体を洗

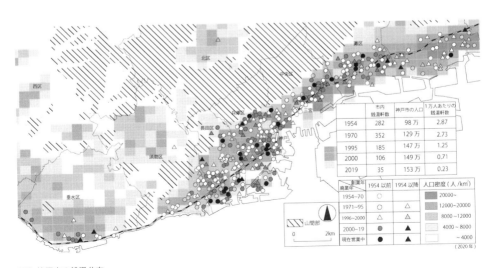

	市内銭湯軒数	神戸市の人口	1万人あたりの銭湯軒数
1954	282	98万	2.87
1970	352	129万	2.73
1995	185	147万	1.25
2000	106	149万	0.71
2019	35	153万	0.23

創業年 \ 廃業年	1954以前	1954以降
1954–70	○	△
1971–95	○	△
1996–2000	△	▲
2000–19	●	▲
現在営業中	●	▲

人口密度（人／km²）
20000～
12000～20000
8000～12000
4000～8000
～4000

（2020年）

図1　神戸市の銭湯分布

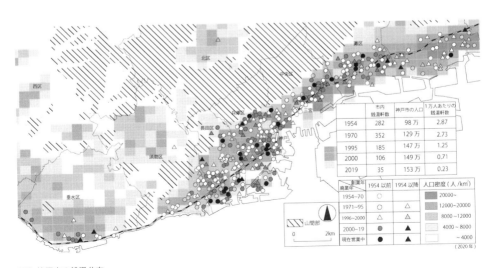

銭湯名	経営者	所在地	創業年	平均客数	営業時間	用途地域	居住地	副業	従業員	
A湯	A	明石市	1965年	100	15:00-22:00	工業系	店舗二階	賃貸住宅	-	兵庫区の貸湯から明石市の銭湯経営者へ。県浴場組合長。
B湯	B	長田区	1946年	100弱	14:00-23:30	住居系	店舗二階	賃貸住宅	2	親子代々様々な副業を手がけるやり手実業家一家。
C1湯	C	兵庫区	-1955年	40	15:00-20:30	商業系	近隣	賃貸住宅	2	大工場近隣で2軒の銭湯を経営。現在は1店舗を開業したものの、跡地側の銭湯の経営を支える。「この辺にはうちらかいないから閉めるわけにはいかへん」
(C2湯)			?	-	-	-	-	-	-	
D温泉	会社D2	兵庫区	-1889年	400	5:00-23:30	住居系	-		15	その他浴場扱いになり経営危機。会社組織へ継承される。
E1湯	E	兵庫区	-1955年	100弱	14:00-23:00	商業系	E3温泉跡	賃貸物件	2	一家で3店舗、親族と合わせて近隣に10店舗の銭湯を経営していた。「E2湯を閉めた時はE1湯とE3湯にお客さんが来てくれた」創業以前は銭湯への燃料運搬業に従事する一族であり、現在も続けている親戚も存在する。
(E2湯)	E		?	-	-	-	-	-	-	
(E3湯)			-1955年	-	-	-	-	-	-	
F温泉	F	中央区	1945年	300	14:00-10:00	商業系	近隣	-	7	繁華街三ノ宮に位置する銭湯で常連客以外の利用が多い
G1温泉	G	灘区	1938年	?	5:00-24:00	商業系	北区	-	20	商業の盛んな地域に立地。創業者が広島出身で「10軒くらい風呂屋を建てて、広島から出てきた人に売ったり貸したりして、そのお金で映画とかレストランに投資していた」
G2温泉			1933年	?	6:00-25:00	商業系				
H湯	H	東灘区	?	100強	16:00-23:00	住居系	近隣	貸駐車場	-	立体駐車場の骨組みを利用した構造。建設費3000万円。
I温泉	I	東灘区	-1960年	230-400	14:00-24:00	住居系	店舗二階	-		地車の責任者。人気銭湯が家族従業にこだわる。

表1 インタビューした銭湯の概要

わなければならず、その際に銭湯を利用していた。同様に銭湯以外でも喫茶店・小売店などのさまざまな「家」のもつ機能が互いの生活や仕事を相互に補完し合うことによって、当時の都市は機能していた（図3）。

　現在では地域の生産力が低下し、地域内で経済が回らなくなっている一方で、銭湯が希少化し、残った銭湯の価値が上がっている。「温泉旅行でも、まちを歩いて外湯に入って外で食事もするのが流行っているのと同じ」（G父）というように、銭湯はそのまちを歩くうえで魅力要素の一つとなっていた。

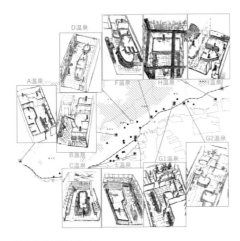

図2 各銭湯のスケッチ

また、旧来住民の地縁の再興に寄与していることがわかった（図4）。

3-2 帰る場所の銭湯（A, B, H, I）

郊外の「帰る場所」の銭湯は戦前からの集落の外に比較的遅く開業し、近くには鉄道駅や幹線道路があり、地域内では利便性の高い場所に立地しているという特徴をもつ。このような立地の原因として、銭湯が神戸都市圏拡大に対する投資として建設されたことが挙げられる。たとえば、垂水区では「漁師の網元で大地主だった一族が、まだ開発される前の自分の土地に複数の銭湯を開業した」（E1店主）というように、当時、銭湯が都市に必要不可欠なインフラであったからこそ、銭湯に投資することで周辺の土地の宅地価値を上げようとした。このようなかたちで、銭湯は都市のスプロールに先駆的に開業し、銭湯を経営する「家」は同時に投資した賃貸アパート・長屋・貸し家を経営することによってさらに安定的収入を確保することができた（A, B, I）。銭湯とそれを経営する「家」がともに郊外宅地化に重要な役割を果たしたのだ（図5）。

　このような銭湯が立地する郊外には近代家族が住むため、自家用風呂のある住宅が多く、早期に廃業する銭湯が多かった。一方で、現在も残り続ける銭湯は、地域の中での歴史の長さから、経営する「家」自体が地域の中で大きな影響力をもち、銭湯が地域の祭りで主導的な役割を果たしたり（H, I）、

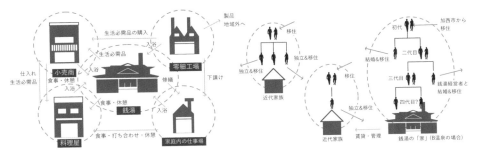

図3「家」同士で回る経済

図6 定住し続ける「家」

近隣の繁華街で飲食をする人、山登りの帰り、近くのゲストハウスに泊まる人、神戸の観光客や夜行バスを待つ人が一日100人以上訪れ、深夜まで混み合う(F温泉)

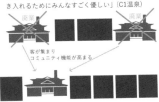

もともと銭湯が多く存在する地域だったが、現在は地区で1軒しか残らない。そのため他の銭湯に通っていた客たちが集まっている。「うちがなくなったら困るから、新しいお客さんを引き入れるためにみんなすごく優しい」(C1温泉)

図4 現代の銭湯の利用のされ方

明石市A温泉の場合:貸し湯で作った貯金で、500坪の土地を購入。250坪を転売し、100坪を銭湯、150坪をアパートへ

図5 郊外の銭湯の開業

銭湯名	A温泉	B温泉	C1温泉	C2温泉	D温泉	E1温泉	E2温泉	E3温泉	F温泉	G1温泉	G2温泉	H温泉	I温泉
家族	A	B	C		D		E		F		G	H	I
出身	神戸	播州	淡路島		広島		播州		播州		広島	神戸	広島
前職	ボイラーマン	?	農業		漁業		燃料運搬		温泉		?	浴場職員	農業

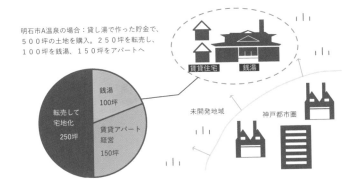

播州出身の祖父は石炭を銭湯に運ぶ仕事をしていた。親戚は銭湯への重油運搬業を続けており若い頃には手伝っていた(Eさん)

祖父は10店舗近く銭湯を営業し、同郷出身者に貸出・売却していた。広島式の床に海藻を敷いた蒸し風呂を行なっていた。(Gさん)

図7 経営者のルーツと前職

銭湯名	A温泉	B温泉	C1温泉	C2温泉	D温泉	E1温泉	E2温泉	E3温泉	F温泉	G1温泉	G2温泉	H温泉	I温泉
家族	A	B	C		D	E			F	G		H	I

震災でG2温泉が営業できなくなり、5年間休業するが、その間は常連客がG1温泉に行き、02年のG1温泉建替時は客はG2温泉に行く。(Gさん)

C2温泉の跡地を賃貸アパートにし、二つの事業を分離させず経営しているため、双方の事業間で資金の融通を行い、地域唯一の銭湯を残している。(Cさん)

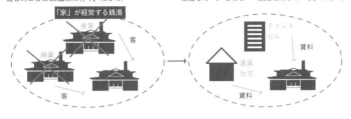

図8 複数の銭湯を経営する家族

経営体系が家族従業から会社組織へと変化したが、従業員は近隣に住む人・常連客・従業員の紹介などからなる。「結局そういう風に集まった人の方がよく働いてくれるし、コミュニケーションも取りやすいんですよ」離職率は非常に低いため、ほとんどスタッフの募集は行わない。(D温泉)

常連客同士で交流が起こったり、客のおじいさん・おばあさんが銭湯での出会いから結婚に至ったこともある。「お風呂だけっていうより、脱衣所とか待合とかみんなの共有のリビングみたいに使ってる感じかもしれへんね」(E1温泉)

図9 銭湯の拡大家族

銭湯名	A温泉	B温泉	C1温泉	C2温泉	D温泉	E1温泉	E2温泉	E3温泉	F温泉	G1温泉	G2温泉	H温泉	I温泉
					廃業を決定した家族従業の銭湯を会社組織が継承	創業当初から建物のみ市が所有していた				町営浴場であったが、職員だった父が買い取り家族従業へ		
家族	A	B	C		D	E			F	G		H	I
家族外従業員数	0	2	2		15	2			7	20		0	0

店舗二階で息子と娘と同居している。娘は会社員として働きながら「四代目」という名前でSNSで情報発信を行い、息子は店舗を「本社」としたノマド勤務IT企業を経営している。(B温泉)

閉店後、掃除の時間になると、会社員として働く近くに住む弟と息子2人が店舗に訪れ、掃除を手伝う。家族のみで手が回る範囲で経営することが重要と考え、開店中はワンオペである。(I温泉)

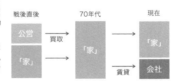

図10 銭湯の担い手

地域自治会で中心的な存在となっている(I)。多世代にわたって住み続ける人が少ない郊外において、生業と地域が深く結びつき、宅地化以前からその地域に住む銭湯の担い手が地域活動や文化の継承に大きな役割を果たしている(図6)。

4章 「家」としての銭湯

本章では、家族従業というスタイルが、経営者家族・従業員、そして銭湯それ自体の経営にどのように関わっているかを、銭湯経営者へのインタビューをもとに探った。

4-1 銭湯経営者の家族史

神戸市の銭湯経営者には広島県(D, G, I)と兵庫県播州地方(B, E, F)出身者が多く、広島県出身者は北陸出身者と似た同郷の親分子分関係を形成している一方で、播州を含む兵庫県出身者は、前職で商

船のボイラーマン（A）や銭湯への燃料運搬（E）、温泉経営（F）といった銭湯の近隣産業を営んでおり、そのツテを生かして経営に乗り出していた（図7）。

　同一地域内に銭湯を複数経営する「家」も存在し、このような「家」の特徴として、それぞれの銭湯の廃業時期がずれていることが挙げられる。これは、「一つ店を閉めても、そこに来ていたお客さんが残った店に来てくれる」（E店主）というように、一つの店を閉じても「家」全体の経営が安定することが理由である。さらに、廃業後の店舗跡地で不動産経営を行い「銭湯だけでは赤字だが、家賃収入で食べていける」（C店主）との声も聞こえ、このような「家」がある地域では銭湯が残りやすい（図8）。

4-2 おばちゃんと銭湯
家族以外の銭湯従業員は、かつては住み込みの男性労働者が主であったのに対し、燃料が薪から重油に移ることで、地縁のある女性（おばちゃん）へと変化したが、両者とも経営者家族と拡大家族を形成しやすい属性といえる。接客担当にはそれぞれファン的な客が存在しており、彼らは銭湯をより良い環境にすることに情熱を燃やす。また、その客に感化され客のファン、つまりファンのファンも生まれる。このように、銭湯では経営者家族だけでなく、従業員・客も含む巨大な「家」的関係が存在する（図9）。

4-3 家族従業と銭湯
一方で家族以外の従業員をほとんど雇用していない銭湯では、自己雇用性の高さを強みとして意識しており、家族に対する給与は「生活費」として支払われ家族の生活の豊かさに直結するため、閉店後の掃除（I）やSNSでの広報活動（B）を、インフォーマルに手伝う家族も存在する（図10）。

5章　銭湯とライフサイクル
経営者へのインタビューから、銭湯の継続上の難点となっている設備更新や事業継承がどのように行われているかを分析し、銭湯がどうやって続いていくのかを明らかにする。

5-1 モノのサイクル
まず、建築面において、銭湯の建て替えと更新について探る（図11）。神戸市では、1995年の阪神・淡路大震災が銭湯建築に与えた影響が大きい。揺れによるダメージのために神戸市内の47％もの銭湯が廃業した。「区画整理の対象になり、復興後のまちの様子がわからず、建て替えて営業を続けても投資を回収できるかわからない」（E1店主／震災で全壊したE3湯を廃業）といった理由で廃業を決めた銭湯がある一方で、インタビューした中で建て替えを行なった店舗は6店舗あり、うち半数の3店舗で本格的な建て替え前に「急造営業」というステップを踏んでいたことが確認できた。立体駐車場の骨組みを利用したプレハブ店舗や（H湯）、公園でのテントを利用した青空営業など（I湯）、さまざまなかたちでの営業が行われた。銭湯を運営する「家」は、意思決定が早く、行動の柔軟性が高いため、このようなさまざまな手段を活かしての早期の営業再開が可能になった。

　震災復興時の建て替えラッシュ後は、神戸市内での大規模建て替えは行われておらず、経営者家族や常連客が主体となったDIYにより小規模な改造が行われている。この際「やめる風呂屋があるって聞いたらトラックを運転していって、使える部品をもらって自分の店で再利用する」（E1店主）というように、貴重となった銭湯の設備や部品がリサイクルされていることがわかった。「家」同士の融通や信頼関係が銭湯の継続を支えている。

5-2 人のサイクル
次に、銭湯の人的継承面について探る。インタビューした中では、現在の銭湯経営者の多くはもともとサラリーマンとして働いていたが、「とりあえず銭湯を手伝う」段階を経て、会社員を辞めて事業を継承することを決定している（B, E, F, H, I）。この事業継承の際に、多くの場合、建て替えが同時に行われる。これは、銭湯を事業継承する際は、同時に建て替えを行い親が借金を負うことで、相続税や親族に支払う遺産分配を有利に進めることができるためである。つまりこの際、子は銭湯経営という生業をもった「家」を継ぐか、そのまま会社員を続け近代家族的な生活と平等な遺産分割を行うかを問われているのである。

　このため、神戸市内では震災の建て替え時に事業

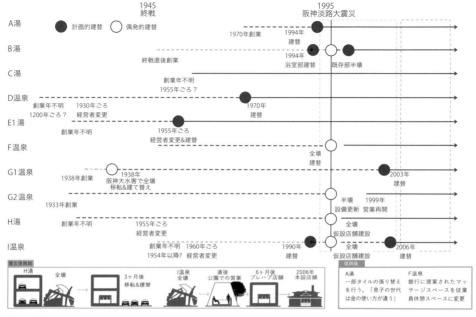

図11 銭湯の建て替え

継承を決定した世代、つまり現在50–60歳にあたる経営者が多い（B、E、F、H、I）。神戸市内の銭湯の営業の継続には、震災で建物・設備に大きな被害が出た際、継承に適した年齢の子がいて、その子が継承を望んだかどうかが大きく関わっている。災害という偶発的な事象により継承が起こり、その世代が現在の神戸の銭湯業界を担っていることがわかった。

次の世代への事業継承に関しては、継承を希望し、会社員と兼業で銭湯を手伝う子が複数存在する店舗（I）もある一方で、子供がいない（H）・建物や土地を借りている（C1、E1）などの理由で店舗更新と継承が難しいと考えている店舗もある。また、家族外の人に継承してもらうことを希望している銭湯（B）もあり、実際に2015年に廃業を決定した銭湯を、東海地方の会社が経営権を借り、貸し湯として継承するという事例（D）もみられた。貸し湯で家族外の人が継承し、そこで資金を貯め銭湯を買収・更新するといったかたちの事業継承が行われる可能性がある。

6章　まとめ

まず、ここまでの3–5章で明らかになったことを振り返る。3章では、神戸という都市と銭湯の関わりについて分析し、銭湯がそれぞれの地域と結びつき、地縁や文化の継承に大きな役割を担っていることがわかった。4章では銭湯のもつ「家」性に注目し、銭湯が家族・客を含む巨大な「家」的関係をもち、その「家」全体としての経営の安定化を目指すことが明らかになった。5章では銭湯の更新に焦点を当て、銭湯が「家」同士の融通や経営の柔軟性、そして震災をはじめとする偶発的な事象も伴い継承されることがわかった。

銭湯は、家族という共同生産組織により運営されてきた。その創業者は多くの都市移住の第一世代と同じように、地元で「家」を継がず、あるいは継げずに都市化著しい神戸へと渡った。そこで彼らは自分たちの「家」をもち、都市における社会インフラである銭湯を運営していた。それぞれの地域には同じような「家」が無数に存在し、お互いの生産活動と生活が結びつくことにより都市の中で巨大なネッ

トワークが構成されていた。仕事と生活、ひいては公の空間と私の空間の境界が曖昧な社会においては、銭湯をはじめとする諸機能を中心として、その都市・地域という巨大な拡大家族が形成され、地域ごとに継承され続けていたといえるだろう。

　現代では、生産と消費の場が一致した「家」に暮らす人は珍しくなり、都会的な近代家族に対して、「家」は田舎の前時代的な抑圧の象徴のように捉えられることすらある。しかしながら、現代都市にも「家」とその担い手は残り続け、地域環境を維持し続けている。銭湯のような、構成員を規定せず、複数世代にわたって地域に生き続けている「家」と、そのゆるやかな拡大家族としての地域社会の存在は都市生活が切り捨てられないものなのではないか。

[註]
＊1　神戸市灘区北部の五毛温泉。戦前から営業していたが、筆者の曽祖父が戦後直後に経営権を借り、1970年頃に土地建物を買い取って2011年まで営業した。
＊2　宮崎（1998）や高津（1963）は大阪府の銭湯経営者の3割を占める石川県出身者に注目している。彼らは出身村落ごとにインフォーマルな同郷集団を形成しており、相互扶助の考えが強い一方で、村落ごとの政治的派閥争いも起こる。

［参考文献］
（1）中野栄三『入浴と銭湯』雄山閣、2016年
（2）川端美季『近代日本の公衆浴場運動』法政大学出版局、2016年
（3）宮崎良美『石川県南加賀地方出身者の業種特化と同郷団体の変容』人文地理、1998年、第50巻第4号、pp.80-96
（4）石井淳蔵『商人家族と市場社会』有斐閣、1996年
（5）坂田博美『商人家族のエスノグラフィー――零細小売商における顧客関係と小売商』関西学院大学出版会、2006年
（6）西野理子、米村千代編『よくわかる家族社会学』ミネルヴァ書房、2019年

出展者コメント —— トウキョウ建築コレクションを終えて

Q このテーマを選んだ理由
祖父母が銭湯を経営しており、幼少期から銭湯に日常的に入る生活が当たり前でしたが、建築を学ぶようになって、銭湯周辺における生活環境の定量化できない豊かさを感じるようになりました。実感としてあった銭湯と都市の関わりを、論文を通してはっきりと言語化することを目指しました。

Q 修士論文を通して得たこと
今回の研究では、建築という分野からは少し離れ、家族社会学やエスノグラフィーなどの研究に触れ、それらの手法や考え方を通して調査を進めました。そのなかで、建築学では当然のように前提とされている「近代家族」などの概念を立ち止まって考えることができました。

Q 論文を通じて社会に向けて発信したいメッセージ
私は銭湯が好きです。だからこそ、銭湯がどのように都市に寄与しているかをきちんと言語化しておきたかったのですが、そこから見えてきたのは、銭湯だけでなく、見過ごしがちな人々の小さな日々の生活・営みが積層して、私たちの都市生活やコミュニティができているということでした。

Q 修士修了後の進路と10年後の展望
修士修了後は設計事務所で意匠設計の職につきます。設計のなかでも、都市というマクロスケールを、個人というミクロなアクターを通して考えていく手法は積極的に活用したいと思っています。将来的には、建築もしくは社会学分野で研究を再開し博士号取得を目指しています。

メガシティにおける迷惑施設の空間配置に関する研究

オープンデータによる地図の作成を手法として

寺田 亮
Terada Ryo

東京大学大学院
新領域創成科学研究科　社会文化環境学専攻
岡部明子研究室

Presentation

1章　序論

1-1 背景

全球的な都市空間の高密化・拡大に際し、都市機能の維持を担うインフラの建設や整備は、共通の重要課題といえる。しかしその都市機能の中には、廃棄物の処理や墓地など、全体としては必要だが近接する地域からは建設を忌避されるようなものがある。これらは「迷惑施設」と呼称され、その立地決定はしばしば議論や摩擦の対象となってきた。

特定の土地利用を排除しようとする動きは、ときに「NIMBY」などの言葉と共に現代的な現象として扱われる。しかし、特定の機能を生活圏から遠ざけようとするメカニズムは現代の大都市に限ったものではない。たとえば近代以前の小都市では、墓地等は空間的な都市の外側に置かれ、内外の境界を印象付けるような「辺境」の空間として、都市の境界を地理的に顕在化させていた。

ところが、現代都市は大きく拡大し複雑化したことで、以前の都市の外部は都市の内部に取り込まれ、そこにあった機能の配置決定は都市に内在する問題としてあらためて知覚されるに至ったといえる。現代都市の「外」は、直感として見え難いものになったといえる。しかしながら「必要だが近接は避けたい」という迷惑施設の性質は、ときにその配置や周辺環境に特徴的な様相となって現れることがある。

1-2 目的と手法

本論ではオープンデータを利用した地図の作成と比較を手段に、都市の「中心」ではなく、都市から排除される「外」である迷惑施設に焦点を当て、さまざまな都市の特徴を捉えることを目的とする。

迷惑施設について論じた既往研究は、配置の決定手法について論じたものが多い。一方、都市の中での立地分布に着目したものは少数であり、さらに単一の土地利用に限定せず、「迷惑施設」という括りを使いながら、都市との関係性について論じた研究はきわめて稀である。本論では多様な都市の“浅く広い”マッピングを手段として、その可能性を探る。

具体的には、メガシティを対象とした地図の作成（マッピング）により、迷惑施設とされる土地利用の空間的な立地分布を可視化するとともに、各都市の迷惑施設配置の特徴を明らかにし、都市空間の中での迷惑施設の特質について比較と考察を行う。

手法としては、主に2つのスケールによるマッピングとその照合を行う。スケール❶は、100km四方のエリアの人口密度分布に基づく施設配置分析、スケール❷は、迷惑施設周辺の半径250m程度の

地域	No	都市	総人口(人)		増加率	総面積(km2)		増加率	平均人口密度(人/ha)		増加率
			2015	1975	%	2015	1975	%	2015	1975	%
東アジア	01	東京	32,146,517	21,177,104	152%	4,516	3,760	120%	71	56	126%
	02	ソウル	21,965,738	12,468,257	176%	2,253	1,185	176%	97	105	93%
	03	広州	22,855,342	5,718,775	400%	3,171	1,097	289%	72	52	138%
	04	上海	25,828,025	4,115,019	628%	3,179	847	375%	81	49	167%
東南アジア	05	ジャカルタ	31,770,033	8,838,927	359%	3,502	1,620	216%	91	55	166%
南アジア	06	ムンバイ	24,208,070	12,788,818	189%	1,278	753	170%	189	170	112%
アフリカ	07	カイロ	23,467,085	9,639,757	243%	1,927	1,005	192%	122	96	127%
ヨーロッパ	08	パリ	10,115,313	7,741,884	131%	1,547	1,344	115%	65	58	114%
北米	09	ロサンゼルス	11,029,923	5,266,425	209%	2,665	1,661	160%	41	32	131%
	10	ニューヨーク	12,524,549	9,488,003	132%	1,894	1,495	127%	66	63	104%
中南米	11	メキシコシティ	21,982,360	13,818,172	159%	2,414	1,509	160%	91	92	99%
	12	サンパウロ	21,893,909	11,309,945	194%	2,247	1,716	131%	97	66	148%

表1 12都市の基本情報[出典：European Commission Global Human Settlementをもとに著者作成]

N群	Aa	清掃工場	ポイント	amenity; waste_transfer_station
	Ab	埋立地	ポイント	lamduse; landfill
	B	下水処理場	ポイント	man_made; wastewater_plant
	C	刑務所	ポイント	amenity; prison
	D	墓地	ポリゴン	amenity; grave_yard, landuse; cemetery
Y群	E	劇場施設	ポイント	amenity; theatre
	F	美術館・博物館	ポイント	tourlism; gallery, tourism; museum
	G	行政施設	ポイント	amenity; townhall
	H	公園	ポリゴン	laisure; park

表2 取得した地物とOSM上の属性

空中写真の目視による立地環境の類型化である。

2章　調査対象領域の選定

2-1 都市の選定

人口1,000万人超を擁する最大規模都市であるメガシティから計12都市を選定した。行政中心地を参考に都市域全体が収まるよう北を上に各都市100km四方を調査対象領域とした。

表1は、欧州連合によるGlobal Human Settlement Layer(以下GHSL)1975・2015年の人口密度1kmメッシュデータ[*1]を利用し、12エリアの都市域(20人/ha超過と定義)の総人口・総面積・平均人口密度の3指標とその増加量・率を算出したものである。

3章　スケール❶：人口密度分布をもとにしたマッピング断面データの作成

3-1 データベース

地物の位置情報は、OpenStreetMap[*2](以下OSM)から取得した。OSMはオープンコミュニティでつくられるため、正確性・網羅性や、地域ごとの情報量の格差が欠点である。しかし、積極的なデータの集約が稀な施設の位置情報を一様に入手する手段として適切な全体的分布傾向を知るには十分利用可能であると判断し採用した。人口密度分布は2章と同様のデータを使用した。

3-2 手法

OSMより、範囲内の迷惑施設群(以下N群)と都市の中心に位置する、あるいは都市の中心を成すと想定される施設群(以下Y群)として特定の属性(表2)に分類される地物情報を取得し、GIS上で人口密度メッシュと共にプロットした。

人口密度メッシュは[1]人口密度と[2]人口密度変化の各指標から2種類の塗り分けを行った(図1)。

[1]人口密度は都市の外部、周辺部、中心部を評価するため、人口密度20人/ha以下の外部(0)と、人口密度順に都市人口に占める割合をもとに4分割(I～IV)し、相対的に塗り分けた。

[2]人口密度変化は変化を都市間で比較可能にするため、1975年と2015年の差をメッシュごとに算出し、20人/haごとに8段階に塗り分けた。

3-3 結果

一連の作業を行い、都市・施設機能・塗り分け別に合計192のマッピングを作成した。また、各塗り分けレベルに該当するメッシュの中に位置する施設件数・面積(折れ線グラフ)とその1メッシュあたりの立地件数・面積(棒グラフ)を算出した。その一部として図2の上段は01東京と05ジャカルタの刑務所の分布特性(件数)を示す。

東京では、[1]では中程度(II～III)に分類される

メッシュに、[2]では小さいメッシュ(-20~+20人/ha)に刑務所が偏在していることがわかる。よって東京の刑務所は市街地としてはある程度発達しているが、近年は人口流入の停滞している場所に多く立地することがわかる。一方、ジャカルタでは、[1]では高め(III~IV)に分類されるメッシュに、[2]では比較的大きいメッシュ(+60~+80人/ha)に偏在していることがわかる。よってジャカルタの刑務所は人口が密集し、更に近年の人口流入も著しい場所に多く立地しているといえる。

3-4 考察

2指標の各色分け1メッシュあたりの立地件数に係数を付与して平均値を算出し、12都市の各施設の立地傾向を比較した。

マッピングと散布図の定性的な目視から3類型と2都市の例外を得た(表3)。

類型A内外型は、N群の外縁化とY群の中心部への集中という対比が明瞭な都市である。人口増加や都市拡大のピークを脱した成熟した都市に多い。

類型B新旧型は、N群が周辺部の新規開発地のような場所に集中し、Y群が高密でありつつも近年大きな人口増加の起こっていない安定した市街地に集中している都市である。地形的制約が大きく、計画性の高い新規郊外市街地をもつ都市に多い。

類型C混在型は、N群もY群も、人口密度とその増加度の両方が大きい場所に集中しており、両者が混在している都市である。この指標では迷惑施設の外縁化は起こっていないといえる。農地と市街地が混在するデサコタ的な風景をもつような、拡大発展が著しい温暖湿潤なアジア都市が多い。

4章　スケール❷：立地環境をもとにしたマッピング

4-1 手法

次に4章で集計を行った迷惑施設に対しGoogle Earth空中写真をもとに河川・鉄道等との近接、市街地形状、土地利用など14条件の有無を目視で判定し、立地環境を①都市内(1a~1f)②都市周辺(2a~2c)③都市外(3a,3b)の3タイプ11類型に分類した(図3)。

たとえば、1a都市内-隔離型は、迷惑施設が都市内部で高架や河川などによって周辺の市街地から明確に分断され孤立しているパターンである。この類型は、建設の際に先行して隔離性の高い場所を選んだことが読み取れるような例が多い。1d都市内-差異型(I-IF)は、迷惑施設の周辺に、整形の街区と建築形状をもった計画的な市街地と有機的な街路や高密な建築形状をもつ自然発生的な市街地という、形態に差異のある複数の市街地が混在しているパターンである。2a都市周辺-境界型は、迷惑施設が市街地と農地・未開発地との境に位置しているパターンである。

4-2 結果

一連の目視による作業を中規模程度以上の迷惑施設を対象に、12都市の1,439件に類型化作業を行い、最終的に1,122件を分類できた。各類型を再度地図上にプロットした。また、前章のスケール❶で用いた人口密度分布と照合し、11パターンの各立地類型の平均人口密度とその変化を算出した。例として01東京と07カイロを図4に示す。

01東京では、たとえば都市内部では施設機能に関わらず1a隔離型・1b計画型の計画性の高い立地

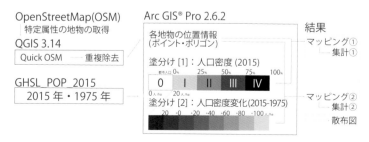

図1 スケール❶：マッピングのフロー

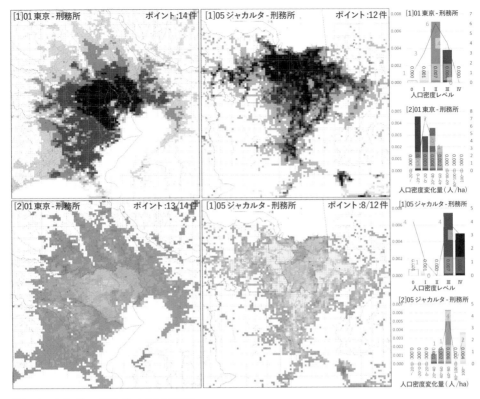

図2 スケール❶:例──東京・ジャカルタの刑務所

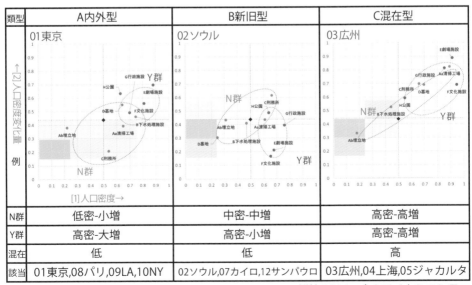

表3 スケール❶:12都市の類型化

例外:06ムンバイ,11メキシコシティ

環境が多くみられ、東京都区部では下水処理場を主として標高の低い東側の隅田川・荒川沿いに集中していることが読み取れる。人口密度を参照すると、1d差異型（F-IF）の立地パターンがもっとも人口密度とその変化量が大きく、高密化の激しい場所であるとわかる。また立地件数が少ない類型を除くと、1c差異型（計画的）の立地パターンが高密化の激しい場所に該当するといえる。

07カイロでは、都市内部は1d差異型（F-IF）・1e無計画型といった自然発生的市街地に付随するパターンが主要で、その多くがナイル川流域に集中している。一方、都市周辺部では氾濫原に広がっている農地とその中に形成された市街地との境界に立地している2a境界型、都市外部では高地の砂漠上に隔離的に配置された3b未開発型がそれぞれ多数である。氾濫原の低地と砂漠地域の高地という都市の地理的背景が立地類型として明確に表れているといえる。人口密度とその増減においては、1d差異型（F-IF）の立地パターンがもっとも高密化が著しいといえる。

4-3 考察

12都市における立地環境の特徴について、前節の類型化と目視によって確認できた迷惑施設の立地条件について表4に整理した。共通点から、12都市を（Ⅰ）～（Ⅲ）の3つの大きな類型に分類できた。また、スケール❶の人口密度による類型化と照合すると、両者がおおむね対応することがわかった。

（Ⅰ）に分類される都市は、都市内部では迷惑施設周辺は1a・1b・1cの計画的な市街地であることが多く、そもそも都市全体が計画性の高い構造を取っていることがわかる。都市周辺部では鉄道や幹線道路などの交通網を軸にした広がりをもつことが特徴的である。また、都市周辺部・外部での土地利用との隣接は、01東京は農地、08パリ、09ロサンゼルスは未開発地、10ニューヨークは工業用地と、都市ごとの地理的な特徴が表れている。スケール❶での類型A内外型と対応する。

（Ⅱ）に分類される都市は、都市内部では02ソウルが1c、残る3都市が1dのように、迷惑施設の周囲で住環境の差異がせめぎ合っている立地類型が多くみられる。また、いずれの都市も都市外部では迷惑施設が未開発地と近接していることが多い点で共通している。スケール❶での類型B新旧型と06ムンバイが対応する。

（Ⅲ）に分類される都市は、いずれの都市も周辺部・外部で迷惑施設が農地と近接していることが多い。都市全体としては、03広州は工業や農地といった市街地以外の土地利用との近接が特徴的で、04上海は市街地の計画性が高く河川との近接が多い。本論で選定した中国2都市では、都市のもつ土地利用や自然地形のモザイクの中に迷惑施設が織り込まれているといえる。一方、05ジャカルタ、11メキシコシティでは迷惑施設と非計画的市街地とが隣接するような例が多く、また幹線道路と近接している例も多い。スケール❶での類型C混在型の都市群と11メキシコシティが対応する。

			①都市内					②都市周辺			③都市外			参照
			類型の番	F or IF/差異	高密	近接パス	近接利用	類型の番	近接パス	近接利用	類型の番	近接パス	近接利用	④類型
(Ⅰ)	01	東京	1a,1b	F/小	1c,1d	河川		2a,2a	鉄道	農地	3a,3b		農地,未開発地	A
	08	パリ	1b,1c	F/中	1b,1c			2a	鉄道,幹道	未開発地	3a,3b		農地	A
	09	ロサンゼルス	1b	F/小	1c	幹道	工業	2a	幹道	未開発地	3b	幹道	未開発地	A
	10	ニューヨーク	1b	F/小	1c			2a,2c	鉄道,河川	工業	3b		未開発地	A
(Ⅱ)	02	ソウル	1b,1c	F/中	1c	河川,幹道		2a		農地	3b		未開発地	B
	07	カイロ	1d,1e	IF/大	1d,1e		工業	2a	河川	農地	3b		未開発地	B
	12	サンパウロ	1d,1e	混/大	1c,1d	鉄道,幹道		2a,2c	幹道	未開発地	3b	幹道	未開発地	B
	06	ムンバイ	1d	F/大	1d	鉄道		2a			3a		農地	B
(Ⅲ)	03	広州	1a,1d	混/大	1d		工業	2a		工業,農地	3a,3b	河川,幹道	農地,未開発地	C
	04	上海	1b	F/小	1d	鉄道,河川		2a,2b	河川	工業,農地	3a	河川	農地	C
	05	ジャカルタ	1b	IF/大	1d	幹道		2a,2b		農地	3a		農地	C
	11	メキシコシティ	1d,1e	IF/大	1a,1d	幹道		2a			3a		農地	C

表4 スケール❷：12都市の類型化

都市	平均	①	②	③	高密化
01 東京	71	100	53	18	1c,1d
02 ソウル	97	106	48	17	1c
03 広州	72	99	34	17	1a,1d
04 上海	81	106	41	27	1b
05 ジャカルタ	91	136	54	2	1d
06 ムンバイ	189	378	152	82	1d
07 カイロ	122	236	71	8	1d,1e
08 パリ	65	112	43	13	1b,1c
09 ロサンゼルス	41	27	4	4	1b
10 ニューヨーク	66	53	23	5	1b
11 メキシコシティ	91	136	38	12	1d,1e
12 サンパウロ	97	98	37	4	1d,1e

表5 スケール❶+❷：立地類型グループごとの人口密度・立地類型

5章　スケール❶＋❷の照合

5-1 人口密度と立地類型の照合

前章で算出した、立地類型ごとの平均人口密度と
その変化に注目する。市街地の発達度から①都市内
（1a~1f）②都市周辺（2a~2c）③都市外（3a,3b）
の3グループに分け、それぞれ2015年時点での平
均人口密度を算出した（表5）。

　①都市内グループの人口密度は09ロサンゼル
ス、10ニューヨークを除く10都市で都市全体の都
市域人口密度を上回った。また、②都市周辺グルー
プの人口密度は、12都市全てで都市全体の都市域
人口密度を下回った。そして、③都市外グループの
人口密度は、04上海、06ムンバイを除く10都市で
20人/haを下回っていた。以上より、本論で用いた
独立したスケール❶・❷の手法は互いに大きくは矛
盾していないと考えられる。

　また、各都市でもっとも人口の高密化の著しい迷
惑施設の立地類型（黄色枠）は、1c:都市内-差異型
（計画的）、1d:都市内-差異型（F-IF）という、いず
れも迷惑施設の周辺に質の異なる市街地がせめぎ
合っているような類型であることが多いとわかった。

5-2 迷惑施設周辺市街地の「差異」の
　　 形成プロセス

そこで、1c・1dの立地類型に注目し、Google
Earthによる空中写真比較から迷惑施設の周辺に
市街地の「差異」が形成されるプロセスを観察した。
すると市街地の形成・変化の過程に以下の3つの異
なる特徴を観察できた（図5）。これらの特徴は独立
ではなく、また複合的な例や多くの例外が存在する
と考えられる。

　特徴①:迷惑施設近傍が街区として開発から残る
ことで、後から大規模・計画的な開発が起こる例。
施設の建設に大規模な土地の確保が容易な条件を
もった場所が選ばれている。のちに周辺の市街化が
進むと、近接街区は迷惑施設のリスクを抱える場所
であるため開発が遅れ、最後に大規模な開発が進
んだと推測されるパターンであるといえる。

　特徴②:迷惑施設の周辺に自然発生的市街地が
形成された後、迷惑施設近隣で大規模・計画的なク
リアランスが起こる例。迷惑施設の近傍に存在して
いたインフォーマルな街区が時間経過によって高
層建築など計画性の高いものに置き換わるパター
ン。他と異なり市街地の差異の形成にクリアランス
のような外からの政策的要因が強いと推測される。

　特徴③:先行して形成された市街地の端に迷惑施
設が置かれ、後から対岸に、先発の市街地よりも自
然発生的・小規模な市街地が形成される例。先発で
形成された連続した市街地の物理的な外縁部に迷
惑施設が建設された後、その向こう側に後発して異
なる市街地が形成されるパターン。

6章　結論

本論を通して、各メガシティの都市構造と、迷惑施
設の立地特性との連関を提示することができた。た
とえば、迷惑施設が他の施設同様に都市の内部に
多く立地する都市は、周辺の農地を包摂し急速に拡
大した都市が多い。一方、迷惑施設の空間的な隔離
が強い都市は、人工的な開発を背景にもつ都市で
あることが多い。

　また、迷惑施設を都市から「隔離」しようとする方
向が2つのスケールにから共通して確認された。一
方、都市の内部に立地している迷惑施設の周辺市
街地に注目すると、高密化が著しい場所と、周辺市
街地の形状に差異のある場所とが多くの都市で一
致していた。つまり、都市内部の高密な場所では、迷
惑施設が都市化の流れに何かしらの影響を与え、そ
れが現在の都市空間の差異として表れている可能
性が考えられる。既往研究では都市を所与のものと
して施設配置の是非が論じられることが多いが、迷
惑施設の存在が都市を変えるという逆の働きも決
して小さくないことが確認できた。本論で用いた2つ
の手法はいずれも、別の施設機能や都市にも応用
可能性が高い。またOSMは、それぞれ都市の特徴
を反映するような違いが表れる程度には有用だっ
たが、実際の地図と照合すると漏れや重複が確認さ
れた。抽出手法の改善や、より適切なデータベース
の選択などが今後の課題として挙げられる。

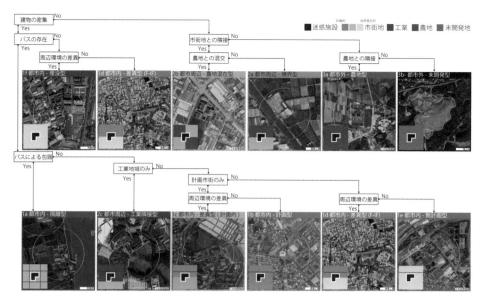

図3 スケール❷：立地環境の類型化フロー

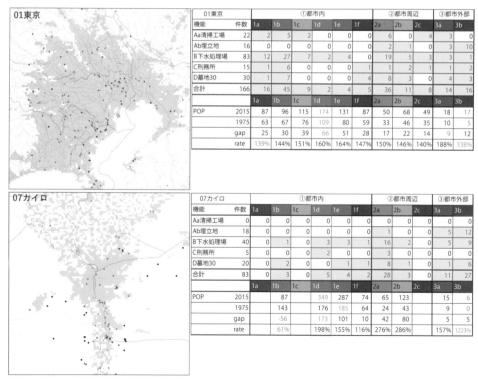

01東京		①都市内						②都市周辺			③都市外部	
機能	件数	1a	1b	1c	1d	1e	1f	2a	2b	2c	3a	3b
Aa清掃工場	22	2	5	2	0	0	0	6	0	4	3	0
Ab埋立地	16	0	0	0	0	0	0	2	1	0	3	10
B下水処理場	83	12	27	7	2	4	0	19	5	3	3	1
C刑務所	15	1	6	0	0	0	1	1	2	1	1	1
D墓地30	30	1	7	0	0	0	4	8	3	0	4	3
合計	166	16	45	9	2	4	5	36	11	8	14	16
		1a	1b	1c	1d	1e	1f	2a	2b	2c	3a	3b
POP	2015	87	96	115	174	131	87	50	68	49	18	17
	1975	63	67	76	109	80	59	33	46	35	10	5
	gap	25	30	39	66	51	28	17	22	14	9	12
	rate	139%	144%	151%	160%	164%	147%	150%	146%	140%	188%	338%

07カイロ		①都市内						②都市周辺			③都市外部	
機能	件数	1a	1b	1c	1d	1e	1f	2a	2b	2c	3a	3b
Aa清掃工場	0	0	0	0	0	0	0	0	0	0	0	0
Ab埋立地	18	0	0	0	0	0	0	1	0	0	5	12
B下水処理場	40	0	1	0	3	3	1	16	2	0	5	9
C刑務所	5	0	0	0	2	0	0	3	0	0	0	0
D墓地30	20	0	2	0	0	1	1	8	1	0	1	6
合計	83	0	3	0	5	4	2	28	3	0	11	27
		1a	1b	1c	1d	1e	1f	2a	2b	2c	3a	3b
POP	2015		87		349	287	74	65	123		15	6
	1975		143		176	185	64	24	43		9	0
	gap		-56		173	101	10	42	80		5	5
	rate		61%		198%	155%	116%	276%	286%		157%	1223%

図4 スケール❷：例――東京・カイロの分布

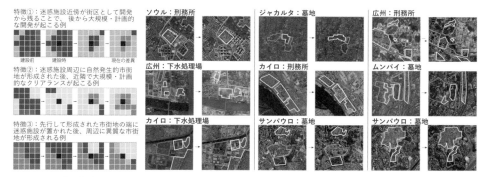

図5 スケール❶+❷：「差異」の形成プロセスの特徴

[註]

*1 出典: European Commission Global Human Settlement Layers <https://ghsl.jrc.ec.europa.eu/> 2021年1月16日閲覧

*2 出典:Open Street Map <https://www.openstreetmap.org/> 2021年01月9日閲覧

*3 本論の航空写真は全てGoogle Earthより引用

[参考文献]

(1)United Nations, Department of Economic and Social Affairs, Population Division, *World Urbanization Prospects: The 2009 Revision*, 2010

(2)COMMISSION FOR RACIAL JUSTICE United Church of Christ, *TOXIC WASTES AND RACE*, 1987

(3)T.G.McGee, G.Bell and Sons, *The Urbanization Process in the Third World*, Collins Educational, 1971

(4)村松伸ほか『メガシティ1——メガシティとサスティナビリティ』東京大学出版会、2016年

(5)村松伸ほか『メガシティ2——メガシティの進化と多様性』東京大学出版会、2016年

出展者コメント —— トウキョウ建築コレクションを終えて

Q このテーマを選んだ理由

「迷惑施設」がいかに都市と共存できるかという課題は、卒業論文・設計の主題にするなど、私が学部の頃から取り組み続けてきた関心事です。本論ではとくに迷惑施設が都市空間の中でもち得る可能性をなるべくドライに論じたいと思いこのテーマを選びました。

Q 修士論文を通して得たこと

単に地道な作業を積み重ねただけで満足せず、そこから一歩踏み出してどんな新しいことが言えるのか、ということが本論の執筆にあたりもっともよく考えた、苦労した部分です。自分のやったことを客観的に見て、その価値を考える能力が少し成長したと思います。

Q 論文を通じて社会に向けて発信したいメッセージ

迷惑施設は、反対運動など感情的なエゴの問題として扱われることが少なくありません。しかしそれを説得で解決するのではなく、仕方ない性質と割り切り、その中で施設と周辺の価値を高めていくようなデザインを考える視点が重要ではないでしょうか。

Q 修士修了後の進路と10年後の展望

ゼネコンの設計部に勤務します。ひとまずは建築設計者としての実力を伸ばす中で、都市単位での開発とその中の建築（チャンスがあれば迷惑施設のような施設機能）のデザインにも参画できたらいいな、と考えています。

都市周縁部における農地の空間特性に関する研究

東京都調布市の農家によるブリコラージュ的実践に着目して

畠山亜美
Hatakeyama Ami

東京大学大学院
工学系研究科　建築学専攻
川添善行研究室

Presentation

序章

都市周縁部には、多くの農地が宅地と混在しながら残存している。そのような状況において、農家は都市からの要求に応えながら、消費者への農産物の直接販売や収穫体験の開催など、農業生産に留まらない多角的な事業を展開している。

本研究は、都市住民や地域社会との関わりや、農地の空間利用といった農家による日々の実践に着目して、非農家である都市住民が農産物や農業体験を享受することのできる開放的な状況がいかに生じているのかを検討するものである。

近年、都市住民による農業に対する価値の見直しや需要の高まりがみられ、非農家による農業への関わりが多様化していることが指摘されている[1]。さらに、2018年には生産緑地の貸借を可能とする「都市農地の貸借の円滑化に関する法律」(以下、都市農地貸借法)が制定され、土地所有者以外による営農が可能となったことにより、担い手不足による都市農地の減少の抑制が期待される。

しかしながら、農業に対する都市住民の需要が高まる中、農地の貸借によって所有と利用の分離が進むと、農地が市場の原理によってのみ運用される可能性が考えられる。言い換えれば、これまで土地を所有しながら代々営農してきた農家によって受け継がれてきた社会的・空間的な関係性が絶たれ、多面的な機能を有してきた農地が均質化されてしまう危険性を孕んでいるのである。そのため、都市農地貸借法が活用され始めながらも、いまだ農地の所有と利用が一致している現在の状況において、農家と非農家の多様な関わり方を把握し、今後における持続可能な農業経営と土地利用のありようを検討する必要がある。

都市農業に関連した研究の多くは、農地の転用状況に焦点を当てており、営農効率や都市計画の観点から農地の細分化や宅地との混在化が問題視されてきた[2]。農家の営農実態に着目した研究として、農地が分散する都市農業における「ステークホルダー」との関わりに着目した研究や、農業経営の多角化に伴い、農地が開放されていくことを指摘した研究がある[3,4]。

そこで本研究では、先行研究で提示された都市農業におけるステークホルダーとの関わりと農地の分散性の論点に、農地の開放性という空間的視点を加えつつ、農家への取材調査と農地の目視調査を通して、農家の実践に対する空間的側面と社会的側面、2つの側面からの統合的な分析を行う。

1章　農家のライフストーリー

本研究では調布市において代々営農している7軒の農家に対して取材調査を行った。取材した営農者の年齢層は30代から70代で、いずれも他業種での勤務を経験したのちに就農しており、多様なバックグラウンドをもっている（表1）。

2章　農家の活動圏

2-1 農家が所有または貸借する土地の分布

対象農家が耕作する農地の分布状況について、1km以上離れて複数の農地を耕作する〈a.分散型〉、1km圏内の複数の農地を耕作する〈b.密集型〉、1カ所にまとまった農地を所有耕作する〈c.集約型〉の3つの類型に分類した。また、対象農家の農地と屋敷地の位置関係を見ると、7軒のうち5軒は隣接しており、2軒は分離している（表1）。

2-2 農家が形成する社会的関係性

対象農家とさまざまなステークホルダーの関わりを見ていくと、以下のような関係性が確認された。

2-2-1 農家同士の関わり

対象農家はいずれも農業協同組合に加盟している。現在調布市を管轄とする農業協同組合はマインズ農業組合（以下、JAマインズ）であり、調布市の他に狛江市と府中市を活動範囲としている。JAマインズ発足以前、調布市は調布地区と神代地区に分かれた農業協同組合を有しており、現在もJAマインズの下部組織として調布地区と神代地区に分かれた

基盤が存在している。さらに、かつて水田であった農地には水路を維持・管理するための水利組合が置かれており、農家Aと農家Eが加入している。対象農家はそのような農業に関連した属地的組織に所属しながら営農しているということがわかる（表2）。

さらに、このような属地的な農業関連組織の他に、各農家が個人的に形成した他の農家との関わりもみられる。とくに、農産物の直接販売を農業経営の主軸におく農家は、市内の農家とは商圏の一致により利害の衝突が生じてしまうため、気軽に情報交換が可能な市外の農家との関わりに重点をおいている。

2-2-2 農業を通じた非農家との関わり

農業を通じた非農家との関わりは、〈α.農業関連事業の展開〉、〈β.農作業における労働力の獲得〉、〈γ.他分野との協働〉の農業に関連した3つの形態に分類される（表2）。

さらに、対象農家が展開する農業関連事業は「農産物の提供」と「農業体験の提供」に大別することができる。それらの事業は、農家が「所有・貸借する土地内部（以下、土地内部）」や「調布市内」、「調布市外」において展開されている。このような事業の形態と展開場所や経緯に関して、対象農家が展開する事業を表3にまとめた。

事業の展開経緯を見ると、JAマインズによって提供される直売所等での農産物の販売や、S&Aによる小学校への出前授業への協力など、「農業関

対象農家	取材営農者	農家のバックグラウンド（第1章）					耕作する農地の分布状況（第2章）					
		年齢（生年）	性別	就農年数（就農年齢）	農外職歴	不動産経営	耕作規模(a)	耕作農地	農地間の最大距離(m)	農地の分布	屋敷地と農地	栽培品目
農家A	M氏	68(1952)	男性	36(32)	会社員（農協）	○	64	A-1〜6	1000	a	分離	30
農家B	K氏	71(1949)	男性	17(54)	消防士	−	9	B-1	−	c	隣接	30
農家C	R氏	58(1962)	男性	18(40)	会社員（光分析）	○	32	C-1〜3	270	b	分離	60
農家D	S氏	39(1981)	男性	10(29)	会社員（輸入）	○	121	D-1〜3	610	b	隣接	30
農家E	A氏	38(1982)	男性	11(27)	会社員（保険）	○	89	E-1〜10	2560	a	隣接	30
農家F	I氏	33(1987)	男性	5(28)	システムエンジニア	○	112	F-1〜4	360	b	隣接	30
農家G	Y氏	36(1984)	女性	8(28)	デザイナー（GUI）	○	55	G-1	−	c	隣接	100

表1 農家の情報

対象農家	農家同士の関わり								農業を介した非農家との関わり				地域社会における農外の役割
	JAマインズ				水利組合	S&A	就農前の研修	その他の関わり	α.農業関連事業の展開		β.農作業の労働力の獲得	γ.他分野との協働	
	支部	そ菜部会	青壮年部	農産物直売会					農産物の提供	農業体験の提供			
農家A	○	○	–	–	○	○	–	–	○	○	○	–	消防団 PTA会長 寺の総代 神社の世話
農家B	○	○	–	–	○	–	–	–	○	○	○	–	神社の世話
農家C	○	○	○	–	○	○	–	–	○	○	○	蕎麦屋	PTA会長 消防団 民生委員会 稲荷神社の講
農家D	○	–	○	–	–	–	–	共同直売会	○	○	○	–	消防団
農家E	○	–	○	○	○	–	–	JA東京青壮年組織協議会 東京トマト養液栽培研究会 全国農業体験農園協会	○	○	○	WEBデザイナー 酪農家	消防団 地区協議会 神社の世話
農家F	○	○	○	○	○	–	–	SNS	○	○	○	飲食店	神社の世話
農家G	○	–	○	○	–	–	–	農業女子プロジェクト SNS 勉強会	○	○	○	飲食店 ウエディングプランナー	–

表2 対象農家が形成する社会的関係性

凡例
事業展開経緯の色分け　　農業関連組織の活動の一環　　個人的な関わりの展開　　単独の展開

対象農家	農産物の提供										
	土地内部	調布市内				調布市外					
	個人直売	学校給食	JA直売所	インショップ	その他	インショップ	その他	児童の圃場見学	園児の農業体験	体験農園	イベン
農家A	–	○	○	○	–	○	–	–	–	–	
農家B	○ (農地B-1)	–	–	–	–	–	–	–	–	–	
農家C	○ (土地C'-2)	–	○	–	–	–	–	○ (農地C-1、土地C'-1)	–	–	
農家D	○ (屋敷地)	–	–	–	–	–	企業を通した販売 他の農家との共同出荷	–	○ (農地D-1)	–	
農家E	–	○	○	○	子ども食堂への出荷 コンビニでの販売	–	加工品の販売	–	–	○ (農地E-10)	
農家F	○ (農地F-4)	–	○	○	飲食店への出荷・販売	–	加工品の販売	○ (農地F-4)	○ (農地F-4)	–	○ (農地F-
農家G	○ (屋敷地)	–	–	○	飲食店への出荷・販売	–	飲食店への出荷・販売	–	–	–	○ (農地G

表3 多角的な農業関連事業の展開場所と経緯

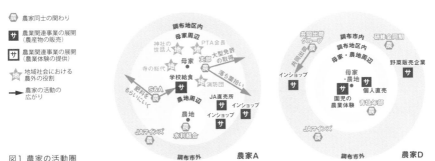

農　農家同士の関わり
サ　農業関連事業の展開（農産物の販売）
サ　農業関連事業の展開（農業体験の提供）
☆　地域社会における農外の役割
→　農家の活動の広がり

図1 農家の活動圏

連組織の活動の一環」として事業を展開している場合には、「土地内部」における事業の展開は少なく、活動圏は「調布市内」から「調布市外」まで広がり、所有する土地との相関性が低いことがわかった。

また、知人の飲食店への農産物の出荷など、他者との「個人的な関わりの展開」によって事業を始める農家が確認され、社会的な関係性を農業経営に活かしていることが明らかとなった。

用語の説明		
	支部	JAマインズは各地区に分かれて活動している他に、さらに地域ごとに「支部」に分かれて活動している。概ね屋敷地の位置に規定されて決まっているが、その境界や具体的な地番はJAマインズの職員も把握していない。
	そ菜部	JAマインズには下部組織として5つの生産部会があり、そ菜部会、果樹部会、植木盆栽部会、花き部会、畜産部会に分かれているが、対象農家に関してはそ菜部への所属のみが確認された。部会の中では品評会への出品や苗の共同購入などをおこなう。
	青壮年部	55歳以下の組合員で構成される組織で、小学校の農業体験活動などを行っている。
	農産物直売会	市民への農産物の提供を主目的とした組織で、この組織に加入することで、JAが提携するJA直売会やスーパーのインショップなどにおいて農産物を販売することができる。
	水利組合	農業用水路の維持管理活動を行っている。現在も年に数回ほど水路の掃除や飲み会などを行っている。調布市は現在市内5つの水利組合に対して助成を行っている。
	S&A	School & Agricultureの略称で、行政が事務局となって小学校の栄養士と農家をつなぎ、学校給食への農産物の出荷を行っている。また、それをきっかけに圃場見学や出前授業などを行う農家もいる。

農業体験の提供	
土地内部	調布市内
その他	出前授業
–	○
–	–
–	–
–	–
–	○
貸し農園の開設(農地F-3)	○
飲食店との共同イベントの企画・開催 (畑で収穫体験したものをシェフが調理して提供) 他業種との共同イベントの企画 (ウェディングプランナーとともに畑で結婚式を企画)	–

2-2-3 地域社会における農外の役割

代々土地を受け継いで営農してきた農家の多くは消防団活動やPTAなどの地域活動を引き受けており、農家Aや農家C、農家Eは地域社会において積極的に農外の役割を担っている。一方で農家Dや農家F、農家Gは地域活動には消極的である(表2)。

2-3 農家と地域社会の関わり

これまで見てきた農地や屋敷地の分布や社会的関係性の形成から、農家の活動圏を分析する。

属地的な農業関連組織における活動や農外の地域活動など、地縁組織との関わりに対する意識は、農家によって個人差がみられた。60代のM氏(農家A)は属地的な複数の農業関連組織に所属し、さまざまな活動を行っているが、その中でもさらに特定の構成員と積極的な情報共有を行い、労働を交換するなど相互扶助関係にある。加えて地域社会における関係性を重視しており、農外の地域活動にも積極的に参加するなど、地域社会との強い関わりの中で営農している(図1)。

30代のR氏(農家D)は市外の農家と積極的に情報交換を行い、また農外の地域活動には一切参加していないが、自身の息子が通う幼稚園からの依頼をきっかけに、自身の所有する農地内部で近隣の園児の農業体験を受け入れており、そのような活動の中で、地域社会における農家としての存在意義を意識しているという(図1)。

以上のことから、対象農家はいずれも地域との関係性をもちながら営農しているものの、地縁組織との関わり方は農家によって異なっているということが確認された。

3章　農地の空間特性

3-1 農地の空間利用

対象農家が耕作する農地は、純粋な生産の場としての利用に留まらず、複数の用途で利用されている(表4)。

農家は都市からの要求に応えて多様な事業を展開しているが、農産物の直接販売などの市場外流通においては、市場の隙間を埋めるために多品目の農産物の提供が求められる。その中で農家は、小規模な農地をさらに細分化して小面積ずつ、多品目の作物を栽培している(図2)。

また、〈a.分散型〉または〈b.密集型〉に該当する複数の農地を耕作する農家は、農地ごとに栽培する農産物をつくり分けており、それらは屋敷地や他の農地との位置関係や、農地の規模、土壌の性質などをもとに決定されている。一方で、〈c.集約型〉の農家や、50a以上のまとまった農地を耕作する農家も、1カ所の農地内で単一の作物を作付しているということはなく、同様に農地を細分化して利用している。

加えて、〈a.分散型〉や〈b.密集型〉の農家や、50a以上の農地を耕作する農家は、農作業の拠点となる〈生産補助機能〉を複数の農地に配置したり、農地内に複数カ所に分けて配置することで移動にかかるコストを削減している(図2)。

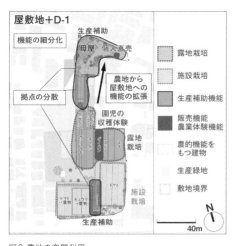

図2 農地の空間利用

屋敷地の空間利用との関係を見ると、農地に屋敷地が隣接する5軒の農家の場合、農家Bを除いて、農地にみられる農的な機能が隣接した土地まで拡張していることが確認できた。その場合、屋敷地と農地の間には境界装置が設置されず、農的機能が敷地境界を越えて屋敷地まで連続している。他方、農家Aは屋敷地と農地が分離しているにもかかわらず、屋敷地において農的な空間利用がみられ、屋敷地と農地の位置関係にかかわらず、各農家のライフスタイルによって農的な機能と生活機能のつながりが決定されている（図3）。

3-2 農地における他者との接触

対象農家のうち農家Aを除く6軒は、土地内部で農業関連事業を展開している。そのうち2軒は農地内に、3軒は所有する土地の中に農産物の「販売機能」を有し、5軒が農地内に「農業体験機能」を有する。

対象農家	対象農地	農地（土地）の用途							建物の用途							農外	農地の有する機能
		農産物の生産				農業関連事業の展開		有無	農産物の生産				農業関連事業の展開				
		露地栽培	果樹栽培	竹林	残渣置場	販売	農業体験		施設栽培	収納	調整作業	井戸	販売	農業体験			
農家A	A-1	○	−	−	−	−	−	−	−	−	−	−	−	−	−	P,P+
	A-2	○	−	−	−	−	−	−	−	−	−	−	−	−	−	P
	A-3	○	−	−	−	○	○	○	○	○	○	−	−	−	−	P,P+
	A-4	○	−	−	−	−	−	−	−	−	−	−	−	−	−	P
	A-5	○	−	−	−	−	−	−	○	−	○	−	−	−	−	P,P+
	A-6	○	○	−	−	−	−	−	−	−	−	−	−	−	−	P
	屋敷地	−	−	−	−	○	○	○	○	○	○	−	−	−	−	P,P+
農家B	B-1	○	○	−	−	−	−	−	−	−	○	○	−	−	−	P,P+,S
	屋敷地	−	−	−	−	−	−	−	−	−	−	−	−	−	−	−
農家C	C-1	○	−	−	−	−	−	−	−	−	−	−	−	−	−	P
	C-2	○	−	−	−	○	−	−	−	−	−	−	−	−	−	P
	C-3	○	−	−	−	−	−	−	−	−	−	−	−	−	−	P
	C'-1	−	−	−	−	○	−	−	−	−	−	−	○	−	−	P+
	C'-2	−	−	−	−	○	−	−	−	−	−	−	○	−	−	S
農家D	D-1	○	−	−	○	○	○	○	○	−	−	−	−	−	−	P,P+,E
	D-2	○	−	−	−	−	−	−	−	−	−	−	−	−	−	P
	D-3	○	○	−	−	○	−	−	−	−	−	−	−	−	−	P,P+
	屋敷地	−	−	−	−	○	−	−	−	−	○	−	○	−	−	P+,S
農家E	E-1	○	−	−	−	−	−	−	−	−	−	−	−	−	−	P
	E-2	○	−	−	−	−	−	−	−	−	−	−	−	−	−	P
	E-3	○	−	−	−	−	−	−	−	−	−	−	−	−	−	P
	E-4	−	−	○	−	−	−	−	○	○	○	○	−	−	−	P,P+
	E-5	○	−	−	−	−	−	−	−	−	−	−	−	−	屋敷神	P,P+,O
	E-6	○	−	−	−	−	−	−	−	−	−	−	−	−	−	P
	E-7	○	−	−	−	−	−	−	−	−	−	−	−	−	−	P
	E-8	−	−	−	−	−	−	−	○	−	−	−	−	−	−	P
	E-9	○	−	−	−	−	−	−	−	−	−	−	−	−	−	P
	E-10	−	−	−	−	○	○	−	−	−	−	−	○	○	−	P,P+,E
	屋敷地	−	−	−	−	−	−	−	−	−	○	−	−	−	−	P+
農家F	F-1	○	○	−	○	−	−	−	−	−	−	−	−	−	−	P,P+
	F-2	○	○	−	○	−	−	−	−	−	−	−	−	−	−	P,P+
	F-3	○	−	○	−	○	○	−	−	−	−	−	−	−	−	P,P+,S,E
	F-4	○	○	−	○	○	○	−	−	−	−	−	−	−	−	P,P+,S,E
	屋敷地	−	−	−	−	○	−	−	−	−	○	−	−	−	−	P+,P+
農家G	G-1	○	○	○	○	−	−	−	−	−	−	−	○	洗濯物	P,P+,E,O
	屋敷地	−	−	−	−	○	−	−	−	−	○	−	−	−	−	P+,S

用語の定義	農産物の生産機能	生産機能	P	露地栽培や果樹の栽培、竹林の管理などに加え、施設内での土耕栽培や水耕栽培などが行われていること。
		生産補助機能	P+	農地内に設置されている残渣置場や、施設内での農機具等の収納や調整作業、井戸の設置などが行われていること。
	農業関連事業の展開	販売機能	S	個人直売所の設置などにより、農産物の販売が行われていること。
		農業体験機能	E	体験農園や観光農園、貸し農園の経営や、保育園の農業体験や小学生の圃場見学の受入などを行っていること。
	農外の機能		O	屋敷神の設置や洗濯物を干すなど生活空間としての利用などが行われていること。

表4 農地が有する機能

耕作する農地等で農産物の販売が行われている場合について、農家Fは沿道に個人直売所を設置し、客が農地に入らずに農産物を購入できる配置としているが、その他の4軒では客が農地等の中に足を踏み入れて農産物を購入する配置となっている。また、農業体験の提供が行われている場合には、農地全面を使って農業体験イベントを開催したり小学生の圃場見学の受け入れなどを行う事例と、農地の一部の区画において園児の収穫体験などを行う事例がみられ、非農家への開放範囲は農家や事業によって異なる。

3-3 農地の開放性

最後に、農地の周囲に設置された境界装置の設置目的と農地内への他者の進入の可否を基準に、農地それぞれの開放度を分析する。表5に示されるように、「他者の進入防止」を目的として境界装置を設置しつつも、所有・貸借する土地内部で農業関連事業を展開し、他者の進入を許容する開放度の高い農地を耕作する農家が存在している。また、単一の農地のみを耕作する〈c.集約型〉の農家を除くと、開放的な農地を耕作する農家は同時に閉鎖的な農地も耕作しており、農産物の生産やその補助的機能に集中した農地をもちつつ、一部の農地を他者に開放しているということを明らかにすることができた。

終章　農家の移動と農地の開放にみる　　　　　非農家とのかかわり

本来、農業は農産物の生産活動を目的とした営みであるため、農地への他者の進入を許容する蓋然性は低い。しかし、第2章で明らかになったように、都市に近接した都市周縁部の農家は多様なステークホルダーの要求に応えるために事業を多角化し

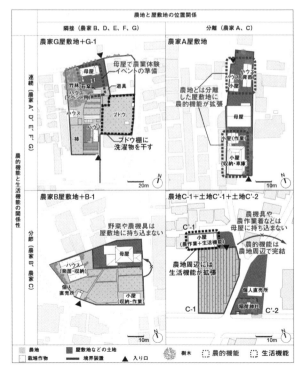

図3 農地の外への農的機能の拡張

対象農家	対象農地	境界装置		他者の進入	開放度
		有無	設置目的		
農家A	A-1	-		-	2
	A-2	-		-	2
	A-3	○	他者の進入防止	-	1
	A-4	-		-	2
	A-5	-		-	2
	A-6	○	他者の侵入防止	-	1
	屋敷地	-		-	1
農家B	B-1	○	他者の侵入防止	可	3
	屋敷地				
農家C	C-1	○	他者の侵入防止	可	3
	C-2	-		-	2
	C-3	○	他者の侵入防止	-	1
	屋敷地				
	C'-1	-		可	3
	C'-2	-		可	4
農家D	D-1	○	他者の侵入防止	可	3
	D-2	○	他者の侵入防止	-	1
	D-3	○	他者の侵入防止	-	1
	屋敷地			可	3
農家E	E-1			-	2
	E-2			-	2
	E-3	○	近隣住民への配慮	-	1
	E-4	○	他者の侵入防止 近隣住民への配慮	-	1
	E-5			-	1
	E-6			-	2
	E-7			-	2
	E-8	○	他者の侵入防止	-	1
	E-9			-	1
	E-10	○	他者の侵入防止	可	3
	屋敷地				
農家F	F-1	○	他者の侵入防止	-	1
	F-2	○	他者の侵入防止	-	1
	F-3	○	他者の侵入防止	可	3
	F-4	○	他者の侵入防止	可	3
	屋敷地				

開放度	境界装置の設置とその目的	農業関連事業の展開による他者の進入
1	「他者の進入防止」目的で設置	-
2	設置がない、または「近隣住民への配慮」目的で設置	-
3	「他者の進入防止」目的で設置	可
4	設置がない、または「近隣住民への配慮」目的で設置	可

表5 農地の開放度

農家の移動

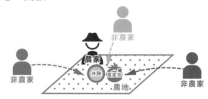

農地の開放

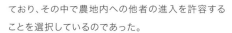

図4 農家の移動と農地の開放性

図5 開放性を有する農地の所有と分布状況

ており、その中で農地内への他者の進入を許容することを選択しているのであった。

　それでは、閉鎖的な農地を耕作する農家は非農家との接点をもたないのだろうか。対象農家のなかで農家Aは唯一農地を開放していないが、〈α.農業関連事業の展開〉を見ると、調布市内外での農産物の販売に留まらず、学校給食への出荷や小学校において出前授業を行っており、地域社会との強い関わりをもちながら営農している。つまり、農地を開放しない一方で、農家自身が都市の中を移動しながら事業を展開し、農業と非農家を結びつけている。

　以上のように農家は、農家自身の移動と農地の開放によって非農家と農業を結びつけている。都市に近接する都市周縁部において事業が多角化する中、農家はこの2つの側面から、多様なステークホルダーへの要求に応えているということが明らかになったのである（図4）。

　第2章3節では、地縁組織に対する意識の有無にかかわらず、対象農家はいずれも地域との関わりをもちながら営農しているということが明らかとなったが、ここでは以上のような農家の活動圏と農地の開放度を統合的に分析する（表6）。

　まず、農地を開放する農家は、農産物の直接販売

や収穫体験イベントの開催など、ステークホルダーからの多様な要求を敏感に汲み取っている。このような事業の展開において、農家は農地内部で地域住民を含めた他者との関わりをもつため、地縁組織への積極的な参加がなくても、農地周辺の地域社会と強い関わりを形成することができる。一方で、地域における存在意義を重視する農家は地縁組織に積極的に参加している。上記のような農家は、地域社会において多様な役割を担う中で、組織内の関わりや個人的な関わりを農業に関連した関わりにまで発展させており、農地を開放せずとも、農業を介した地域住民との関わりを有している。以上のことから、地縁組織の活動への参加の積極性や農地の

| | | 地縁組織の活動への参加（第2章） | |
		積極的	消極的
開放度の高い農地（第3章）	有	農家C、農家E	農家B、農家D 農家F、農家G
	無	農家A	該当なし

表6 農家の活動圏と農地の開放性

開放度にかかわらず、対象農家はいずれも農業を通じて地域社会との強い関わりをもっているということがわかった。

最後に、このような開放性を有する農地の都市空間への広がりを考察する。第3章3節において、開放的な農地を耕作する農家は、同時に生産活動に集中した閉鎖的な農地を所有していることが明らかになった。つまり、農家それぞれが都市からの要求に応えながら事業を模索する中で、開放的な農地と閉鎖的な農地の両者を耕作し、農業経営のバランスをとっていると考えられるのである。以上のことから、開放的な農地が点在する都市周縁部の風景は、他者との交流に意欲的な少数の農家によってのみ形成されているわけではなく、都市からの要求に応えようとする個々の農家の実践の集積によって形成されているといえる(図5)。

都市周縁部で代々営農してきた農家は、土地や農業技術に加えて多様なステークホルダーとの社会的関係性や先代から受け継がれた物理的環境など多様な経営資源を有している。そのため農業経営の選択において、市場の原理に基づく一方で、土地に根付いた物理的・社会的基盤や農家個人の興味や特性に影響を受けているということが本研究を通して明らかになった。そのような収益の最大化のみを指向しない経営のあり方において、大規模市場では対応できないニッチな需要への柔軟な対応が可能となり、非農家と農業の多様な共存のあり方を担保してきたといえる。

[参考文献]
(1) 八木洋憲『都市農業経営論』株式会社日本経済評論社、2020年
(2) 菊地翔貴、野村理恵、森傑「農業多角化を背景とする農家の空間構成と利用実態の変遷——北海道の農家住宅・農業施設のオープン化に関する研究」『日本建築学会計画系論文集』81巻730号、2016年12月
(3) 長野浩子「非農家市民による都市農地における活動とまちづくりに関する研究——日野市S農園の活動の事例より」『日本建築学会計画系論文集』81巻725号、2016年7月
(4) 東正則『日本発 農業のある都市モデル——地域共存型農業による安全快適福祉都市』農林統計出版株式会社、2014年

出展者コメント —— トウキョウ建築コレクションを終えて

Q このテーマを選んだ理由
人が環境をどのように読み取り、働きかけているのか、ということに興味があります。まちを歩く中で出会った、農家の方々の試行錯誤によってつくりあげられた風景に魅力を感じ、修士研究のテーマとして選びました。

Q 修士論文を通して得たこと
農家の方々の語りは実に多様で、抽象化することの難しさを感じました。しかし、個々の事象に言葉を与えることで見える景色が変わり、全体を語ることができる楽しさを知りました。今後も断片的なことに目を向けながら、自分の言葉で語ることを続けていきます。

Q 論文を通じて社会に向けて発信したいメッセージ
都市の中に細切れに残存している農地のように、まちの中に何かの要素が少しずつ分散していることは豊かな風景を生み出しています。種々の社会問題の中、まちをコンパクトにしていくばかりではなく、スプロールによって形成された都市周縁部の空間がもつ可能性を伝えたいです。

Q 修士修了後の進路と10年後の展望
設計事務所で働きます。学生時代に培ったものを見る目を大切にしながら、目の前のことに一生懸命取り組んでいきたいです。

全国修士論文展 質疑
審査員コメント

審査員：
大原一興（審査員長）／青井哲人／飯塚 悟／
岡部明子／満田衛資

「寺社建築の架構における
意匠的操作」（山本瑠以、p.160）

青井：架構と意匠の関係は、日本建築研究のある意味
で中心的なテーマではありますが、山本さんの研究

はそれをあらためて正面から引き受け、統合よりも
逸脱、ズレ、自律化、装飾性を主題化した画期的な
研究です。たとえば、構造と意匠の統一としてあっ
た古代の虹梁が、時代が下り構造的な役割から解放
されると、他の文脈との関係を新たに築いていく。

　ところで、僕はこの研究のなかで、山本さんが

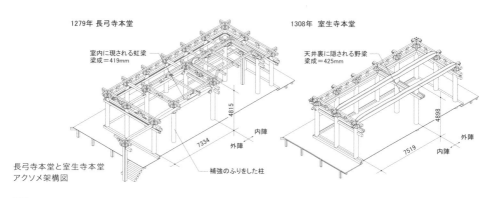

長弓寺本堂と室生寺本堂
アクソメ架構図

日本建築の工匠たちを建築家として捉えているように感じるのですが、いかがでしょうか？

山本：僕は、工匠を建築家として捉えています。もちろん技術者として捉えて解釈することもできます。たとえば、空間に残される独立柱について考えると、構造的に設計途中でつけ足したと解釈することもできるし、デザインとして残したという解釈もできます。僕は後者で、工匠たちを建築家として捉えるための論文にしたいと思って書きました。

青井：一つひとつの部材が技術的な役割から自由になったときに、工匠たちがさまざまな文脈と接合しながら意味を発生させているということですね。

大原：この研究は、「日本建築」を「木造建築」に読み替えられるでしょうか？　お話をうかがうなかで、海外の木造建築でも、同じような効果を狙ったものがあるのかなと感じました。「日本建築」としたことの狙いを説明していただけますか？

山本：日本の寺社建築の多くは、室内に天井が張られることで、小屋組み構造と軸部構造が視覚的に分離されることが大きな特徴です。これは大陸にはない日本独自の発展です。床と天井をつくることによって、建築が不可視の部分と可視の部分に分かれる。その可視の部分を、工匠たちがどうデザインしたかをいろいろと分析していくと、そこに解釈の揺らぎがたくさん見えてきました。そこが、日本建築の面白いところかなと思っています。

「再生砕石を用いた乾式コンクリートの研究」

(岩見遙果、p.190)

満田：鉄筋コンクリートには、どんどん高強度のものを開発して、それまでの木造ではできなかったような大きなものをつくろうと発展してきた歴史があります。再生砕石を用いた乾式コンクリートは「従来のやり方では地球環境によくない」という、ある種の批判的視点からスタートしていて、素晴らしい研究だと思います。今回の乾式コンクリートによって実現できる世界や、その射程距離を教えていただけますか？　「将来的にはこのくらいを目指そうとしている」といった、理想を簡潔に示してください。

岩見：今ある鉄筋コンクリートの建築よりは小さい建物や家具のスケールになるかもしれません。今回の研究で難しさを痛感したところです。

岡部：すごくユニークな研究ですね。石ころを拾うとか、メリヤス編みから構想するとは、素晴らしい想像力だなと思いました。蛇籠で比較してみたいと思うのですが、従来の蛇籠は鉄筋を溶接してつくるために再利用できないという問題がありました。従来のものと、岩見さんの方法でつくる蛇籠のようなものには、どのような違いがありますか？

岩見：構成方法が違います。蛇籠は、ある単位を積

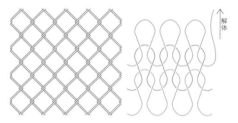

一般的な蛇籠の編み方（左）とメリヤス編み（右）

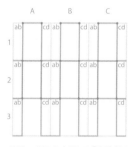

メリヤス編みを応用した「直線編み」（左）と実例（右）

み上げて地形に合わせて形をつくるのですが、この研究では、一体的に形をつくることに挑戦しました。

岡部：蛇籠の中に入れるような空間ができそうですね。

「床の間からミフラーブへ」

（大場 卓、p170）

飯塚：私の研究室にインドネシア人の学生が2人いるので、興味深く聞かせていただいたのですが、

「逸脱」という言葉がちょっと気になりました。「逸脱」ではなく、今年のトウコレのテーマでもある「順応」ではないでしょうか？　それから、本文中に「いくつかの要素との折衝がある」という話を書かれていますが、たとえば気候の話などは今回の発表で割愛されていましたので、簡単に説明いただけますか？

大場：最初の質問に関して、既往文献等の調査からムスリムの方がつくる日本のモスクの構成要素に基づき、多くのモスクが採用している要素を「定型的なもの」としています。それとはまったく異なるものに「逸脱」という言葉を使いました。

2つ目の質問に関して、気候による折衝の例を説明します。たとえば、日本のモスクでも「イーワーン」と呼ばれるヴォールト天井を入口に設けた事例があるのですが、日本の狭小敷地においては奥行きが取れず、雨が入ってきてしまうので、庇がつけ足されたりします。その他、断熱材を入れるために壁厚が変わるなど、すべてはご紹介できませんでしたが、日本の気候に則したいくつかの面白い事例がありました。

満田：私がトルコで体験したモスクに比べると逸脱しすぎで、本場の人が見たら怒るんじゃないの？と感じたのですが、逆に、本質的に残すべきもの・妥協してよいものが浮かび上がっているとも言えます。彼らにとって大切なものとは何なのでしょうか？

大場：人によって認識が異なる部分はあると思いま

すが、多くの日本の方がモスクを神聖な礼拝空間として捉えていると思います。しかし、とくにムスリムが日本に入ってきた初期の頃は、実用的な側面がものすごく重視されていたようです。彼らのモスク建設に関する議論では、どのようにして礼拝室の面積を確保するか、礼拝前の清めのスペースを確保するか、といった計画的な視点がかなり重視されています。つくっている方にも話をうかがうと、たとえば、ドームをつくりたいとか、ミナレットをつくりたいとか、大まかな要望はあるけれども、そのディテールについてはとくにこだわりがない場合も多く、もともとの建物に当てはめながらつくった結果、もとの建物の要素を継承していくことが多いようです。まだ意匠的なところにこだわりを出す余裕のある段階ではないのかなと思います。

逸脱事例:浅草のモスクのミフラーブ。もとの空間の都合上中心に位置していない。

「メガシティにおける迷惑施設の空間配置に関する研究」

(寺田 亮、p.234)

論文展

飯塚:迷惑施設という観点から都市の発展を考えるのは面白いなと思いました。今日の発表では下水処理場や墓地を挙げられていましたが、墓地は気味が悪いだけではなく神聖なものだと感じる人もいるかもしれません。果たして迷惑施設としてひとくくりにできるのか、ということがまず一点。それから、最後に提案のあった迷惑施設を始点とする都市計画について、もう少し教えていただきたいです。都市計画には、自然災害対応や交通などのさまざまなファクターがあります。どうして迷惑施設を始点にできるのかちょっとわからなかったので、教えていただけますか？

寺田:まず1つめの質問ですが、迷惑施設を機能で区切ると、単に属性を出すことしかできず、一口に迷惑施設とは言い切れないものが出てきました。なので本論では、ある程度の一般論を想定して、えいやっと迷惑施設と呼んでしまったところがあります。墓地だって地域や国によっては迷惑施設ではなかったり、あるいは逆にここで拾えなかった迷惑施設もあるはずです。たとえば日本では近年、老人ホームや保育所が迷惑施設のように扱われていますが、

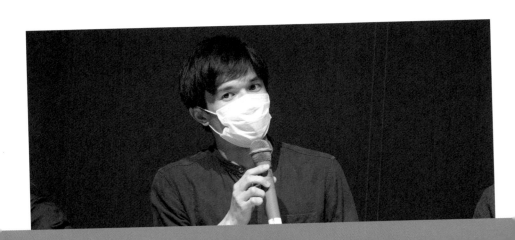

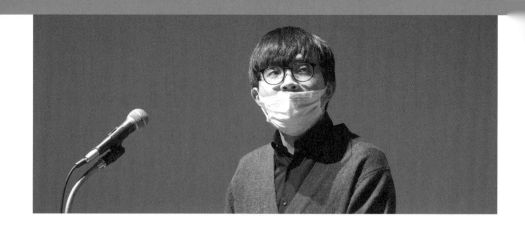

本論では拾いきることはできませんでした。もう少し射程を広げることはできたのかな、と思っているところです。

　2つめの、迷惑施設を始点とするような都市のあり方というのは、結論として言い過ぎた部分があるかもしれません。ただ、ニュータウンの計画などでは、墓地などの迷惑施設は計画のなかに含まれていなくて、後から仕方なしにできる事例が多くあります。それと対比させるイメージで、新しい市街地の計画を立てるときには、後づけではなく初めから墓地の配置を組み込むようなやり方もあるのではないかと考えました。もしくは、迷惑施設を置くときには公的な施設と一緒に計画するとか、そこにきちんと計画の手を入れてつくるやり方は今後あり得ると考えています。

「人新世時代の鉱山跡地における放擲された空間の特性および位置付け」

（富樫遼太、p.180）

岡部：地球環境問題という難しいテーマに対して、環境哲学を一生懸命勉強して考察をされていて、なかなか大変だったと思います。放擲空間という、今まで建築の分野で見ようとしてこなかったところをマトリクスで定義づけて直視してみようという素晴らしい研究でした。ただ、統計的な手法で盲点を示すのは入口で、富樫さん本人の関心はもっと先にあるのではないかという気がしました。最終章で、

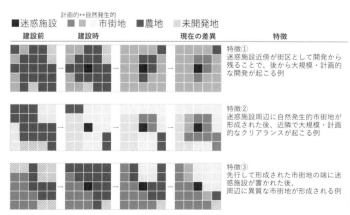

■迷惑施設　市街地　■農地　▨未開発地

計画的⇔自然発生的

建設前　　建設時　　　　　現在の差異　　　　　特徴

特徴①
迷惑施設近傍が街区として開発から残ることで、後から大規模・計画的な開発が起こる例

特徴②
迷惑施設周辺に自然発生的市街地が形成された後、近隣で大規模・計画的なクリアランスが起こる例

特徴③
先行して形成された市街地の端に迷惑施設が置かれた後、周辺に異質な市街地が形成される例

迷惑施設の建設前後の街区構成にみられる「差異」の形成プロセス

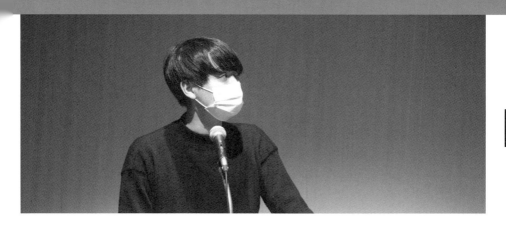

実践として放擲空間と生活空間の媒体を提案していますが、そのあたりを詳しく説明していただけますか？　放擲空間自体が、客体世界に対する媒体なのではないのでしょうか？

富樫：僕も最初はそう思って取り組みましたが、たとえば事例の写真を見ても、ここが客体世界へつながっているなんてきっと誰も思わないだろうと。被験者をその場所に連れて行って、実験みたいなこともしたんです。でも、変だなとか不気味だなという感覚はあっても、客体世界の自覚までは至らない。人が自覚するには、放擲された空間の前にもう一つ媒体を置く必要があるのではないかと思い至りました。僕ら計画者や建築家ができることは、想像力を使って、それを顕在化させたり前景化させることにあると思います。

岡部：現実的にはそうだろうけれども、本当に狙うところはその先なんじゃないかと思います。公開討論では、そのあたりをもうちょっとダイナミックに広げていければと思います。

「銭湯と『家』」(竹中信乃、p.226)

満田：銭湯という業態に特化された研究でした。家庭内のお風呂が高機能化しているから銭湯に行く必要性が薄れてきて、経営も決して楽じゃなくなってきて、だんだんと数が減少しているけれどもゼロに

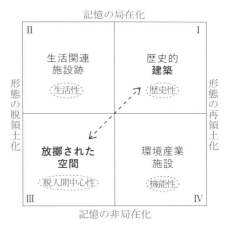

建築と放擲された空間の相対的な関係

放擲された空間における人間の感覚構造

はならない。特殊な条件がある程度揃っているのも
あるかと思いますが、おそらく人口あたりで特定の
規模のところに収束しているのかなと思います。
それとは別に、震災時にも仮設で営業して1日1,000
人来ましたよという話もある。そこに真実があって、
なくすことのできない業態なのだと僕は思っています。

　今日の発表では、働く場所／帰る場所という2分
類を赤と青で示していただきましたが、今の状態が
どうなっていくと読んでいらっしゃいますか？　今
ぐらいが収束値という印象でしょうか？

竹中：人口あたりの銭湯件数は、東京を除いた関東
圏より関西圏のほうが多い傾向にあります。もともと
銭湯に行く文化が根強かったのかと思いますが、
対象とした神戸市の人口に対する銭湯の割合は圧倒

的に少ないのです。震災の影響もあったと思いますが、
兵庫県内では、銭湯の廃業件数はほとんど下げ止
まっているといわれています。これから減っていく
かもしれませんが、お客さんが来ないから廃業しよ
うということではなくて、「家」があることによって
柔軟に、別の人が継いでくれたり、副業をしながら
続けていくかたちをとったり、融通をきかせながら
続いていくと思います。なので、神戸市内では人口
と銭湯の数の釣り合いは、ある程度そのまま保たれ
ていくのではないかと、この研究を通して考えてい
ます。

満田：具体的な人口比を示せると、他都市でも参考
になっていいと思います。

神戸市内の銭湯を郊外と都市部に分けて色をつけたマップ

論文展

「都市周縁部における農地の空間特性に関する研究」

（畠山亜美、p.242）

岡部：生産緑地法の改正などによって、都市農地はどうあるべきかというモデルを探る動きがあり、調布市だけでなく全国的に複数の農地を分散して所有するケースが増えています。それをどのように経営するといいのか提案しようという面白い研究でした。ここで対象としている7軒の農家は、いずれも他業種での勤務の経験があったということでしたが、これは調布市の農家さんの特徴なのでしょうか、それとも、普通のことなのでしょうか？

畠山：ヒアリングできた農家の方の話しかわかりませんが、都市農業に関連した雑誌などを読む限りでは、農家を継ぐことが決まっていても、その前に一度違う社会を見てから農家に戻りたいと考えている人が少なからずいるようでした。他業種で得た技術や知識を農業経営にもち帰ろうという傾向は、調布市に限らず、みられるのかなと思います。

岡部：他業種で働いている間は、ご両親が農業をされているということですよね。

畠山：そうです。ご両親が亡くなってしまって農家へ戻り、最初は否定的だったけどやってみたら面白かったとか、逆に、相続のタイミングで自分は農業をやめるという方もいらっしゃると思いますが。

岡部：最後の提案、所有と利用の話について、もう

対象農家	取材営者者	就農年数(就農年齢)	年齢(生年)	性別	農外職歴	就農意思	家族構成員（●：農作業に従事する者）							耕作規模(a)	栽培品目	不動産経営
							父	母	配偶者	子1	子2	子3	子4			
農家A	M氏	36(32)	68(1952)	男性	会社員(農協)	○		●	●	●	○			64	30	○
農家B	K氏	17(54)	71(1949)	男性	消防士	○			○	●				9	30	−
農家C	R氏	18(40)	58(1962)	男性	会社員(光分析)	−		●	●	○	○	○	○	32	60	○
農家D	S氏	10(29)	39(1981)	男性	会社員(輸入)	−	●	●	○	○	○			121	30	○
農家E	A氏	11(27)	38(1982)	男性	会社員(保険)	○	●	●	●	○				89	30	○
農家F	I氏	5(28)	33(1987)	男性	システムエンジニア	○	●	●	○	○	○			112	30	○
農家G	Y氏	8(28)	36(1984)	女性	デザイナー(GUI)	−		●	●	○	○	○		55	100	○

ヒアリングした7軒の農家のライフヒストリー

少し具体的に教えていただけますか？

畠山：現在、「農地を貸借できることが都市農業の未来を変える画期的な提案だ」というような風潮があります。これは確かに農地を守ることにはなりますが、あくまで短期的な対策でしかないと思っています。次の世代にどうにかつなぐだけではなく、その後の中期、長期という視点が課題だと考えています。

「回転脱着式接合部を用いたレシプロカル・フレームの施工性に関する研究」

（齋藤拓海、p.200）

満田：レシプロカル・フレームの実物や実際に施工されたものも見せていただき、がんばりが伝わりました。レシプロカル・フレームの一番標準的な例に、3本の材を接合せずに上から乗せ合うものがあります。いわゆる小口留めのパターンで、これは上から力をかけて剪断力でお互いに支え合うものです。これを横留めにすると、逆方向にも力を伝達できるようになって一気に自由度が広がりますが、レシプロカルの魅力としては半減する。3Dプリンターを利用していろいろな角度に対応できる接合部を作成したことは評価していますが、そこが残念だったように思います。乗せ合うのではなくて真横で留めることを優先した意図はありますか？

齋藤：乗せ合うだけなら、シンプルで施工が簡単ではありますが、小口留めの場合は固定したときにさまざまな角度から留める必要がでたりと難しい部分があるので、今回は1種類の接合部が動くことですべてを解決することを目指しました。個人的な意識としては、接合部を曖昧にすることが多いなかで、純粋にレシプロカル・フレームに適した接合部を考えてみるとどうなるのか、挑戦したい思いがありました。

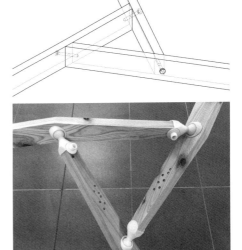

小口留めの接合部のダイアグラム（上）と今回製作したレシプロカル・フレーム（下）

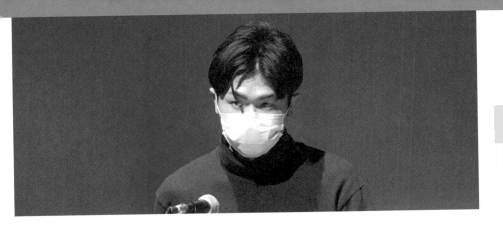

「長野県原村別荘地地区への移住プロセスにおける段階的な移住拠点形成に関する研究」

（小山晴也、p.218）

岡部：関係人口がどうやって段階的に移住するかという社会的関心も高いテーマで、研究としても完成度の高い論文でした。移住プロセスを細かく見ると、「一発移住」が当たり前なのではなくて、結果的に移住したり、経過的に移住したり、いろいろなプロセスのパターンがありました。ただ、移住がゴールなのかと問いたいと思います。原田さんの木地師の話ではないけれども、もう少し動態的に捉えるとか、あるいは結局移住しなかったパターンもあると思います。動態的に居住を捉え、「居住とはプロセスで

ある」というぐらいに踏み出そうという野心はなかったのでしょうか？

小山：まさにそういう意気込みであったんですけれども（笑）。僕は、西田正規さんという文化人類学の先生の『人類史のなかの定住革命』（講談社、2007）という本が好きで、その本では「人類はたった1万年ほど前に始まった定住革命のさなかである」「基本は移住するものなのだ」ということが書かれています。そのように、人が住まいを移ろって、場所を移ろって、環境に適合しようとすることそのものが人生なのだと考えております。今回の研究も、そうした考えのもと、移住や人生の居住地移動のメカニズムを、環境移行とか環境と人間システムの部分で語れるような、何かモデルみたいなものをつくりたかったのですが、ちょっと煮え切らない感じになっております。この後博士課程に進学する予定なので、そこ

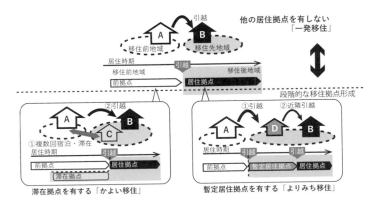

移住拠点形成のパターン

ではもうちょっと今言ったようなことを示せたらなと考えております。

岡部：楽しみにしています（笑）。ちらっとそういう思想が透けて見えるような研究に仕立てることはできたと思いますよ。

「『氏子かり帳』に記録される木地師の時空間」

（原田 栞、p.148）

青井：魅力的なテーマだと思いました。木地師の『氏子かり帳』という資料によって、彼らの言う「しろうと（自分たち木地師以外の定住している農民）」の領域とは別の、山中に広がる不定形で流動的な領域が明らかにされています。しろうとたちが領国での統治や経済、都市―農村関係の内に生きていたのに対し、山中を流動的に動いていく木地師たちは、彼らとどのような関係を取り結んでいたのですか？

原田：この語り口では、木地師がいかなる時代においても自由気ままに移動していたかのように見えますが、実際には、そこそこ自由に移動できていたのはおそらく世の中が混乱していた戦国時代あたりまでではないかと推測しています。江戸時代になって社会が安定してくると、山中のかなり奥地でも、木々や植物、果物、食料などをどの程度のペースで採っていいのか、そのうちの何割を村に還元するのか、

木地師の移動範囲の一例（1745-1845）

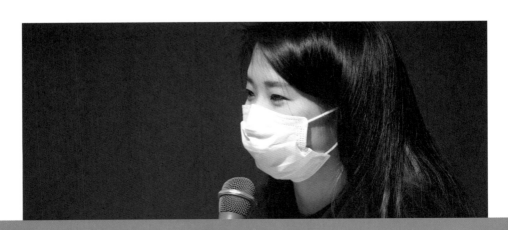

村人たちと取り決めがなされるようになりました。そうすることで、経済的に不利である山村の人たちは新たな収入源を得ることができ、なおかつ、木地師たちは誰も利用していない自然資源を自分たちのために使うことができる。そうした利害関係を調整する制度ができたのです。

それから、近江藩や、もともと氏子かりを行っていた東近江の山地の蛭谷、君ヶ畑という2つの村などでは、木地師同士や、木地師と非木地師のトラブルなどに介入して円滑に解決するよう手助けするようなことがありました。逆に、平等に解決しようとしたことで東京での寺社奉行などに関する裁判が長引いて、木地師組織全体へ経済的ダメージを与えてしまったこともあったそうです。このように実は必ず平和的に時代との折り合いをつけていたという特徴もあります。

しまった感じがするのですが、今後についてはどのように考えたらいいでしょうか？

越中：霊園型墓地モデルの登場で、今後は霊園型墓地が増えるだろうと思います。一方で、沖縄における霊園型墓地は、伝統を意識したがゆえに、墓地不足の解決には少し不向きな形態です。もっとも墓地不足を解消するのは、やはりグリッド状の墳墓形態だと思います。ただ、これまで伝統的な社会で墓地不足がそんなに顕著な問題とされなかった理由としては、門中組織という父系集団の集団納骨堂の存在が大きく、グリッド状以外の解決策として有効だったのではないかと考えています。しかし、現代に門中組織が復活することはないと思うので、伝統社会をベースにこれからの墓地不足の解決を考えるのが難しい点です。この点は、本研究でもあまり論じることができませんでした。

「沖縄墓地の環境・集合・墳墓の原型と戦後」

（越中玲衣、p.210）

大原：沖縄の墓地の変遷を整理して位置づけたことが、新鮮でわかりやすく感じました。ただ、現実問題として、沖縄に関してもこれからますます墓地不足になりますよね。今後の展望があっけなく終わって

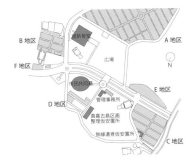

都市型霊園の先駆けとなった識名霊園現況図

全国修士論文展
公開討論会

審査員：

大原一興（審査員長）／青井哲人（モデレーター）
飯塚 悟／岡部明子／満田衛資

青井：発表質疑を踏まえて議論を深めていきましょう。賞を選ぶというよりも、それぞれの着眼点の独自性を重視し、その可能性を引き出すような討論を展開したいと思います。そこで4つのグループをつくってみましょう。1つ目は「家族の現在形」で、竹中さん、畠山さん、小山さん。2つ目は「グローバル化のなかでの文化変容」で、大場さん、越中さん。3つ目は「人間化された世界とその外部性」で、寺田さん、富樫さん、原田さん。4つ目は「技術とデザイン」で、山本さん、岩見さん、齋藤さん。この4つにグルーピングして進めます。

家族の現在形

青井：最初は「家族の現在形」というテーマです。発表者の皆さんから互いに質問を投げ掛けてください。

竹中：研究していること自体は、私も畠山さんも似ていますが、畠山さんは土地などの空間に、私は家族に注目している視点の違いがあるので、畠山さんの研究における農家の家族性についてうかがいたいと思いました。インタビューは、家族全員に行ったのでしょうか？

畠山：各事例の代表者にしかインタビューをしていませんが、その人の視点から見た家族の話はどの事例でもうかがいました。たとえば、システムエンジニアから農家に戻ってきた理由をうかがった事例があります。「自分の農業に対するイメージとして、親の姿や農地で遊んでいた楽しい記憶があった」とお話しされていて、職業としての農家というよりも、家族の物語が見えてきました。ご指摘のように、家族という視点を通して話せることはたくさんあると気づきました。

岡部：お二人のお話をうかがうなかで、家族という集団が、農地や銭湯などの物理的な空間での経験や思い出を介してつながっているという発見がありました。血縁で捉えると鬱陶しくなったり煮詰まったりしがちですが、場を介してつながる家族のあり方は、個人を尊重する現代社会のなかでも比較的豊かな家族の関係性を維持できるんじゃないかなと思います。

小山：まさにその通りだと思います。これは僕の主観ですが、若い世代ほど一つの家族を単位とするのではなく、より広い人間関係に意識が向いているのではないかと感じています。

　竹中さんと畠山さんも似た着眼点をおもちかなと思うので、研究を進めるなかで、個人の属性を家族単位で捉えるか、個人単位で捉えるか、悩まれただろうと想像します。僕はライフヒストリーを個別に見るだけではなく、関係性を捉えながら家族全体を見ようとしました。そうすると、面白いのですが複雑になりすぎてわけがわからなくなってしまう。そのあたりの、個人の属性をどう捉えるか、研究するうえで悩んだことがあればお聞きしたいです。

竹中：私が注意を払ったのは、奥さんの扱いです。銭湯にも、もちろん女主人はいるのですが、多くは男性が継いで奥さんが嫁いでくるというケースです。さらに細かく見ると、結婚相手が銭湯を継ぐとあらかじめ知っていて結婚した人もいれば、急に家を継ぐことになって銭湯の奥さんになってしまった人もいます。その違いはなかなか無視できないものだと思うんです。本人的には仕方なしに銭湯の嫁になったような方が、銭湯がどんなところかを知らないからこそ新たな場をつくっていたりします。たとえば、子どもたち相手に駄菓子屋のようなことをしたりと、その人の原風景に基づいた違う使い方が出てきたりしました。奥さんをどう見るか、小山さんも悩んだかと思いますが、家族それぞれを見ていく面白さを私も感じました。

岡部：小山さんの移住の研究でも、移住プロセスが

うまく着地するかどうかは、家族次第だったりしませんか。たとえば「奥さんが都会暮らし派」だとうまくいかないとか（笑）。そういう、家族がもつ偶発性が世の中の面白いところなのかなとも思います。

青井：銭湯、農地、移住というまったく異なるテーマですが、アプローチとして家族のライフヒストリーを丁寧に聞く方法をとったことが共通点です。しかし、それは何のためかといえば、それぞれの「このままいくとこうなってしまう」という危機的な近未来への「抵抗」のためではないでしょうか。そのあたりをご自身の言葉で主張してください。

畠山：たとえば、自分の息子が通う幼稚園の先生に頼まれて園児に収穫体験をさせている事例や、近くにあるレストランに頼まれて野菜を出荷している事例など、大きな市場ではすくいあげられないようなニッチな要求から人間関係が育まれていました。「隣が農地だと虫が湧くし農薬を撒かれて迷惑だけど、あの人なら許せるかな」というような関係性もあります。農地の貸し借りでいかに儲けるかという話ばかり進んでしまうと、誰が耕しているかもわからない、関わる術もない農地が出てきてしまって、そうした関係性を築く機会が失われてしまうという危機感があり、最初と最後で問題提起をしました。

竹中：小山さんは「人類はあまり定住しない」と話していましたが、農耕社会の日本では定住が多数で、定住する＝土地の相続があって、畠山さんの発表のような土地のつながりが存在します。現代は土地とのつながりを深くもたない自由さがありますが、全員がそうすることが本当にいいことかどうかは疑問です。定住し続けることによって、その土地で引き継がれる記憶があります。農家を含めて、その土地で仕事をする人の存在がないと、社会が回らないのではないかという問題意識があって、この研究をしました。

小山：今の地方創生、移住促進の政策は、引っ越したら100万円、起業したら200万円と、都市圏から田舎の過疎地域への移住を盛り上げて、移住先の

暮らしをゴールにしているものが多いと感じています。住む場所の移動というものはぐにゃぐにゃとしていて、もっといろんな要素に引っ張られているということを見逃したくないという思いで研究していました。そのアプローチとして、家族を見ていくことは僕のなかでとても大事なことだと思っています。家族だけではなく、人が個人としてある環境を移ろうことを研究するには、家族とのつながり、友達や人間関係、仕事の場所、家の有無、地域への慣れといった、人と環境のつながりを含めた広い意味での居住環境を丁寧に読みとく必要があるからです。

大原：移住の問題でよく重要視されるのは、働く場所です。竹中さん、畠山さんは家業の問題がかなり強いですよね。しかも土地や建物から逃れられない家業です。小山さんの論文では、多くの移住者たちの働く場所はペンションではないかと思います。そのあたりの生業についての課題は今ありますか？

小山：僕の研究の事例には、ペンションに泊まってみてから移住を決心したケースや、ペンションを経営するために移住したケースがあります。ただ、リゾートブームが過ぎ、ペンションに泊まりに行くという観光スタイルは衰退しています。現在、原村のペンションビレッジは高齢化問題や、後継者問題、それから建物を売却しようにも大きすぎて売れないといった問題を抱えています。そうしたなかで、若い人がペンションを受け継いでシェアハウスやコワーキングオフィスをつくる構想が今立ち上がって

いて、注目しています。ペンションとして建てられた建物を、今の時代に合った使い方に変更していきつつ、その場所のニーズを吸収していくあり方は今後、地域での生業としてあり得るかもしれないと考えております。

飯塚：家族単位の幸せを考える一方で、もう少し引いて社会の幸福を考えると、分散型の都市をつくろうという方向性は、この財政難のなかで本当に長期的な幸福を生むのかどうか疑問に思っています。とくに移住の話が関連すると思いますが、その点はどう考えますか？

小山：分散型の暮らし、たとえば多拠点生活が増えれば空き家問題も解決できるだろうという話がありますよね。少し短絡的な目線かもしれませんが、段階的な移住や分散して地方に行くことが浸透すれば、今後数十年かけて日本の人口が減っていくなかでも建物を活用できる仕組みにはなると考えています。ただ、それが本当にみんなにとって幸せなのかどうかは悩ましいところです。インフラをどう整備するかとか、課題もあると思っています。

飯塚：まさにそこが重要で、都会の生活に慣れている人は、移住先に都会並みのインフラ整備を求めたりします。そうするとインフラ整備にとても予算が必要になるけれど、財政面で現実的には難しい。

小山：僕の研究の話ではないのですが、所属している研究室の同期に、夏は山の上の自宅で、冬は雪が少ない麓の施設で暮らすという、豪雪地帯でのライフ

スタイルを調査している者がいます。インフラや社会資源を通年で整備するのではなく、人が移動して暮らす時期を見極めることでリソースを節約するような話があり、そうした柔軟な対応も可能性としてあるんじゃないかなと思ったりしています。

グローバル化のなかでの文化変容

青井：グローバル化、あるいは大きな外力のなかで文化がどう変容していくか、今まで知られていなかった事実を掘り起こす魅力的な研究2題でした。まずは大場さん、口火を切ってください。

大場：私はもともとイスラム建築の多様さに興味があって、地域による差異がどう生まれるかに関心をもって研究を始めました。越中さんのお話をうかがって、本土から近代的な霊園の様式が沖縄に入ってくるときに、どのような人たちが関係して、どういった判断で沖縄的なものが残る、あるいは近代的なものが採用されるのか、とても気になりました。詳しくお願いします。

越中：本土的なものとして、たとえば霊園型墓地は都市計画の段階で入ってきます。今までは沖縄の人たちが自分たちで集落の小宇宙である墓地を経営・管理していたのですが、移転や移住者の流入で地縁が失われ、所有のあり方等に大きな影響を与えていることは確かです。しかし、設置にあたってどのような話し合いがなされているかは明らかになっていません。

青井：越中さんから大場さんに質問はありますか？

越中：礼拝空間を地域に合わせることについて、イスラムの信者はどう考えているのでしょうか？

大場：資金集めも建設も、基本的にはすべてムスリムの方々自身の手によるので、地域に合わせるということに意識は向いていないようです。モスクをつくる動機は、知らない土地で仲間と集まりたいというコミュニティ的なものもありますが、大人数での礼拝空間を確保したいという側面が大きく、モスク建設の初期段階ではいかに迅速に空間を確保するかが重要視されます。合わせ方や意匠は二の次で、だからこそ意匠的に面白い要素が出てきていると考えています。

青井：大場さんの研究で扱ったイスラムは一神教で、その普遍性は多様なものを許容できる帝国的な寛容性をもっている。それが世界のいろいろな場所に出ていったときにどう変わるかという研究でした。一方、越中さんの研究は、ローカルな文化が普遍的な原理に翻弄されていったときに、どう変貌を迫られたかという研究だったと思います。先生方からもぜひコメントや質問をいただけますか。

満田：大場さんの研究は、理想としては完璧なものをつくりたいけれど実際のさまざまな条件のなかでどのように優先順位が立てられるかという話だと理解しました。たくさんの事例がありましたが、これ

だけは譲れない条件なのではないかと、自分のなかで確信めいた発見があれば教えていただけますか？

大場：ムスリムの方々が日本に入ってきたときに、まずはいかに早く空間を確保するかということが重要視されます。初めは賃貸の空間を確保して、コミュニティが大きくなるにつれて、既存建物を転用したモスクをつくり、さらにコミュニティが大きくなると、その転用モスクを大きく改修、あるいは別の土地でより広い面積のモスクを新築したりします。初期の段階ではブリコラージュ的に空間をつくっていたのが、次第に共通してドームやミナレットをつくるようになり、様式的な様相を帯びてくる。ただ、だんだん理想的な様式のモスクに近づいていくというよりは、ブリコラージュ的に発生した意匠が新築時にも引き継がれていて、それが定着して様式に転じていくような可能性が見て取れます。そしてその後のモスクの空間、使い方に大きな影響を与えたりするのです。そこが面白さであると思います。そうした現象はインドネシアなどの他の国でもすでにみられており、集団でモスクのイメージのようなものを継続的に更新し、モスクの様式、あるいは型のようなものが大きく変わっていく、そんな可能性を秘めているのではないかと考えています。

青井：大場さんの論文の題目は「床の間からミフラーブへ」で、そのため転用論に見えますが、本当は転用の産物がモノとして解釈・再生産されていく文化的ドリフトこそが主題ですよね。

大原：モスクに関しては、イスラム原理主義という言葉があるぐらい、原理やモデルを頑なに守っている人たちが多そうだと思っていました。たとえば、マレーシアの田舎町には、仏教寺院もあれば、ヒンズー教もあるし、キリスト教もあるなかで、唯一異なる方角を向いているのがモスクですよね。街並みに合わせることより、自分たちの原理を頑なに守っている。一方で、日本での新築モスクの場合、方位はどうなっているのでしょうか？

大場：新築の事例に関しては、敷地に対して建物を傾けてメッカのほうに向けることは基本的に共通しています。転用の場合は建物形状を受け入れたうえで祈る方向を調整しているので、部屋の隅に向かって祈るような対応もみられます。世界的にどうかというと、たとえばエジプトでは、近代化するにつれてメッカの方向が正確にわかるようになったので、これまで祈っていた方位から正しい方位へ改める動きがあり、室の隅に向かって祈る事例も存在します。空間の隅に向かって祈ることは、他の国でも大きな抵抗なく受け入れられるのではないかと思っています。

人間化された世界とその外部性

青井：3つ目のテーマです。寺田さん、いかがでしょうか？

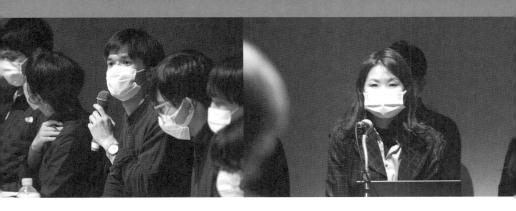

寺田：外部性を考えるときには、中心と周縁の話が欠かせません。周縁に立って中心を見ることで今自分が置かれている世界に対する視点が生まれると思います。僕の研究のきっかけは、東京のまちを歩いていたときに大きな下水処理場を目にし、それが過密な都市の中で周辺のまちとどうつながっているのだろうと関心をもったことでした。富樫さんは研究を通して、放擲された空間にデザインの射程があるか、あるいはデザインする必要がないのか、どう捉えていますか？また、私たちの身近に、もう少し小さなスケールで放擲された空間は存在するでしょうか？

富樫：まず、計画できるのかというのは僕もすごく考えていて、正直まだ答えは出ていません。放擲された空間は計画し得ないという特徴をもつと考えていますので、論文では、その前段階として媒体を置くことができるのではないかと結んでいます。計画ではなくて、「手を掛ける」なのか、「見守る」なのか、「意識する」なのか、適切な言葉はまだ見つかりませんが、建築計画の議論の対象にすることは必要だと思っています。具体的にどう手を施していけるのかを考えるのは、今後の課題です。

　次に、身近に放擲された空間があるのかという質問について、今回は近代化で集中的に放擲された鉱山を取り上げましたが、現在進行形で放擲されている空間はたくさんあります。集落や空き家、もしくはこのコロナ禍で都市のビルの中にも放擲された空間がどんどん侵食しています。そういうものに資するものとして、1960-70年代にあった鉱山を研究した意味はあると思っています。

　そこに関連して、寺田さんが迷惑施設という強い言葉に込めている主張が何なのかをお聞きしたいです。僕の場合、初めは辺縁と中央という関係や社会構造、もしくは東北という社会、植民地的性格を有した場所への批判のなかで論を展開しようとしていたのですが、人々が豊かに暮らすためにその裏側で必要な空間や地域があることそのものは、ある種致し方ないことだと考え直しました。人工／自然、辺境／中央といった二元論で議論しても不毛であると感じて、社会、場所、価値、文化といった人間のための言葉を使わないで、あえて「世界」という言葉で自分の主張をしようとしています。ただ、寺田さんの場合は、僕の研究とは違って、社会構造のなかで論じるしかない題材です。そのときに、どういう主張をしたいと思って迷惑施設という言葉を使っているのかを教えていただきたいです。

寺田：なぜ迷惑施設というくくりで都市を取り上げたかですね。たとえばアメリカの環境正義の研究に、有害廃棄物処理場と有色人種の居住域の偏りを指摘して社会を見るようなものがあります。そういう意味で、迷惑施設の配置に着目することで社会に内在する差異を読み解けないかと思ったのです。迷惑施設は都市に必要ではあるけれど、みんなが遠ざけたがっていて、それ自体は周縁的存在です。あらゆる

都市のなかにどう現れるものなのか、機械的に配置を見ようと「迷惑施設」という言葉を使いました。実際に見てみると、土地の記憶が生きているものも多くて、下水処理場がある場所は昔から地勢的に弱い土地だったりしました。ただ、迷惑施設が迷惑施設たり得るのは、人が迷惑に感じてこそなので、取り上げたものが本当に迷惑施設だったかどうかは、この論文での反省すべき点です。

原田：この3つの研究テーマはそれぞれ、「ない」とされがちなものを扱っているところが共通していると思います。寺田さんは迷惑施設という隣にあってほしくない存在、富樫さんは異次元的な空間、私は地続きでありながら異なるレイヤーに存在する集団という、これまで見えていなかったものを見ようとしました。深く理解しきれていないなりに、お二人の姿勢には共感することが多いです。寺田さん、メガシティでかつ計画性が高い都市ほど迷惑施設が隔離されがちとのことでしたが、スマートシティではどのように扱われているのでしょうか？

寺田：隔離の良し悪しはケースバイケースかなと思いますが、新規開発されるスマートシティの都市では、意図的に外に置いたり、計画中に場所が決まらなくて後から外側に置いた事例もありました。僕の気持ちとしては、都市の中心に下水処理場などもあったほうがいいと思っていて、それを何とか言いたくて論文を書きました。

岡部：「外」や「隙間」は近くにあると居心地が悪いものですが、それらがなくなると社会の閉塞感につながるというジレンマを抱えています。3人の論文の共通点は、外から内に対して働き掛けてくる何かがあるところだと思います。私は歴史の専門家ではありませんが、意図せずとも木地師たちの存在が平地の人たちに何かを働き掛けたように、外の力が歴史を変えたことはしばしばあるわけです。迷惑施設も、現代の計画された都市では閉じ込められた感じがありますが、それが周辺のまちに影響を与えているというのは寺田さんのテーマですよね。それぞれの「外」がもつ力について一言ずついただきたいと思います。

寺田：迷惑施設を自分たちの暮らす世界の一部として捉えることによって、人は都市をより豊かに暮らせるのではないかと思っています。

富樫：話がずれるかもしれませんが、外から働き掛けてくる力って、美的で感覚的なものがあると思っていて、そういう意味で放擲された空間には不気味だけど美しい魅力を感じています。そこに僕ら人間のもつ想像力が掻き立てられる、そういう力の作用関係があるかなと思っています。

原田：木地師は、マジョリティである平地で暮らす人々から見ると外の存在ですが、今回の論文では外として扱わずに、主役に据えました。少数派で、場合によっては差別対象にもなり得、不安定な存在として扱われがちですが、そうした社会問題的なテーマではなく、あくまで木地師を主体とした記録

に集中して、マッピングなどのシンプルで建築的な手法だけで見ていきました。その結果、時代との折り合いのつけ方や、ネットワークの制度のあり方などに、創意工夫を見つけることができました。ハブとなる定住者を頼りつつ移住したり、家系に関係なく離散集合する小集団を形成したりしているところも、ある意味とても未来的で、現代においても学ぶところが大きく、それが木地師のもっている力かなと思っています。

青井：先生方、いかがですか？

満田：原田さんへ質問です。氏子かり帳に記載があるということは、つまり彼らを管理している人たちがいたわけですよね。自由なようで管理されてる状態は、どのような状況だと解釈すればいいでしょうか？

原田：管理者と被管理者の関係はあっさりしていたようです。村を離れた木地師からも社寺仏閣の維持費を徴収しようと定期的に木地師を訪ねて氏子かり帳をつけ始めたのではないかと推測していますが、氏子かり料や寄付を受ける代わりに彼らを氏子として保証してあげるという相互的な制度でもありました。江戸時代においては、移住を繰り返していると氏子や檀家になることができず、身分がとても不安定になります。管理者による記録があるということは、移住先の人々にも木地師たち自身にも安心感を与えていたと思います。移住の頻度や契約の有無などは地域や個人ごとで、個々に委ねられていたようです。

青井：木地師たちがいたおかげで生産できるものもあったし、彼らが活動したおかげで自然も適度に管理されたはずですよね。日本列島が高度（標高）で色分けされた地図からは、彼らの世界から見た日本列島を知ることができ、まさに外から内を見る視点の変換があって、すごく面白いと思いました。

技術とデザイン

青井：最後に技術とデザインのグループは、山本さんからぜひ。

山本：僕は自分の興味として、構造的な役割をもつ部材に本来必要のない装飾的な加工が施されるような、意匠性を纏う部分に着目しています。お二人とも論文でありながら制作物があり、そのコンセプトは、施工の合理性やエコなどを主眼に置いている印象でしたが、本当は必要ないけどこう見せたかったというような、つくり手としての美学や意図みたいなものがあればぜひお聞きしたいです。

岩見：意匠的な見せ方まではあまり考えていませんでした。私と齋藤さんの論文には共通点もありますが、部材や物の接合で何を重視するのか、その評価の軸がそれぞれ違ったという差異も一つあると思います。私としては、循環という視点を重視したのが今回の研究だったという回答になるかなと思います。

齋藤：まず山本さんの質問について、僕が今回作成した架構は、ダ・ヴィンチ・ドームをもとに考案していますが、最終的にはレシプロカル・フレームでいかに自由な曲面をつくれるかを目標としていたので、そういう部分に意匠性はあったかと思います。

それから共通点の話では、手段の面で僕は木材を線材として使って、岩見さんは石を積み上げるという違いはありますが、最終的にやろうとしている、構築したり解体したりできるというところはかなり近いような気がしています。今回の僕の研究では、高さを出すのは難しいものの、平面的に広げるもの、たとえば屋根や床に応用するのは技術的に可能性が見えました。

岩見さんも、実践してみるなかで最終的に思ったような形にならなかったというお話がありましたが、それも踏まえて実際の建築に使うときにどういう可能性がありそうでしたか？

岩見：先ほど満田先生から今後の展望を聞かれてうまく答えられなかったのですが、自分の提案の一番の強みは、その場でつくることができてゴミが出ないことだと思います。なので、たとえば山奥で2、3日だけイベントを開催しようというときに、引張材さえ持っていけばその場で設営してごみも出さずに撤収できます。建物スケールまでつくれるかはわかりませんが、そこを利点として活用されるといいなと思っています。

齋藤：個人的には、僕のものと組み合わせたら、何

か面白いことができそうな可能性を感じています。解体が簡単にできて循環しやすいという話がありましたが、僕も木材と、土に還元しやすい生分解性のプラスチックを使ったので、意識としては近い部分があるのかなと（笑）。

青井：ぜひ満田先生からも、質問いただけますか？

満田：建築には「手に入る材料と可能な構法でつくる」という大原則があるわけですよね。お二人は材料に注目し、山本さんは構法に注目して論文をまとめられました。材料にしろ、構法にしろ、時代が下るほど選択肢は増えていきます。山本さんには、なぜ他の選択肢が採用されなかったかという説明があるならうかがいたい。後の2人に関しても、これから選択肢が増えていくときに、どのような淘汰が起こり得るのか、その要因について何か思うことがあればうかがいたいです。可能性を広げていく研究開発は大事ですが、その先をどう見据えているかを聞いてみたいです。

山本：時代が下ると求められる機能が変わって、たとえば仏堂自体の大型化が求められるようになります。そうすると屋根の勾配がどんどん大きくなり、内部空間が広くなりすぎてしまうので天井を張るようになっていく。そういう機能面の要因で変化が起きています。

満田：多分、梁より天井を見せたほうが立派に見せられるからで、機能より美が勝ったからだと思いますよ。

山本：説明の便宜上ストーリーを立てましたが、

天井を設定する高さによって、軸を構成する梁なのか、小屋組みの梁なのか、その両方を兼用する梁なのか、梁の役割も変わるので、梁を見せるかどうかは個別の判断に委ねられています。時代の潮流を一つの綺麗なストーリーとして描いているわけではありません。

満田：技術の発達で天井を見せるという世界観が生まれているので、構造材を意匠的に使うようになったというよりは、意匠表現をどこまで求めるようになったかという説明のほうが本当はいいのかなという気がしています。構造材を意匠として見せているというだけでは不十分で、その時代に発生した他の意匠表現の要素も同時に説明が必要だと思います。

山本：長押や虹梁は17世紀に入ると構造的な役割を失っているのにも関わらず、構造材だった頃の形状の名残があります。しかし実は、完全に役割を失っているわけではなくて、フレームを固定するために補助的に機能していたりするため、構造と化粧が分離できない。いろんな合理性のなかで意匠的にこうなっているという説明をしたかったのです。

満田：施工を含めた合理性まで考えているのは素晴らしいことです。たとえば、東大寺南大門は貫で順に固めながら建てたわけですが、5スパンの中ほどのものはフレームを安定させた後に足されたものだと最近知りました。構造的に不要な部材でも、その貫がないと間抜けなので足すわけで、それは美的な判断です。つくり方をベースに考えつつも美を求めるという人間の性は重源からも読み取れる普遍的なものです。美がベースなら、梁に意匠を施したりする美的探求行為を構造技術の発展で生まれた余裕を使ったものだとまとめるだけでなく、他のどんな意匠技術の発展に対するカウンターだったのかという説明もあれば、なお良かったですね。

山本：できあがった空間を作品として論じて、当時の人たちが考えていたことを類推するのが今回の研究でやりたかったことなので、施工手順の考察

は、僕のやろうとしていることとは違うと思っています。

青井：山本さんの研究は、日本建築史のなかで技術の進歩によってそれぞれの時代の体系から解放された部材が、なんらかの意味を引きずったり、新しい意味を帯びたりしながら続いているということを示してくれたと思います。続きは場外戦でお願いします。では岩見さん。

岩見：採用されなかった選択肢について思うことをということでしたよね。今、世界中で主流のコンクリートは鉄筋コンクリートです。その黎明期である19世紀の後半、鉄とコンクリートの組み合わせがいろいろと試された時代のことを調べると、なかには乾式で鉄と石が接合されていた事例もあります。確かに、主流になるのは社会の要求に合うほんの一部だけですが、たくさんのバリエーションが存在していて、人々がなぜその時代にそれを考えたのか、研究にはそれに触れる面白さがあります。私の研究が今すぐに実用化されて主流になるとは思っていませんが、後の時代の人が参照できる、考えを残すというような意味で、主流ではないものも研究する意義があると考えながらやっていました。

齋藤：そもそもレシプロカル・フレームには主流といえる形がなくて、それを一から考えようとやってきました。質問の答えにはならないですが、その形の自由度を突き詰めた結果、木材も接合部もかなりの加工精度が必要で、3DプリンターやCNCルーターでなければつくれないという大きな制限があったと感じています。

青井：ありがとうございました。大学や学会での議論とはまた違う、トウコレらしい議論を展開できたのではないかと思います。それでは各賞の審査を進めたいと思います。

見えないものを考える

青井：グランプリは最後のお楽しみということで、

まずは各審査員賞の発表です。青井哲人賞は山本さんに差し上げます。新規性がある研究を地道にじっくりと仕上げていかれたと思います。欲を言えば、ゆらぎの構造や、工匠にみられる日本建築における建築家像について、最後に独自の言葉を与えられるとさらに良い論文になったのではないかと思います。討論での満田先生とのやりとりで必死に食い下がる様子が印象的で、最後はそれが決め手になりました。

飯塚：私の専門は建築環境ですので、皆さんのテーマとはかけ離れているのですが、楽しく聞かせていただきました。私の賞は、大場さんに差し上げたいと思います。いろいろな制約があるなかで適応していくのが建築のあるべき姿だと私自身は考えておりまして、難しい理屈は抜きにして単純に好きな研究として選ばせていただきました。

岡部：今年度は、修士論文を書くのも大変な状況だったかと思いますが、集中して取り組めたのはきっと幸せなことではないかと思います。それぞれ論文を書くなかで、自分の美学が磨かれたのではないでしょうか。私自身も、皆さんの梗概を読ませていただいて、いろいろとイマジネーションが広がりました。私の審査員賞は岩見さんに差し上げたいと思います。岩見さんの研究は、再生砕石というところから着想して、引張材さえあればどこでも構造物ができるという非常にユニークな研究で、もっともダイレクトに私のイマジネーションを広げてくれました。ぜひあの構法で中に入れるドームのようなものをつくっていただきたいと思います。ただ、解体も簡単ということで、一本針金を引っ張るとざっと石が落ちてくるんですよね。それに埋もれたくはないなと思いましたけれども、その瞬間を見てみたい一心です（笑）。

満田：今回は構造系の論文が少なくてさみしくもありましたが、新鮮に聞くことができました。私の賞は、齋藤さんに授与したいと思います。手に入る材料を用い可能な構法でつくる、という建築の大

原則のなか、3Dプリンター技術は今後確実に建築を、そして社会を変えていきます。それに真正面から取り組み、実証的に説明されたことを評価しています。それから、先ほどの私の質問について私自身はどう考えているかというと、結局は格好いいもの・美しいものしか残らないと思っています。私はそういうものをつくるために構造をやっています。皆さんもそうした気持ちをもって活躍していってほしいなと思います。

大原：大原一興賞を差し上げたいのは、富樫さんです。果敢に大きなテーマに挑戦されたことを評価しました。計画することとはどういうことなのかと、真剣に考えてくれている若い人たちがいることは心強く、次の世代への期待を感じさせてもらいました。

　今回のグランプリは、原田栞さんに差し上げたいと思います。多くの審査員が面白いテーマを見つけてきたなと発見力に感心しました。それまでにきっと、ご自身でいろいろな活動や、研究を丹念に見渡す作業を通して、土台を築かれてきたのかと思います。分析の視点もたいへん良く、とくに標高に目を向ける手法をもってきたのは非常に新鮮でした。発想、手法、それから結果も結論も非常に面白く、今まで知らなかった世界が広がる感動を与えてくれたということで、修士論文としてはたいへん素晴らしいものだろうと皆さん意見が一致しました。

　続けて総評です。今日は審査員もたいへん充実した時間を過ごさせてもらいました。まず、書類審査の段階から、皆さんがコロナ禍のなかで苦労して修士論文を書き上げられたことを感じました。私は普段、建築計画の研究でフィールドに出てヒアリングをしたり、観察をしたりしていますが、そういう活動がなかなかできない1年でした。そういう状況下でも、苦労しながらさまざまなデータ採集をして研究活動をされたと思います。応募されてきた論文は、比較的、外観や表層に焦点を当てたものが多かった印象です。また、この1年はフィールドワー

クが制限されたために、文献資料調査が主流であったと感じています。

そうしたなかで、今回ファイナリストに選ばれた方々のテーマはバラエティに富んでいて、素晴らしい着想と熱意をもって研究に取り組まれていたことが感じられ、完成度も高いものばかりでした。今日、研究者として何をすべきかをあらためて考えると、「見えないものを見えるようにすること」だと思っています。見えないものをどこに設定するかは、研究の着想力・着眼力が非常に重要です。皆さん人を惹きつける魅力的な発想の研究で、いずれも自信をもっていい論文だったと思います。

最後になりますが、公開討論での4つのグループごとにコメントします。最初の「家族の現在形」の3題は、パーソナルヒストリーを丁寧に紐解き、丹念に考察していて、共感と好感をもてました。次の「グローバル化のなかでの文化変容」では、文化やその変容という見えないものを可視化し、自分なり

のストーリーを立てて表現したことで、今まで知らなかったことが見えてくるという面白さがありました。さらに、「人間化された世界とその外部性」についても、外部という見えにくい存在を見せる努力によって、本質に目を向けさせてくれる論文揃いでした。最後の「技術とデザイン」については、何かをつくり上げるという目標が明確で、次の課題が見えてきたことを含めて、一歩前進した世界を見せてくれました。

本日発表された11名の論文は、いずれも研究としてたいへん素晴らしいものです。今後、さまざまな分野でこの研究の経験を活かしていただけると思います。一人ひとりの着想や活動を可視化し、多くの人の共感を得ることを積み重ねていけば、より良い社会の実現につながるはずです。皆さんこれからもがんばってください。本当におつかれさまでした。それから、おめでとうございました。

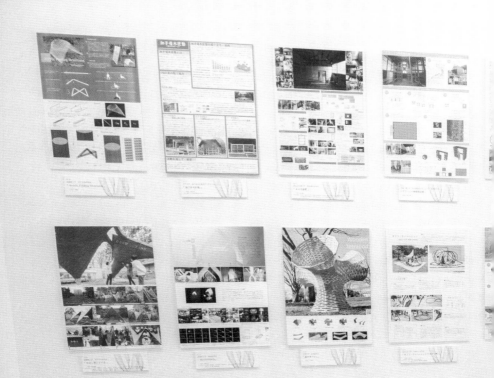

プロジェクト展

「プロジェクト展」開催概要

大学院の研究室などで行われているプロジェクトを全国から一堂に集め、作品の展示を行うことで社会に向けて発信していきます。

　今年はヒルサイドフォーラムにて、3月2日（火）－3月7日（日）の期間でパネルとiPadによる映像の展示を行い、期間中には来場者による人気投票を実施しました。展示したパネル資料と映像は、次ページから始まる各作品の紹介欄に掲載しているQRコードからご覧いただけます。

　大学で行われているプロジェクトは社会との協働によるものが多いことから、学生の活動として社会に対してもっとも低い立場からアプローチした成果であると考えます。このような学生のプロジェクトが社会に新しい風を吹き込み、社会を動かすきっかけとなることを、さらには継続して社会を後押ししていくことを期待しています。また、本企画をきっかけとして、学生のプロジェクトが社会の中でさらなる発展を遂げ、学生の活躍の場となっていくことを目的としています。

トウキョウ建築コレクション2021実行委員会

足利・佐野のまちづくり

足利大学
渡邉美樹研究室

Introduction

足利の中心市街地には、昭和初期の最盛期の風情を
残した建物が数多く残る。渡邉研究室では、まちを
散策し、魅力的な建物を発見しつつ、空き家、空き
地を再生活用する方法を探索している。今回紹介す
るのは、空き地の計画作品「みんなのリビング」と古
民家の実測調査、古民家でのワークショップである。
また、近隣都市の佐野では、2019年の台風被害の
際に、国登録文化財である第一酒造主屋と蔵の復旧
支援を行った。

まえにわデザイン
WGプロジェクト

大阪市立大学
前庭デザインワーキングメンバー

Introduction

大阪市立大学のシンボルであったヤシの木が伐採さ
れ、芝生の広場だけが残った。新たな市大の顔とし
て「まえにわ」を確立するために、"まえにわデザイン
WG"が誕生した。イベント実施や座具制作などソフ
ト・ハードの両面から取り組みを行い、まえにわの発
展に努めてきた。学生主体で計画・実施・維持管理ま
で力を入れている。学年の垣根を越えた学生団体だ
からこそ、まえにわへの想いは受け継がれるのであ
る。私達の挑戦は続く。

プロジェクト展

現代建築理論序説を
読み解く

工学院大学
伊藤博之研究室

Introduction

ハリー・F・マルグレイヴ、デイヴィッド・グッドマン
『現代建築理論序説——1968年以降の系譜』(澤
岡清秀監訳、鹿島出版会、2018)を読み解き、モダ
ニズム以降に現れた現代理論の全貌を把握すること
で、建築に対する理解を深めつつ、これからの社会
における建築の可能性を探る。

快適な生活空間を
提供する組み立て型
避難シェルター

工学院大学
鈴木敏彦研究室

Introduction

Withコロナの避難所では3密回避のために受け入れ
人数を抑えざるを得ない状況にある。今こそ、一次
避難環境である学校運動場などの外部環境の有効
利用が求められている。そこで、災害の際、すぐに組
み立てられ、体育館より快適な小さな家を屋外に用
意できる策はないかと考え、一般住宅並みの断熱性
能のあるテント膜と、地面から30cm浮いたCLT削
り出しワッフルスラブで構成する避難シェルターを開
発した。(内田祥哉賞／野片智之)

旧蚕糸試験場
新庄支場
改修プロジェクト

工学院大学
冨永祥子研究室

Introduction

写真（上）撮影：小川重雄

山形県新庄市の登録有形文化財「旧蚕糸試験場新庄
支場」は、昭和初期に建造された旧農林省の研究施
設群である。2014年に市の依頼を受けて以降現在
に至るまで、実測調査・耐震補強＋利活用提案書の
作成・木造蚕室の改修基本設計・シンポジウム・アー
トイベント等に研究室の学生が取り組み、行政や地
元住民・建築関係者との関係を築いてきた。東京の
一研究室と地域との関わり方の可能性を、長期にわ
たって実践してきたプロジェクトである。

プロジェクト展

浄蓮の滝ICプロジェクト

工学院大学
西森陸雄研究室

Introduction

静岡県伊豆市湯ヶ島に浄蓮の滝がある。伊豆縦貫
道の延長に伴い、浄蓮の滝周辺である茅野地区にイ
ンターチェンジ（IC）が設置されることで、周辺道路、
そして街区の変化が予想されている。茅野地区に住
む住民と多くのワークショップを重ね、茅野地区の良
さや未来の茅野地区に必要なことを話し合い、住民
からあがった意見を反映させながら、10年後の街区
計画や道路計画をつくり、伊豆市、そして茅野地区
の住民に提案するプロジェクト。

善光寺放生池
イルミネーション

工学院大学
西森陸雄研究室

Introduction

長野デザインウィークで行われた「善光寺表参道イルミネーション」の一環として、善光寺大勧進・放生池のイルミネーションを行った。テーマを長野県が誇る美しい星空とし、無数の星々や流れ星、天の川といった光を幻想的に表現した。設計・施工を学生自ら行ったため現地での調整が必要な場面もあったが、さまざまな工夫を共有しあって思い通りの空間を演出することができた。

多孔体:2畳 ⊂ 4.5畳

藤木隆明
＋工学院大学 藤木隆明研究室
＋佐藤由紀子

Introduction

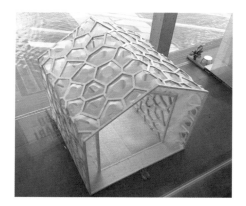

これは、「大地の芸術祭・越後妻有アートトリエンナーレ」の特別企画「2018年の〈方丈記私記〉」展に出品した作品である。セルフビルドで「こどものための空間」を製作した。四畳半の空間の中に二畳の茶室が入れ子状に埋め込まれた構成。《多孔体》に穿たれた数多くの孔は、人が中に入るとそれを感じて呼吸するように開閉し始める。また、会期中「こどものための和菓子づくりワークショップ」を開催し親子で茶会体験をしてもらった。

写真（下）撮影：千田正浩

RYUBOKU HUT
流木を構造体とした縄文建築

滋賀県立大学 芦澤竜一研究室

Introduction

RYUBOKU HUTは、島に漂着する流木と島民の漁具等の不用品を用い、沖島の素材のみでつくる建築である。流木を構造体として有効利用し、島民の協力を得ながら学生主体のワークショップによって、島の休憩所をつくった。建築の一部が朽ちた場合は、漂着した流木を回収し、更新していくことが可能なサスティナブルな建築である。島内の資源の小循環を人為によって促すことを目指した建築の本質を問うプロジェクトである。

ヨシ壁の納屋

滋賀県立大学 川井操研究室
＋木興プロジェクト

Introduction

琵琶湖周辺に生息するヨシの応用的構法「ヨシ壁」を用いて、老朽化した納屋の改修を行った。敷地は滋賀県蒲生郡日野町安部居に位置する。この納屋は集落内にある茅葺民家の付属建物である。ここで試みたのは、次の3点である。①ヨシ壁構法の実践、②隣接する茅葺民家や納屋の解体で生じた廃材の応用、③老朽化した家屋の減築と耐震補強。

写真(上下)：Nobutada Omote

カシワテラス

ユニットハウスによる小さな公共空間
千葉県柏市柏駅東口ダブルデッキの
社会実験

芝浦工業大学 都市デザイン
（前田英寿）研究室
連携先：三協フロンテア（株）、
（一社）柏アーバンデザインセンター

Introduction

商業中心から居住を含む複合へ変容しつつある首都圏中核都市、千葉県柏市の柏駅ダブルデッキに既製箱型建築ユニットハウスを仮設して、手軽で開かれた「小さな公共空間」の社会実験を行った。本研究室と、地元でユニットハウス事業を営む三協フロンテア（株）の共同研究から始まり、同じく地元の公民学連携まちづくり組織、（一社）柏アーバンデザインセンターが加わって実現した。

山の家改修プロジェクト

芝浦工業大学
空き家改修プロジェクト
稲取設計室

Introduction

「稲取ふれあいの森管理棟」は静岡県の東伊豆町が所有する物件で、内装の劣化のため物置として使われていた。しかし、豊かな自然に囲まれた周辺環境と、それを楽しめるデッキや庭というヨソでは味わえない魅力をもっている。そこで、宿泊施設として改修することで、フィールドワークやワーケーションの拠点とすることを提案する。活動の痕跡は家具配置や黒板によって残り、まちの魅力や利用者の活気が次の利用者へと伝わる。

アワヘイの蔵改修計画

芝浦工業大学
空き家改修プロジェクト
鳥羽設計室

Introduction

「アワヘイの蔵」は、三重県鳥羽市の鳥羽なかまち会が所有する物件である。ワーケーション推進事業の一環として物件の提供を受け、コワーキングスペースとして改修することになった。鳥羽のまちはかつて宿や商店が立ち並ぶ港町として栄えていた。その名残である蔵の魅力を残しつつ、多くの人にとって使いやすい作業空間を設計した。内部の特徴的な格子はパーテーションとして活用し、可変的な家具によって居心地の良い職場が立ち現れる。

サイト・リノベーション「∞ムゲン庵」

杉浦久子
＋昭和女子大学 杉浦久子研究室

Introduction

場所の意味を見出し、人を含む空間全体を関係付けて環境をつくることを「サイト・リノベーション」と名付け、20年来、各地の公共空間に「セルフビルド」＆「ブリコラージュ」的手法で交流空間をつくってきた。2019年は竹で「南京玉簾のシステム」を応用したハンディな茶室「∞ムゲン庵」を新潟と東京で設置した。竹害問題の解決、参加型、伸縮可能、収納・運搬・施工の容易さ、茶室の機能充足を目指した。竹のループは周りの風景・環境を枠取り呼応する。地球環境を愛で、負荷のかからない空間をつくりたい。

未完美術館

椙山女学園大学
橋本雅好研究室

Introduction

西山商店街（愛知県名古屋市名東区）に建つニシヤ
マナガヤの奥にある倉庫を、自主施工により未完美術
館にコンバージョンしたプロジェクトである。プロジェ
クトは、植村康平建築設計事務所との協働で、橋本雅
好研究室とwunit design studio（学生団体）の学
生が主体となり、壁面の再生、サイン計画、グッズおよ
びリーフレットの制作なども行った。また、未完美術
館の運営にも関わっている。

曲木オブジェ

千葉大学
平沢岳人研究室

Introduction

木を曲げて曲面を表現する技術の一つに、スリットを
施す方法がある。この技術を用いた曲面は一方向に
曲がる単純な形状しかつくることができない。そこで
ペーパークラフトなどの技術を参考にすることで、曲
木によって作成できる形状を拡張することを考えた。
より複雑な曲面を作成することを目的に、この曲木
技術とペーペークラフト技術を組み合わせ、モデリン
グから制作までを行った。いくつかの試作を行い制
作プロセスの合理化を図った。

加子母木匠塾

加子母木匠塾
東洋大学チーム

Introduction

加子母木匠塾は、岐阜県中津川市加子母村に毎年
夏の時期に2週間滞在し、国産材や木造建築について
学ぶサマースクールである。加子母地域周辺は良質
な木材の産地として知られ、参加者はその木材を使
用した木造建築の制作実習を行いながら、木造建築
の魅力、日本の林業や国産材の問題について学ぶ。
加子母村の域学連携の積極的な取り組みや、市や村
だけでなく地元住民の協力もあり、1995年から今
日まで活動を続けている。

TRANSITION
「小さな操作」と「大きな変化」

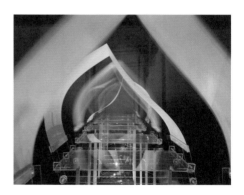

武蔵野大学
風袋宏幸研究室

Introduction

「世界に応答する建築」というコンセプトを「形状が
移り変わる空間モデル」として表現した。対称と非
対称のあいだ、直立と開脚のあいだ、弛緩と緊張の
あいだ、単体と対体のあいだ、アーチとトライアング
ルのあいだなど、異なる形状のあいだを探求してき
た軌跡である。現実の物性がもたらす想定外の揺ら
ぎを積極的に利用することで、単純な形状から、動
的でユーモラスな表情をインタラクティブに生成する
ことを意図している。

プロジェクト展

285

Acrylic Folding Structures

武蔵野大学
田中正史研究室

Introduction

静的なフォルムは、つまらない。動的な構造デザインのあり方を模索した。構造体に力を加えると、板が応答し形状が変化する。この板は、厚さ3mmのアクリル板を並列に配置し、接合部をピン接合で設計することによって回転が可能となる。これらのヒンジを楕円上に計画すると、部材長さを変化させることができる。この可変する構造体は、椅子の座面としての機能および立体的な骨組みを形成することで安定性を付与する。

むさし野シェアる

武蔵野大学
team:TAN

Introduction

武蔵野大学のキャンパス内に、HPシェル構造物を制作中である。シェルの厚さは60mm、スパン6mのHPシェルが2つで1体となる構造物だ。設計から施工まですべてセルフビルドで行う。当然、設計通りに施工はできないため、何度もやり直しを繰り返し、手を動かし、皆で悩み、これらの経験を記憶し建築を学ぶ。

プロジェクト展 来場者投票結果

順位	得票数	プロジェクトタイトル	プロジェクトチーム
1等	109票	多孔体:2畳 ⊂ 4.5畳	藤木隆明+工学院大学 藤木隆明研究室+佐藤由紀子
2等	86票	旧蚕糸試験場新庄支場改修プロジェクト	工学院大学 冨永祥子研究室
3等	73票	RYUBOKU HUT——流木を構造体とした縄文建築	滋賀県立大学 芦澤竜一研究室
	62票	山の家改修プロジェクト	芝浦工業大学 空き家改修プロジェクト 稲取設計室
	61票	快適な生活空間を提供する組み立て型避難シェルター	工学院大学 鈴木敏彦研究室
	53票	まえにわデザインWGプロジェクト	大阪市立大学 前庭デザインワーキングメンバー
	51票	現代建築理論序説を読み解く	工学院大学 伊藤博之研究室
	50票	善光寺放生池イルミネーション	工学院大学 西森陸雄研究室
	50票	ヨシ壁の納屋	滋賀県立大学 川井操研究室+木興プロジェクト
	50票	むさし野シェアる	武蔵野大学 team:TAN
	46票	カシワテラス——ユニットハウスによる小さな公共空間——千葉県柏市柏駅東口ダブルデッキの社会実験	芝浦工業大学 都市デザイン(前田英寿)研究室 連携先:三協フロンテア(株)、(一社)柏アーバンデザインセンター
	42票	足利・佐野のまちづくり	足利大学 渡邉美樹研究室
	42票	浄蓮の滝ICプロジェクト	工学院大学 西森陸雄研究室
	40票	未完美術館	椙山女学園大学 橋本雅好研究室
	37票	Acrylic Folding Structures	武蔵野大学 田中正史研究室
	33票	アワヘイの蔵改修計画	芝浦工業大学 空き家改修プロジェクト 鳥羽設計室
	33票	曲木オブジェ	千葉大学 平沢岳人研究室
	27票	TRANSITION——『小さな操作』と『大きな変化』	武蔵野大学 風袋宏幸研究室
	26票	サイト・リノベーション『∞ムゲン庵』	杉浦久子+昭和女子大学 杉浦久子研究室
	14票	加子母木匠塾	加子母木匠塾 東洋大学チーム

特別講演

テーマ: 建築とグローバル化

今村創平 × 片桐和也 × 眞田アンテオ太郎

近年、インターネットの普及により社会が急速にグローバル化し、世界中の人々が自由にコミュニケーションをとり、瞬時に情報を共有することができる時代になりました。しかし建築業界はグローバル化が遅れているといわれています。建築は輸出することができず、現地で建設するしかないため、基本的にはグローバル化する必要がない業界とされてきました。一方で、東京オリンピックのための新国立競技場の当初案をZaha Hadid氏が設計したように、海外の建築家が日本の建物を設計する機会もあり、海外において日本の建築家によるプロジェクトが進行することも増えてきました。

このような建築におけるグローバル化を、建築の言語ともいわれる図面、近年のBIMの活用、大学における留学など、さまざまな視点から議論します。

※本講演は新型コロナウィルス感染拡大防止のため無観客で開催しました。　トウキョウ建築コレクション2021実行委員

左から順に、今村創平、片桐和也、眞田アンテオ太郎(敬称略)

パネラー紹介

＊P.288-301に登場する団体名・肩書きは開催当時のもの

今村創平　Imamura Souhei

建築家／千葉工業大学教授。1966年東京都生まれ。1989年早稲田大学理工学部建築学科卒業。AAスクール、長谷川逸子・建築計画工房を経て2002年よりアトリエ・イマム主宰。ブリティッシュ・コロンビア大学大学院兼任教授、東京大学大学院、法政大学、芝浦工業大学大学院にて非常勤講師など、国内外の大学で教鞭をとる。専門は近現代の建築と都市の意匠および理論。主な建築作品に「神宮前の住宅」「大井町の集合住宅」「ふたば幼稚園」がある。主な著書に『現代都市理論講義』(オーム社、2013)、『日本インテリアデザイン史』共著、オーム社、2013)、『20世紀建築の発明』(訳書、アンソニー・ヴィドラー著、鹿島出版会、2012)がある。建築雑誌等への寄稿多数。公益社団法人日本建築家協会理事。同表彰委員会委員長。

片桐和也　Katagiri Kazuya

建築家／1981年長野県生まれ。2004年工学院大学建築学科卒業。2007年イリノイ工科大学修士課程修了後、メキシコにてLopez_Katagiri ARCHITETS共同設立。日本帰国後、2010年に隈研吾建築都市設計事務所入社。「Victoria & Albert Museum at Dundee」「中国美術学院博物館」「Vanves集合住宅計画」等を担当。2014年よりKatagiri Architecture+Design主宰。2017年−国際的な活動のプラットフォームとしてStudio 3A共同企画。モンテレイ大学、工学院大学非常勤講師、東京大学隈研吾研究室学術支援専門職員を歴任。

眞田アンテオ太郎　Anteo Taro Boschi Sanada

建築家／1985年イタリア生まれ。ミラノ工科大学建築学科卒業後、ミラノ工科大学大学院修士課程修了。ハーバード大学デザインスクール大学院修士課程修了。2012年隈研吾建築都市設計事務所(KKAA)入社、2020年より同社パートナー。KKAAでは主に海外コンペおよび海外プロジェクトを担当。主な担当作品に「オドゥンパザル近代美術館」「バルス・テルメホテル」「アンデルセン博物館」がある。

第1部　プレゼンテーション

今村創平
千葉工業大学

今回の「建築とグローバル化」という講演テーマに対して、留学や海外での設計の活動を経験してきた私たちが考える、これからのグローバルな建築のあり方についてお話ししたいと思います。まずは、学生時代からの海外との関わり方など、自己紹介とプレゼンテーションから始めます。

イギリスAAスクールへの留学
まず、私は早稲田大学を卒業後、ヨーロッパの国々を90日間旅しました。旅の中でヨーロッパ各地の建築学校を訪れ、イギリスのAAスクールにも足を運びました。そこでの教授や学生との交流から、海外での学びに惹かれて留学を決意します。AAスクールは今もネームバリューのある建築学校ですが、その魅力は海外での学びというだけでなく、教員から一対一で指導を受けられることにありました。

　留学して1年目に取り組んだ課題の一つが、「エーヴベリー」という、ストーンヘンジのように石柱がいくつも並んだまちを舞台に、トルコ人のチューターの指導で設計したプロジェクトです。新鮮なテーマでしたが、日本でもできる設計の勉強ではなく、ここでしかできないことをしたいと思い、次の年はオランダ人建築家のラウール・ブンショーテンのユニットに参加しました。ラウールのデビュー作はAAスクールの機関誌の表紙にも取り上げられた、「スピノザの庭」というプロジェクトです。深邃な思考をする哲学者スピノザの世界を、「庭」という宇宙観で表現していました。ラウールのような師に学ぶことは、日本ではできないことでした。

　今回の「グローバル化」というテーマにも重なりますが、我々日本人にとって海外を意味する「global」の元となる「globe」＝地球を考えることは、建築を考えることにもつながります。30年前、ラウールは「skin of the earth」（＝地球の皮膚）というプロジェクトを

図1　ロンドンのAAスクール（Architectural Association School of Architecture／1847-）

立ち上げました。「地球の皮膚上で生活する人間の活動が、形になったものの一つが建築である」という考えがそのベースにあります。世界観の面白さだけでなく、昨今の環境問題やコロナにも深く影響する存在としての建築の思考実験です。

大学研究室での国際的な活動
私は6年前から千葉工業大学に赴任しているので、自身の設計ではなく、大学の研究室でのプロジェクトを紹介します。私の研究室では、国際的な分野に触れることと、建築のリプレゼンテーション（表象）をテーマに掲げており、いくつかの建築の展覧会に関わってきました。

　まずは、2016年に森美術館で行われた、イギリスの建築家ノーマン・フォスターの展覧会について。展覧会のキュレーターは、フォスターがバックミンスター・フラーと組んでいた初期の作品を重視していました。その後の作品群のコアとなる重要な作品ですが、その頃の模型は現存しておらず、イギリスのフォスター事務所から提供されませんでした。そこで美術館と相談を重ね、初期の作品の模型を2つつくりました。その内の1つ、イギリスのイプスイッチの「ウィリス・フェイバー・ディマス本社」は図面がすべて残っていたので、提供してもらいました。もう1つの、二重の網目状の球体が特徴の「オートノマス・ハウス」は写真しか残っておらず、図面は一切なかったので、限られた情報から復元することにしました。完成後、本人から「一体どうやってつくったんだ？」と連絡が来るくらい、

図2「フォスター＋パートナーズ展：都市と建築のイノベーション」（森美術館、2016.01.01-02.14）

良く再現ができました。

　次に、2017年にフランスのポンピドー・センター・メスで開催された、「戦後日本の建築展」という展覧会についてです。これは、日本の戦後建築を紹介する展覧会としては、これまでで世界最大のもので、『都市住宅』という雑誌についての展示を依頼されました。当時編集長だった植田実さんと協働し、バックナンバー100冊を分析したものが展示されました。

　翌2018年にはオーストラリアの建築を日本で紹介する展覧会に携わりました。オーストラリアでは、日本が遅れを取っているサスティナブル建築の教育が進んでいます。そこで、環境建築をテーマにした展覧会をしようと、まずは現地のキュレーターが選定した現地の建築を学生たちと見に行きました。可能な限り建築家本人に解説を依頼し、私の研究室の学生はそれらの建築の模型を、現地の学生は図面をつくりました。六本木ヒルズ・スカイギャラリーでの会期中には出展した建築家たちも来日し、私とフリートークを行いました。

　2019年に、トロントのカルテンバッハ教授からの依頼でお手伝いをした「インセクト・ブリック・プロジェクト」では、レーザーカットした段ボールを組み立てたジオメトリーで昆虫をつくるケースを作成し、それは東京ビッグサイトで展示されました。

　最後に、昨年2020年の今頃開催した展覧会「未来と芸術展」では「ポロ・シティ」というプロジェクトを発表しました。これは、オランダのデルフト工科大学の建築家、ヴィニー・マースが主宰する「ザ・ホワイ・ファクトリー」との共同企画です。レゴブロックでつくった直方体を変形させ、多様なビルの形をシミュレートするもので、森美術館で展示とワークショップを行いました。

　その他にも、私自身のバックグラウンドを活かした国際的な取り組みとして、ゼミ旅行では毎年海外を訪れていました。昨年に引き続き、今年もコロナの影響で実施は難しいですが。どの国でも新旧さまざまな建築がみられますが、大切にしているのは、都市の背景観察です。香港旅行では、現地に住むAAスクール時代の同級生に案内を依頼したりと、現地の人との関わりを重要視しています。コロナの影響で同じようには実施できないことも多くありますが、その中でいかに国際的な取り組みをしていくかを模索中です。

図3　ザ・ホワイ・ファクトリー（デルフト工科大学）と協働したプロジェクト「ポロ・シティ」

片桐和也
Katagiri Architecture+Design

イリノイ大学留学から独立まで

海外での実体験を通して、建築のグローバル化についての考えをお話しします。僕は日本の工学院大学を卒業後、ミース・ファン・デル・ローエ設計の「クラウンホール」がある、シカゴのイリノイ大学大学院に進学しました。僕は昔から、世界各地のどんな条件下でも、建物を建てたいという思いが共有できれば、活動の場は日本に限らずあると感じていました。留学先にアメリカを選んだのは、さまざまな人種が共存する国で、勉学意外の生活の中でも学ぶことが多いと思ったからです。世界で活動するための第一歩がアメリカ留学でした。卒業後は、アメリカとメキシコの国境近くで、メキシコ人の同級生と一緒に設計事務所を立ち上げました。そこで4年間事務所を運営し、両国で住宅や商業施設の設計を手掛けました。

その後日本に帰国し、隈研吾建築都市設計事務所（以下、KKAA）で2010年から働きはじめ、主に海外物件を担当していました。ロンドンに本館があるヴィクトリア＆アルバート博物館の分館であるV&Aダンディーの新館計画は、コンペから着工まで担当しました。KKAAに4年間お世話になった後、2014年に「Katagiri Architecture+Design」を設立。同時に東大の隈研吾研究室のスタッフとしても活動を始めて、昨年隈さんが退官されるまで所属していました。現在は国内外でさまざまなスケールのインスタレーションや都市計画などを進めています。

今回の「建築とグローバル化」というテーマについて、「グローバル」を辞書で調べると、「地球規模の／球状の」という規模や形状を示す言葉として出てきます。近い言葉で「インターナショナル」は「○○の間」という意味で国や民族間の関係性を示し、「ユニバーサル」は「全体／普遍性」という様子を示すようです。これら3つの言葉は「国際的な」とも訳せますが、今回はグローバル化を「国や地域という規模を超えた結びつき」として考えたいと思います。現在までグローバル化は、主に大きな組織や国家規模の資本によって推し進められてきました。近年では進みすぎたグローバリズムの弊害とも問題視されています。僕たちの事務所では、その先にある未来を想像しながら活動しています。小さな資本・規模のプロジェクトを、細かいネットワークを築きながら、フットワーク軽く世界規模で行っていくこと。それが、僕たちが目指すこれからのグローバルな活動だと思っています。

Katagiri Architecture+Design

僕たちは設計を通して、31カ国77都市と関わってきました。どの案件にも共通するのが、その都度異なる設計条件と向き合うステップです。文化や価値観、スケール感や気候条件も異なる中で、それらを読み解きながら、地域に根差した設計をする必要があるからです。今回は、プロジェクトの諸条件への向き合い方を中心にご紹介します。

まずは、2018年から設計を開始したベトナムのホーチミンの幼稚園から。ここではブロック状の建築ボリュームを、機能や環境を意識しながら積み上げる設計にし、園の方達と対話しながら進めました。幼稚園のゾーニングセオリーでは、下の階に低学年、上の階に高学年のクラスを配置します。400人規模の園では、十分な園庭のスペースの確保が難しいですが、広い低層階に対して上層階を山状に積むという、機能の諸条件を活かしてこれを解消しました。山状になったブロックの屋根を各学年のテラスとして設け、1階の園庭からぐるっと駆け回れる山のような幼稚園を

図1 ベトナムの幼稚園「AYUMI Kindergarten」

設計しました。

次は2019年に竣工した、アメリカのカリフォルニア州、シリコンバレーがあるサンノゼでのプロジェクトです。日本のセラミック企業と、現地のデジタル系のベンチャー企業が共同で、新しい技術開発をするための施設設計です。既存オフィスフロアの室内要素を極限まで削いだうえで、横に連なる窓から外の緑が入り込む余地、余白を新たにつくりました。展示物と磨き上げた床に映る季節の移ろいが、同時にオーバーラップするような、不思議な展示空間を目指しました。天井に巡らせた2フィートのグリッドを基準に、自由に展示の配置換えができます。細かな技術の展示が多いので、タブレットや壁面プロジェクションでARを使い、小さな技術を体感できる仕掛けをつくりました。

続いて、3つの小さなパビリオンプロジェクトを紹介します。これは、実験的に継続しているプロジェクトで、毎回「小さな構造ユニットの組み合わせを用いる」という共通テーマで取り組んでいます。最終的な全体感は、敷地の諸条件やクライアントとの対話で決めていきます。1つ目は京都で展開した小さな茶室です。4,000枚の折り紙を、接着剤なしで差し込むだけのユニットで構成しています。紙の自重と摩擦を設計のバロメーターに、自立できる形状を導き出しました。この折り紙ユニットは、組み方次第でさまざまな形状に発展できることも発見し、香港のレストランでも形を変えて展開しています。南フランスのモンペリエで計画した、2つ目のパビリオンも同じく紙製のユニットを使い、重厚な古い石畳の街並みの中に、軽やか

図2 フランス、モンペリエで計画した紙のパビリオン

図3 コンペティションの提案（Studio 3A）。基壇状の増築棟により、歴史的な建物を保存する

な紙の組積造を提案しました。限られた予算の中で、日本で加工したユニットを自分たちの手荷物で運び、現地で組み上げるため、「運べる」こともこのプロジェクトでは重要な条件でした。シンプルな構造なので、現地の子供たちにも手伝ってもらい、組み上げました。3つ目は台湾のデパートでのポップアップ什器設計です。現地の漢方薬局がクライアントで、漢方の商品と、その元となる薬草を展示するという依頼でした。現地のフラワーアレンジメントデザイナーに協力を要請して、一緒に進めました。店舗が閉まる23時から翌朝9時までの10時間の間に、その場で話し合いながら設営するという、ライブ感のある生け花のようなプロジェクトでした。

それから、コンペの仕事を2つ紹介します。僕は今、自分の事務所での活動とは別にドイツ人とメキシコ人の友人と3人で、主にコンペに取り組む「Studio 3A」というチームでも活動をしています。地球をちょうど縦に三等分するように、7-9時間の時差がある場所に3人がいるので、提案に対して時間差で返事が届きます。地球が自転するように、3人の案が回っているような面白いチームです。コメントのやりとりはSNS上で行い、2-3日に1回テレビ会議をしてプロジェクトを進めます。1つ目の案件は、ドイツの山奥の村にある、集会場と消防の詰所のデザインコンペです。公募のコンペには現地のライセンスをもった人間が必要なので、ドイツの友人はヨーロッパ、メキシコの友人はアメリカと中南米、僕は日本とアジアのコンペに参加できるように、うまく持ち回りながら案を進めて

図4 国内の住宅プロジェクト　小分けに区切られた部屋を取り壊して吹き抜けの大空間をつくる

います。同じくドイツのドルトムントのプロジェクトでは、ゲシュタポの世界大戦時の歴史を展示する博物館の増築計画で、歴史的価値のある建造物のファサードを活かして残すことをテーマに取り組みました。この2つのコンペは残念ながらどちらも2位でしたが、こうした活動も継続していけたらと思っています。

　最後に日本国内のプロジェクトですが、案件の6割は海外のクライアントです。日本の住宅は、外国の方の生活様式に合わないことが多いので、一度スケルトンまで解体してから空間を再構築します。日本の住宅は小さな部屋が多くあり、共用スペースがあまりないので、空間を縦につないだ吹き抜けや、横につないだ大きなリビングダイニングをつくります。彼らの要求と、既存の不動産条件を調整して設計しています。日本では200㎡以上のマンションはほとんどないため、広い物件を求めるクライアントのために、150㎡の隣り合う部屋を2つつなげて300㎡にした事例もあります。

　僕は実体験を通して、グローバルを考えるときに国内と海外を2つに分けて考えるのではなく、自分の日常として地続きにつながったものだと考えています。KKAA在籍中もクライアントだけでなく、上司や同僚、施工者たちが外国人であることは多々ありました。今後は国内でも、このような国際的なチームで設計する機会は増えると思います。これからのグローバルを考えるうえでは、国内のことも丁寧に見ていく必要性を感じています。

眞田アンテオ太郎
隈研吾建築都市設計事務所

3カ国での留学と日本での就職

僕は、イタリアの自然が豊かなエミリア＝ロマーニャ州で生まれ、ミラノ工科大学と大学院で建築を学びました。建築学科の前のカフェでは、先生も学生もコーヒーやビールを飲みながら、よく建築について語り合いました。大学のレクチャーと同じくらい、このカフェで建築を学んだように感じます。ヨーロッパでは多くの学生が交換留学をしますが、僕が留学したフランスのストラスブールには各国からの留学生がいて、さまざまな考え方に触れ、視野が広がりました。ストラスブールがある地域ではサスティナブル建築が進んでいて、僕もここで初めて興味をもちました。学生時代、僕はイタリア、フランス、日本の3カ国のアトリエでインターンをしました。日本では坂茂氏の事務所でインターンをして、日本のハードな働き方を体感しました。若い頃でなければこの環境でサバイブするのは難しいと思い、卒業後は日本のアトリエで働くため、隈研吾建築都市設計事務所（以下、KKAA）に入りました。

　事務所に入ってからは、海外コンペとヨーロッパのプロジェクトを担当しました。スイスのバルスのホテルプロジェクトでは、ピーターズントーのスパがあり、出張の際にスパに入れるのは楽しみのひとつでした。トルコの「オドゥンパザル近代美術館（図1）」では、場所が古い村の中だったので、大きな建物を建てるの

図1　トルコ　オドゥンパザル近代美術館　（写真：ERIETA ATTALI）

図2 デンマーク アンデルセン博物館［写真：MIR］

ではなく、周りの建物と同じボリュームの施設を組み合わせるように設計をしました。今年、2021年にオープンする予定のデンマークのアンデルセン博物館（図2）は、KKAAでは珍しい曲線的なモジュールの組み合わせで設計しています。途中、2016年から2年間休職して、ハーバードGSDで建築のエネルギーや環境について学び、マスターを取得しました。KKAAに戻ってからは、引き続き海外コンペとアジアのプロジェクトを担当しています。

アジアのプロジェクトと海外コンペ
現在施工中のプロジェクトでは、台湾の台中市にある小さな教会が来年には完成予定です。同じく台中市

で大学の新しいキャンパスや、アリーナの設計も進めています。バングラデシュのダッカの地下鉄のプロジェクトでは、KKAAは7つの駅を設計担当しています。昨年勝ったコンペの1つに、中国の深圳市のオイルタンクだった施設をリノベーションして、公園などのプログラムにする計画もあります。

　最近、オーストラリアに完成したパビリオン「BOTANICAL PAVILION（図3）」は、メルボルンにあるボタニカルガーデンの中の、干ばつで死んでしまった木を使うことがコンセプトのプロジェクトです。ゆるいジョイントでつながった板がアーチになることで安定して、ネジを使わないストラクチャーになっています。さまざまな色やテクスチャーの木材を使うことで美しいパターンが生まれ、板の隙間から漏れた光による面白いライトエフェクトも楽しめます。普段パビリオンをつくるときは、チームが現地に足を運んで調整しながら施工を進めますが、昨年はコロナの影響で現地に行くことができず、リモートでのやりとりとなるなど、大変な場面もありました。部分図面のデータを逐一送り、オーストラリアの現地のCNCマシンで木材をカットして、組み立てるプロセスは写真と動画で送りながら進めました。

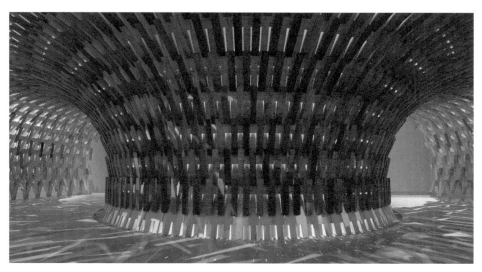

図3 オーストラリア BOTANICAL PAVILION［写真：EARL CARTER］

第2部　ディスカッション

今村創平 × 片桐和也 × 眞田アンテオ太郎

海外に興味をもったきっかけ

今村：まずは、海外に興味をもったきっかけを教えていただけますか？　そこには、自分自身のやりたいことなど「内的な要因」と、当時の状況や環境による「外的な要因」があると思います。今で言えば、「内心は海外に行きたいが、コロナが原因で行けない」というような。

　まず私の場合、海外留学の動機は先ほどのプレゼンテーションでお話ししたので省略しますが、留学後さらに興味を惹かれたことがあります。30年前、当時「変化する社会の中で、我々はどう振る舞うべきか」というテーマを掲げて活動をしていた師のラウール・ブンショーテンとともに、ユニットトリップ（ゼミ旅行）に行きました。その時訪れたプラハで、まさにその「変化」を感じることになります。その前年にビロード革命でチェコ

スロバキアの共産党国家が転覆し、当時は人々が「我々はこれからどんな社会をつくっていくべきか」を模索している最中でした。その後ワークショップのために足を運んだモスクワでも、ソ連崩壊で困惑する学生たちを目の当たりにしました。ニュースで知ったつもりでいても、現地に行くと現実の出来事として、肌で感じるものがありました。当時のヨーロッパは社会ががらりと変わり、崩れ去った後の世界を建て直さなければならない状況。当時の私はそのことに非常に関心をもちました。社会主義・共産主義が負け、資本主義が勝ち、それが今日まで続いています。そしてアメリカを筆頭に、世界中で積極的に推し進められてきた「グローバル化」が、環境問題を含め限界に来ている。そのきっかけとなる重要な変化の時期に私は海外に興味をもったのだなと、今になって思います。

　お二人は、なぜ海外に行きたいと思ったのですか？　また、そこで経験したこと教えてください。

片桐：僕の場合は、建築を勉強する前から海外に興味がありました。小学校高学年頃からシンガポールやタイ、インドネシアに赴任していた父を訪ねて、夏休み

には海外に行きました。当時はまだ英語も話せませんでしたが、父が現地の人と触れ合う姿を見ることで、海外で活動することへのモチベーションになっていました。その後、建築の勉強を始めました。大学を卒業したのは2004年。当時は日本の有名建築家を追いかける学生も多い一方で、雑誌では海外のスターアーキテクト達の紹介も盛んにされていました。僕はもともと海外に接していたこともあり、卒業後は国内での進学や就職は選択肢にはなく、自然に「留学」というキーワードが頭に浮かびました。

　建築というものは、「つくりたいという思い」「土地」「お金」が揃えばどこでも提案できるものです。はじめから活動場所を限定しなくて良かったなと思います。もちろん、知らない国で、知らない言語を話す人たちとコミュニケーションを取りながら進めるのは、最初は大変なステップではありました。ですが、それはその次に待っているさまざまな出会いへの、必然的なハードルとして超えてきました。

眞田：僕は3回留学を経験した中で、最初のフランス留学は「希望を出すのが遅れてストラスブールしか残っていなかった」という理由で決めたほどで、深い考えはなく、「綺麗な場所だし、いいか」くらいの気持ちで行きました。結果的に、現地でサスティナブル建築と出会えたので、良い選択だったなと思います。その次は日本留学です。母が日本人なので、小さい頃から毎年夏休みは3カ月ほど来日していました。日本の建築に惹かれて参加したインターンの日々は大変だったけれど、いつか日本に住みたいと思うようになり、卒業後すぐ日本に移り住みました。休職中のハーバードへのアメリカ留学は、好きなプロフェッサー（教授）がいたことが決め手でした。海外に行くことに最初は大きな理由がなくても、後々学びや気づきが待っていることも多いなと思います。

建築の仕事を得るために必要なこと

今村：学生さんの中には、建築を見ることは好きでも、仕事にするのはハードルが高いと感じている人が多いです。そこで、お二人にも建築を仕事にするための秘訣をお聞きします。アメリカの建築家、フランク・ロイド・ライトは、建築家には3つの大事なことがあると言っています。1つ目は、「どうやって仕事をとるか」2つ目は、「どうやって仕事をとるか」3つ目は、「どうやって仕事をとるか」…つまり、天才建築家でさえも、仕事をとれなければ話にならない。長いキャリアの中でライトは5年10年と不遇の時代を経験していて、仕事を得ることがいかに大事かが身に沁みていたのでしょう。「どうやって仕事をとるか」また、「何を期待されて託されるのか」お聞かせください。

片桐：仕事のとり方について、僕の場合はいくつかのルートがあると考えています。1つ目は、「国内マーケットだけでなく、海外に進出を目指している日本企業」を相手にすること。2つ目は「日本に入ってきている海外企業」に対して仕事をすること。英語で対応できる国内の建築事務所はまだそこまで多くないため需要があり、そこで信頼関係をつくると、またその人から第3の地で再度依頼をされるケースもよくあります。3つ目にパビリオンプロジェクト。小さくても形あるものとして海外でつくりやすいスケールで、現地の法規に左右されにくいという利点もあります。実施することで一定のプレゼンス（存在感）を示すことができるので、そこからさらなる設計の相談につながることもあります。最後にコンペ。実力勝負です。良い提案をして、国がどこであれ価値を認められれば、仕事につながります。海外で仕事をするためのルートは、このようにいくつか設定して、それらを同時に走らせています。

眞田：隈研吾建築都市設計事務所（以下、KKAA）の仕事のとり方は、大きく分けるとコンペとコミッション（委託）の2つがあります。海外で面白いコンペがあれば、アプリケーション（応募）を送って参加します。コミッションの場合は、隈さんとクライアントが同じ考え方のときに依頼されるケースが多いように感じます。または、既存の隈事務所の建築の全体イメージやディティールを参考にして、似たものが欲しいという依頼もよくあります。

海外での仕事に求められるスキルとは

今村：仕事の獲得の次にハードルになるのが、不慣れな環境での設計です。つくったものが本当にその国に相応しく、安全で機能を発揮できるものになるのか。地元ではなく、わざわざ海外の建築家に頼む意味があるのか。建築はアイデアも重要ですが、非常にリアルなものです。お金の問題も重要です。やればやるほど貧乏になるのでは困ります。そういった課題の実態を、きちんと次世代に伝える必要があると思います。

片桐：海外で設計を進める場合、安全性や周辺環境への適応、現地法規の対応などの課題をクリアするために、現地のローカルアーキテクトと共同で設計を進めることが必須です。外国人である僕らの提案は、往々にして現地のスタンダードからは外れていて、それをいかに説得できるかが重要です。そのため、最初のチームアップを丁寧にすることを心がけています。英語のやりとりだけでなく、一言でも現地の言葉を使うなどして積極的にコミュニケーションを図り、フェアな仲間としての人間関係を築いていく。泥臭いプロセスですが、毎回大切にしていることです。

フィーについては、潤沢な予算をもったクライアントは少ないため、現地の通貨で理解ができる範囲で設計料を考える必要があります。一方で、フィーが少なくても面白さや価値を感じたら、自分たちの経験やその先の可能性のために、他のプロジェクト収入とのバランスを見ながら引き受けることもあります。

眞田：同じく、海外ではローカルアーキテクトの存在が必要になります。法律や環境に対する責任をとる人が必要です。その中でたとえば、スイスは現地の建築家がサスティナブル建築に精通していて、学びになる場面も多いです。海外案件では決め込んだ設計ではなく、プロセスのまま提案をもって行き、その国の伝統やローカルクラフトと組み合わせることを大切にしています。フィーについては、どの国でも同じように提示していて、フィーで仕事を選ぶことはなく、額の少ない仕事でも隈さんが面白いと感じれば、依頼を受けるケースもあります。

今村：お二人とも、現地で一緒につくり上げるという意識があるのですね。他にも、ビザや為替の問題など制約は多くあり、とくに若手が新規参入しにくい状況が

あるように思います。

片桐：制約は一言で語れないものがあり、各国で異なりますが、これらの制約も一つの設計条件だと考えています。チームでいかに乗り越えるかをテーブルに乗せて、一緒に議論する。一方的にアイディアを押し付けても相手のモチベーションにはつながりません。制約を「なくす」のではなく、海外のルールをリスペクトし、「乗り越える」ものとして捉えています。

眞田：ローカルアーキテクトとは、チームで細かくコントラクト（契約）を結んでいます。国によってレギュレーションや法律も異なりますが、それも国の文化の一部だと思うので、必ずしも同じルールでなくて良いと思います。

グローバル化のもつ負の側面

今村：今回の講演企画はグローバル化をポジティブに捉えている側面が強いと思いますが、負の側面も認識すべきでしょう。かつては、盛んに海外との交流を行い、発展することこそが正とされた時代もありますが、今はローカルの時代だともいわれています。エネルギーや環境問題もある中で、海外との仕事における課題や注意点はなんでしょうか。

眞田：コロナ禍以前は、グローバルに対して今よりポジティブなイメージが強かったと思います。ただ最近では、グローバルトレンドは行き過ぎてしまったとも思います。建築はローカルとの関わりが重要な仕事なので、KKAAに入ってからは、いろいろな国への出張も魅力でしたが、コロナの影響で現地に行けなくなりました。実際には必ずしも毎回行かなくても、ローカルのことを知る姿勢を大切にし、現地に合った設計をすることで、成立する場面もあります。また、逆に自国のローカルに目を向けることも重要で、これからの建築は、あらゆる意味でローカルを大切にしていく必要があると思います。

片桐：モダニズムの時代に、生産性や全体性を重視したデザインが進み、ローカルは置き去りという時期もありました。それは、大きなスケールで世界が一律になっていく、これまでの「グローバル」のイメージです。

今では、現地の独自な文化より一律な価値観が世界中に広がっていくことへの危惧があり、今回のパンデミックをきっかけに今までのグローバル化に対して、より一層反省につながっている気がします。ですが、それで経済や国同士のつながりを断絶するのではなく、「つながり方」の議論が必要だと思います。国同士のパワーバランスによる大きなつながりだけではなく、地域同士が小さく網目状につながっていくかたちを模索していけたら良いのかなと思います。

これからの建築に求められる変化

今村：日本の建築は、古い時代から中国や韓国といった海外からの影響を受け、文化レベルを向上させてきました。国内での文化熟成期もある一方で、建築は創造的な行為ゆえに、外部からの刺激で発展します。ですが、コロナによって物理的にグローバルな活動が制限されたことで、「これからのグローバル」を考える岐路にあります。建築そのものや、仕事の仕方をどう変え、建築家はどう振る舞うべきでしょうか。

片桐：まず、建築という行為自体に、サスティナブルと相容れない部分があるという前提があると思います。建物はつくるのにも壊すのにも、莫大なエネルギーを要します。僕たちにできることは、できる限り現地のものを使い、現地に適応した建築を、現地に適した工法でつくること。そしてそこに、いかに新しいアイディアを加えられるかだと思います。そのためには現地に密に通うことは不可欠であり、建築家は、そこにかけるエネルギーに相応しいものをつくる責任があると思います。

眞田：環境のために、新しい建物を建てないという考え方もあります。ヨーロッパでは古い建物にも価値があり、繰り返しリノベーションします。日本は建築も使い捨てで建て変えたり、古くなると価値が落ちてしまいます。日本でもリユースやリノベーションをもっと取り入れ、その価値をSNSなどで発信するのも良いと思います。

今村：モダニズムの時代から、「見た目がかっこいい」ものを取り入れることをグローバル化と勘違いしてき

た背景があり、実は今もInstagramなどのSNSではビジュアルばかりに目が向けられがちです。ですが、ドイツのエコ建築を日本に建てても気候が合わないように、情勢や環境がまったく違う国のものをそのまま取り入れるのには無理があります。その点、社会の成り立ちや気候環境なども含めて、アジアのほうが日本に合う建築のヒントがありそうです。その先に、眞田さんが言うように、スクラップ・アンド・ビルドの悪循環から抜け出た建築のあり方が見えそうです。

片桐：アジアには子供の頃から馴染みがあり、仕事でも縁がありますが、日本を含むアジアの中心は今、どこなのでしょうか？　かつて日本は東京をアジアの中心と自負してアジアを見渡していましたが、今はまったく状況が違います。距離で言えば東京より九州や沖縄のほうがアジアに近く、今までの固定概念を外して見る必要があると感じています。また、海外で仕事をするうえで時差の問題はかなり大きく、ヨーロッパやアメリカとは時差が半日近くありますが、アジア圏内では大きくても3時間程度の時差で済みます。日本の延長線としてのアジアを建築の活動範囲として捉え、定義し直すと、また面白いものが見えてくるかもしれません。

眞田：僕もヨーロッパよりアジアの中に、日本にフィットするアイディアがあると思います。日本はこれまでアジア諸国をリードしてきましたが、今や日本の後ろに誰もついてきていません。エコロジーの視点で見ると、今はベトナムやタイの建築のほうが進んでいて、学ぶことがたくさんあります。

今村：建築とは、自然や環境との付き合い方の模索でもあり、日本では湿った土や空気と付き合う必要があります。自然と向き合う中で発展してきたかつての工法とは対照的に、近代建築は自然を排除します。コンクリートで自然と完全に区切り、高気密、高断熱を追求する流れが主流ですが、素材や工法の視点からこれからの建築をどう考えますか？

眞田：ヨーロッパもアメリカも、断熱材を多用して電気をあまり使わない方法がエコ建築のスタンダードでした。ですが、実際には大量のプラスチック断熱材を使う建築が、本当のエコとは言えません。これからの

エコ建築の模索が必要な中で、日本はこのスタイルに乗り遅れたことが、むしろ幸運だったと言えるかもしれません。

片桐：「工業製品」として建築の品質を担保しはじめてから、地域ごとの先人の知恵は一掃され、どこに行ってもアメリカの工業製品的な建築が流通しています。日本国内でも南北の環境に大きな差がある中、それぞれの場所に適したつくり方の知恵を参考にしながら、今の自分たちに何ができるかを考える必要があります。

若い世代から見た海外

片桐：今村先生は学校で教鞭をとる中で、最近の学生はどういう感覚で海外を捉えていると感じますか？　海の向こう側の無関係な世界なのか、それともSNSで身近にリンクしているのか…

今村：昔は海外から何かをキャッチアップする意識があり、ポストモダンの時代には、海外のムーブメントに必死についていく感覚がありました。今の学生は、その意識は薄いようで、そもそも海外にも大きな潮流はありません。そのため、興味があるものを追えるものの、自分が何をすべきなのかが見えづらい。それは規範となるものがないためです。私の研究室ではゼミ旅行などで海外との接点を設けてきました。自分の世界を広げるためには、今まで属していた世界が一度壊されるプロセスが必要です。海外では言語だけでなく、母国での概念が通じないことがよくあります。常識を壊されることで視野が広がる。社会に出た際に所属した組織を世界のすべてと思い込み、それに染まってしまわないように、大学にいる間に自分で自分の世界を広げることが大事です。

片桐：僕も海外を知ってほしい意識がありますが、「海外に出る」と力むのではなく、今いる場所から地続きでつながった世界として、肩肘張らずに訪れる気持ちで良いと思います。今はネットで現地の状況も把握できますし、日常の延長線上にある海外を、自分の物差しをもって感じることが大切だと思います。

眞田：ヨーロッパでは留学がしやすいので、多くの学生が留学を経験します。僕らの世代はヨーロッパ全体

を1つの国と捉えていて、国ごとの考え方の違いも把握していますし、自分とは違う考え方も認めます。日本の学生ももっと海外を身近に感じて、さまざまな異文化を体験したら、国同士の違いの中には些細なものもあると気づけるのではないでしょうか。

また、自分と違う考え方を知りながら、自分の考え方やオリジナリティも大切にしてもらえたらと思います。

変化する社会に順応する建築

片桐：今回のトウコレの全体テーマは「順応」だそうです。「順応」という視点で建築を見るとき、向き合い方はケースバイケースですが、「大股で歩かない」ことが大切だなと思っています。大きなプロジェクトを大股で進めると、予期せぬ突然の変化に対応できません。ですが、小さなステップをたくさん踏むイメージで進むと、どこかにエラーが生じても、他の部分を調整しながら前に進むことができます。リスクヘッジしながら動

き続けられる状態をキープすることが重要です。

眞田：グローバル視点で建築の順応について考えると、よく相手の話を聞き、考えることが必要だと思います。1つのパターンに縛られずに、プロセスを大切にしながら進めることで、順応していけると考えます。

今村：いま世の中は、コロナの状態に順応せざるを得ない状況で、また環境問題にも順応していく必要があります。そうした中で、自分の外の世界に対してしなやかに順応していきながらも、自分自身をなくさない意識が大切です。最近の学生の中には状況に合わせるのがうまい反面、順応しすぎるところがあります。オートノミー（自律性）と柔軟性を併せもつことが、これからのグローバルな建築を考えるうえで重要な態度だと思います。

司会：今日は3名の登壇者の方々に、さまざまな視点から建築とグローバル化について議論していただきました。本日はありがとうございました。

氏名	所属大学	作品タイトル	岸	平田	大西	小堀	峯田	計
木村晟洋	東京都市大学大学院	幻塩風景 言葉のある風景の研究と実験建築	3	1	1	5	5	15
山本圭太	早稲田大学大学院	流動する大地 700mのハケの道における新たな公共の提案		3	5		3	11
落合 諒	東京理科大学大学院	丸子宿の家	3	5		1		9
工藤滉大	早稲田大学大学院	重力と暮らす 豪雪地域における張力構造の住宅の提案	5		3		1	9
上田春彦	信州大学大学院	住みこなされる建築を目指して				5	3	8
鈴木篤也	名古屋工業大学大学院	文学作品にみられる異界と境界領域 村上春樹の長編小説を対象として		3		3		6
越智 悠	大阪大学大学院	建築の生命性 これからの建築設計手法と建築の存在について			3	3		6
池田友葉	東京藝術大学大学院	美杉木倉 Misugi Repository——The Old give place to the New				5	1	6
市原将吾	早稲田大学大学院	壁のない「修道院」 圏外からの思考・創作編				5	1	6
山地南帆	東京理科大学大学院	涵養域をつくる 地中水脈をつなぐ共生のまなざし		3	3			6
木下喬介	東京理科大学大学院	建築治癒論				5		5
大澤秀幸	明治大学大学院	Réhabilitation: La [Pensée Paysagère] 中山間集落における文化的景観系の修繕と 宿木としてのインフラストラクチュア				5		5
日下あすか	東京藝術大学大学院	人間ならざるものとの暮らし			1	1	3	5
中村 謙	熊本大学大学院	領域の編集	5					5
田島佑一朗	東京理科大学大学院	未完の想造 見立てを用いた風景の解釈による多義的な建築	5					5
牛 瓊	日本女子大学大学院	大柵欄のカタリスト 北京の都市更新を背景とした胡同における宿泊施設の設計提案					5	5
大西琴子	神戸大学大学院	感情と感覚に触れるセレンディピティミュージアムの設計 現代都市における迷路空間の創出					5	5
橋本光祐	滋賀県立大学大学院	Building With Neighborhood 事物連関の再読による新たな隣接性				5		5
中井彬人	東北大学大学院	PRIMITIVE MAKING				1	3	4
中原風香	熊本大学大学院	身体としてのニュータウン			1	3		4

※採点方法は一人あたり、5点×3票、3点×5票、1点11票を持ち点とし、得点数の高い10名を一次審査通過とした。
※応募作品の内、得点の入ったもののみ掲載。

氏名	所属大学	作品タイトル	岸	平田	大西	小堀	峯田	計
真木友哉	東京藝術大学大学院	「不穏さを不穏なままに」 建築のホラーあるいはホラーの建築について		3			1	4
吉田陽花	熊本大学大学院	コカイグランドデザイン 商店街における新たな設計手法の提案				3		3
住司 峻	東京都市大学大学院	暗黒建築				3		3
小林政晴	千葉工業大学大学院	時代の受け皿 骨格による適応性のある建築の合成	3					3
町田忠浩	千葉工業大学大学院	ピラネージの『牢獄』にみられる「衝突」の発見とそれに基づく設計	3					3
渡邉雅大	東洋大学大学院	動的な住宅への心得			3			3
LAI FANYI	早稲田大学大学院	小さなウサギ穴の中に					3	3
長尾謙吾	東京理科大学大学院	死者のホテル 「死」を前にした空間と場所					3	3
林 侑也	芝浦工業大学大学院	道具的建築 制作を通じたその場所への住まい方	3					3
中村大輝	大同大学大学院	離接改造賃貸モデル			1	1		2
殿前莉世	東京藝術大学大学院	時層を潜る 都市の地面に積もる時間を貫くコンコース			1		1	2
軽部 蘭	早稲田大学大学院	水景の装飾 5つのランドスケープを巡る <見えないもの>の回復と更新の手法		1		1		2
鈴木啓生	神奈川大学大学院	内神田とペンシルビル			1		1	2
長谷川千眞	東京理科大学大学院	軌跡の洞窟 ねじれた線識面による曲面建築の提案	1		1			2
羽場航希	東京理科大学大学院	聖と俗を貫き留める楔 深層的土地の記憶の表象による聖域性の発揚		1		1		2
関 智美	千葉大学大学院	生成変化するデジタルオーナメント 異化効果としての他者				1	1	2
水木直人	信州大学大学院	住宅団地のフォークロア 長野市南斜面住宅団地における 増改築の分析と団地更新手法の提案				1		1
櫻井優輔	東京都市大学大学院	街区縫う温泉 旧高崎城下宿場町における町割りの再編				1		1
山本裕也	東京都市大学大学院	もののいれもの					1	1
河野茉莉子	早稲田大学大学院	個室群鶏舎 滝ケ原ファームにおけるアニマル・ウェルフェアの実践		1				1

※採点方法は一人あたり、5点×3票、3点×5票、1点11票を持ち点とし、得点数の高い10名を一次審査通過とした。
※応募作品の内、得点の入ったもののみ掲載。

氏名	所属大学	作品タイトル	岸	平田	大西	小堀	峯田	計
野中基克	熊本大学大学院	創り続ける暮らし 地域コミュニティの核となる サスティナブルなコーポラティブハウスの提案					1	1
上野 純	東京理科大学大学院	闇市の構造刀工場		1				1
齋藤 匠	東京理科大学大学院	アドホックな公共空間					1	1
長谷 光	東京藝術大学大学院	43°03′59′′50 N, 141°20′12′′50 E 新陳代謝するものたち				1		1
田淵ひとみ	早稲田大学大学院	まちの転写装置 自己生成的建築行為を支えるインフラ		1				1
澤田郁実	早稲田大学大学院	発酵景と日常 To pass on attractive sceneries to others in everyday			1			1
金野万里	明治大学大学院	Izanamilion An Account of Bricolage Matters in Nihonbashi		1				1
太田紅葉	武庫川女子大学大学院	あたりまえの幸せと暮らす "トクベツ"による"フダン"の強化に着目した、 祖母のための集合住宅と複合施設の提案	1					1
岸野佑哉	東京理科大学大学院	黒潮町の家					1	1
岩田周也	東北大学大学院	表象のめざめ 昼間長秒露光写真の撮影と仮想現実空間の表象醸成設計手法	1					1
西塚賢上	明治大学大学院	Shared dynamic activities 地方都市における機能搭載型自動運転車と建築の つながりから生み出す多様なコミュニティの在り方の探求					1	1
平林航一	早稲田大学大学院	海／ウミの外包				1		1
池田 葵	東京理科大学大学院	time-scape 時間の3つの性質に着目した設計手法の提案			1			1
本多 希	東京理科大学大学院	地下を利用したアーティスト・イン・レジデンス施設の狭小住宅 における地下居室の定量分析を通して					1	1

トウキョウ建築コレクション2021
全国修士論文展採点表

※採点方法は一人あたり、5点×3票、3点×5票、1点11票を持ち点とし、得点数の高い11名を一次審査通過とした。
※応募作品の内、得点の入ったもののみ掲載。

分野	氏名	所属大学	作品タイトル	大原	青井	岡部	満田	飯塚	計
建築計画	岩見遙果	慶應義塾大学大学院	再生砕石を用いた乾式コンクリートの研究	5	3	5	3		16
都市計画	寺田 亮	東京大学大学院	メガシティにおける迷惑施設の空間配置に関する研究 オープンデータによる地図の作成を手法として	5	1	3	1	3	13
都市計画	富樫遼太	早稲田大学大学院	人新世時代の鉱山跡地における放擲された 空間の特性および位置付け 秋田県北鹿地域の実像と環境哲学の議論を交えて	3	5	3			11
建築計画	齋藤拓海	九州大学大学院	回転脱着式接合部を用いたレシプロカル・フレームの施工性に関する研究 仮設構造物「木雲」を事例として		1		5	5	11
歴史	原田 栞	東京藝術大学大学院	「氏子かり帳」に記録される木地師の時空間 江戸時代における木地師の所在地と その変遷の空間的分析		5	5		1	11
歴史	大場 卓	東京大学大学院	床の間からミフラーブへ 日本のモスク建設にみる在来建築との折衝	3	5	1			9
歴史	山本瑠以	東京藝術大学大学院	寺社建築の架構における意匠的操作	3	1	3		1	8
都市計画	畠山亜美	東京大学大学院	都市周縁部における農地の空間特性に関する研究 東京都調布市の農家による ブリコラージュの実践に着目して		1		5	1	7
建築計画	小山晴也	東京大学大学院	長野県原村別荘地地区への移住プロセスにおける段階的な移住拠点形成に関する研究	1	1	5			7
歴史	越中玲衣	明治大学大学院	沖縄墓地の環境・集合・墳墓の原型と戦後 「沖縄的戦後」が墓地にもたらしたもの		3	3		1	7
都市計画	竹中信乃	東京大学大学院	銭湯と「家」 神戸市を事例に	3	3			1	7
材料施工	野田早紀子	東京大学大学院	設計指向ロボット施工における情報処理プロセスのフレームワーク構築に関する基礎的研究	1			5		6
歴史	倉田慧一	東京大学大学院	後期ルイス・サリヴァンの〈民主主義〉	3	3				6
その他	髙橋沙季	東京都市大学大学院	書と建築と行動			1		5	6
建築計画	伊藤公人	明治大学大学院	ある木造庶民住宅の増改築にみる戦後構法の変遷 世田谷区高見澤邸を対象として	1	1	3	1		6
建築計画	水田航平	名古屋工業大学大学院	住まい手の活動の幅を広げる躯体の設計手法				3	3	6
都市計画	黒澤 翔	早稲田大学大学院	生活体験にみる滞在者の地域への順応プロセスの実態に関する研究 北海道上士幌町「ちょっと暮らし」事業利用者の 日誌及び語りに着目して	1	1	1			6
建築計画	磯野 信	明治大学大学院	既存木造住宅の部材形状と構法の 三次元情報化フローの検討		3		3		6
歴史	服部充紘	東京大学大学院	バラックとはなにか 語義変遷に見る仮設性の揺らぎ	5					5
都市計画	上野りさ	大阪大学大学院	都心部と比較する郊外田園地域における子どもの屋外あそびの考察 あそび環境を持続させる学校区エリアマスタープランの提案					5	5

※採点方法は一人あたり、5点×3票、3点×5票、1点11票を持ち点とし、得点数の高い11名を一次審査通過とした。
※応募作品の内、得点の入ったもののみ掲載。

分野	氏名	所属大学	作品タイトル	大原	青井	岡部	満田	飯塚	計
歴史	丸山峰寛	東京理科大学大学院	東京における戦前期社寺建築を対象とした伝統建築のコンクリート造化に関する研究		1		3	1	5
建築計画	田谷諒介	千葉大学大学院	住宅改修作品における時間の重層表現に関する研究	1			1	3	5
構造	岸 千優輝	北海道科学大学大学院	鋼製天井下地を用いた吊り天井の耐震補強に関する研究	1			3		5
建築計画	奥村拓実	信州大学大学院	分棟接地型集合住宅の外部空間におけるアプローチの選択性と領域性				1	3	4
歴史	大野 竜	明治大学大学院	60年安保闘争と東京の都市空間 多様な運動主体と取締の関係からみる〈デモ空間〉の動態と場所	1	1	1		1	4
歴史	豊永早織	早稲田大学大学院	平安貴族住宅における御簾の境界性	1	1		1		3
歴史	八巻健太	日本大学大学院	1970年代におけるモダニズム建築批判としての形態理論の展開に関する研究 日本の建築批評論壇上における「フォルマリズム」の概念をめぐって				1	1	3
建築計画	堀之内 信	東京工業大学大学院	商業建築のファサードの意匠表現における技術提案	1				1	2
歴史	中上貴也	大阪市立大学大学院	小豆島醤油醸造業の推移にともなう空間の変容と建築的特徴				1	1	2
その他	銅銀一真	早稲田大学大学院	建築における〈対位法〉の抽出 音楽理論を応用した《ユニテ・ダビタシオン》色彩計画の記譜とその分析				1	1	2
建築計画	佐塚有希	明治大学大学院	建築設計情報の記述メディアと製作物の表現型 家具と小屋の製作実験を通して				1	1	2
建築計画	篠原 彬	東京工業大学大学院	建築家の言説にみる装飾の認識と建築的主題				1		1
建築計画	山口智子	東北大学大学院	内装設備からみるラブホテルの建築的変容 新風営法施行前後に着目して				1		1
歴史	吉田亜友美	千葉大学大学院	行徳地域における中近世の都市像と都市構造の変遷	1					1
構造	齋藤湧一郎	早稲田大学大学院	村落における神社拝殿の空間的意義 湖北平野高月町域における採集調査を通して	1					1

あとがき

『トウキョウ建築コレクション 2021 オフィシャルブック』をお手に取り、ここまで読んでくださった皆さま、誠にありがとうございます。

本展覧会は、「建築をより一般社会に向けて発信すること」を目的とし、代官山ヒルサイドテラスを会場に 2007 年から活動を続け、今年度で 15 周年を迎えることができました。令和に元号が変わってから 3 年、感染症と向き合い、何気ない普段の過ごし方が、テーマに掲げたように世に"順応"する年になりました。まち中を見渡していても、まるでユニフォームのようにマスクが浸透しているのが実感されます。

　本展覧会は開催にあたり、多くの方々のご支援、ご協力のもとに実現することができました。お力添えいただいた審査員、講演会登壇者の皆さま、作品を出展していただいた皆さまに心より御礼申し上げます。今年も力作揃いの展覧会となり、我々実行委員も、審査会での熱い議論に目が離せませんでした。また、初年度から会場を貸してくださっている代官山ヒルサイドテラスさまをはじめ、協力団体、協賛企業、後援団体の皆さま、特別協賛の株式会社建築資料研究社 / 日建学院の皆さまに心より感謝申し上げます。実行委員のみんなとは何度も企画内容に関しての議論を重ね、会の実現に向けて尽力してまいりました。設計展・論文展・プロジェクト展・その他雑務、今回のこのメンバーと一緒に仕事ができたことを大変嬉しく感じるとともに、深く感謝しています。

　「"順応"ってどんなものだろう?」この漠然とした問いに対して、皆さまはどのような出来事を想起されたのでしょうか。ぜひ、この問題提起についての答えを探すにあたり、これまで蓄積されてきた本書の過去のシリーズをパラパラとめくって見比べていただけると、各時代の建築学生を取り巻く環境・社会背景が作品や論文を通して伝わってきて、また違った視点で違った答えを見つけることができるかと思います。

　これからもトウキョウ建築コレクションに、変わらぬお引き立てを賜りますよう、よろしくお願いいたします。

トウキョウ建築コレクション 2021 実行委員一同

NIKKEN

EXPERIENCE, INTEGRATED

日建設計

 **Chuo Nittochi**

中央日本土地建物グループ

 三菱地所設計

＋EMOTION　心を動かし、未来をつくる。

 **VECTORWORKS**
教育支援プログラム
OASIS(オアシス)

OASIS
Operation, A&A.Vectorworks Supports
Instruction at Schools & Colleges

今日は何を学びますか？
Vectorworks University
Vectorworksを学ぶためのコンテ
ンツを集約した、24時間いつでも
学習ができるeラーニングです。

A&A エーアンドエー

 ✪TAJIMA

「トウキョウ建築コレクション2021」は、以上12社の企業様からの協賛により、運営することができました。

また、以下の企業、団体様からは後援、協賛、協力をいただきました。

[後援]一般社団法人東京建築士会｜一般社団法人日本建築学会

[特別協賛]株式会社建築資料研究社／日建学院

[特別協力]代官山ヒルサイドテラス

[協力]株式会社鹿島出版会｜株式会社レントシーバー

この場を借りて感謝いたします。

トウキョウ建築コレクション2021実行委員会

トウキョウ建築コレクション2021実行委員会

実行委員会代表：豊栄太晴（工学院大学）

副代表：若月文奈（工学院大学）

企画：[設計展]豊栄太晴（工学院大学）、天野かける（工学院大学）、新美志織（工学院大学）

　　　[論文展]豊島葵（東京電機大学）、中村文彦（工学院大学）

　　　[特別講演]若月文奈（工学院大学）、山村しほり（工学院大学）

　　　[企画展]田中万祐子（工学院大学）、山村しほり（工学院大学）

　　　[プロジェクト展]豊栄太晴（工学院大学）

運営：[監理]白鳥寛（工学院大学）、古賀大嵩（工学院大学）

　　　[広報]塩野ひかる（工学院大学）、山神直央（工学院大学）、田中佑朋（武蔵野大学）

　　　[協賛]田中明莉（工学院大学）、井上夏綸（工学院大学）、池田隆一（工学院大学）

　　　[書籍]白鳥寛（工学院大学）、豊島葵（東京電機大学）

　　　[会計]田中明莉（工学院大学）、平林渉（工学院大学）

　　　[広報]塩野ひかる（工学院大学）、立石きさら（工学院大学）、豊島葵（東京電機大学）

　　　[機材]池田隆一（工学院大学）、山神直央（工学院大学）

非常の時は、進化の時。

進化する映像講義

日建学院

株式会社建築資料研究社　東京都豊島区池袋2-50-1　https://www.ksknet.co.jp/nikken

［図版クレジット］
内野秀之：出展者顔写真および会場写真

トウキョウ建築コレクション2021 Official Book
全国修士設計展・論文展・プロジェクト展・特別講演

トウキョウ建築コレクション2021実行委員会編
2021年7月25日　初版第1刷発行

編集 ： フリックスタジオ（高木伸哉＋平尾 望）
編集協力 ： 大家健史（全国修士設計展）、菊地尊也（全国修士設計展）、
　　　　　　元行まみ（全国修士設計展＋全国修士論文展）、植本絵美（全国修士論文展）、
　　　　　　阪口公子（全国修士論文展）、平田美聡（全国修士論文展）、小泉優奈（特別講演）
アートディレクション＆デザイン ： 爲永泰之（picnique Inc.）
デザインアシスタント ： カミヤエリカマダウィン（picnique Inc.）
製作 ： 種橋恒夫、山上 誠（建築資料研究社／日建学院）
発行人 ： 馬場圭一（建築資料研究社／日建学院）
発行所 ： 株式会社 建築資料研究社
　　　　　〒171-0014 東京都豊島区池袋2-10-7-6F
　　　　　TEL 03-3986-3239　FAX 03-3987-3256
　　　　　https://www.ksknet.co.jp/
印刷・製本 ： シナノ印刷株式会社
©トウキョウ建築コレクション2021実行委員会
ISBN978-4-86358-766-3